21世纪高职高专规划教材·新闻传播系列

网络传播技术与实务

主编　张　鹏

中国人民大学出版社
·北京·

前　言

随着互联网的迅猛发展，网络传播也得到了飞速发展，提供了最快捷、最便利的传播方式。网络传播对于社会的影响是全面的，不仅影响着政治和经济各方面，而且影响着人们的生活方式和思维方式。网络传播正在以不可抵挡的势头，迅速渗透到世界各国政治、经济、思想以及文化等诸多领域，改变着人们的生活，改变着世界的面貌。

本书从网络传播过程中技术与实务的角度和层面，力求全面介绍网络传播所涉及的各种传播技术和多媒体处理技术，如计算机网络技术、数字通信技术、互联网技术、电子文本处理技术、数字图像处理技术、网络音频处理技术、视频处理技术以及动画处理技术等。本书不是一味说教，而是从实务的角度出发介绍了很多实用的软件工具的应用技巧和更多精彩的实例，让读者在实际应用中获得更多的现代网络传播知识和实用的应用技术。

本书第 1 章全面介绍了网络传播的技术基础，包括数据通信技术、网络结构与协议、Internet 技术、多媒体信息技术等。第 2 章到第 7 章分别介绍了电子文档技术、数字图片处理技术、网络音频处理技术、计算机动画制作技术、网站设计与开发技术、数字视频处理及其网络传播技术。第 8 章网络信息检索与再处理技术，介绍了有效信息检索和管理的相关技术。第 9 章互联网新媒体技术，介绍了博客和播客。其实现在与互联网相结合的新媒体表现形式不仅仅是这两种，而且将来必定有更多的形式，本章意在介绍飞速发展的网络传播在表现形式上的体现。第 10 章移动通信与无线网络技术，阐述了当今热门的第三代移动通信技术和无线局域网技术，以及它们的热门应用。从部分侧面介绍了现代移动通信和无线网络技术，从而管窥无线网络传播的发展趋势，从技术实现的角度还原传播无处不在的本质属性。

在本书编写过程中，得到了所在学校、中国人民大学出版社以及系列教材其他几位作者的大力支持和帮助，同时还参考了相关的书籍和资料，编者对上述人员以及相关资料的作者表示衷心的感谢。限于编者学识水平，书中难免有不足和错误之处，恳请读者给予批评指正。

编者

2010 年 1 月

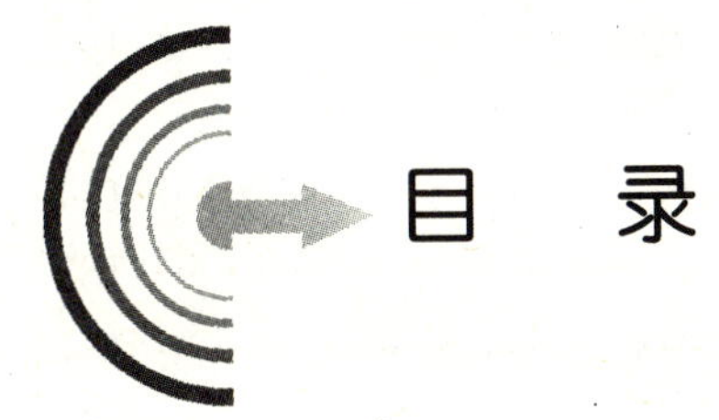

目　录

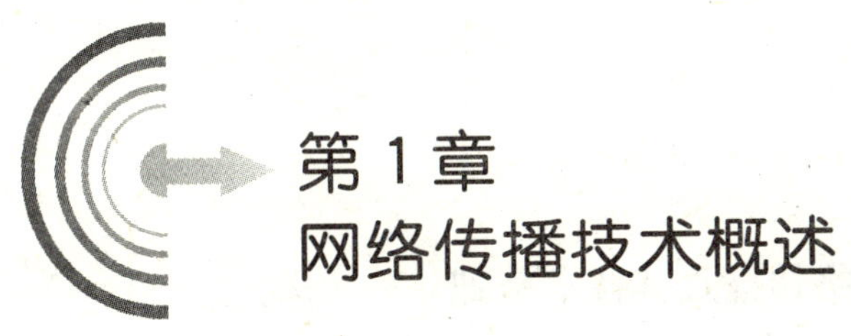

第1章 网络传播技术概述

2008年4月奥运火炬在法国巴黎传递遭遇不快之后，法国超市家乐福在中国遭遇了一场舆论风暴。尽管没有真正遭遇大规模的现实抵制，家乐福仍不得不出来回应。各种网络媒体包括视频播客、文字和图片博客、网络论坛等，把奥运火炬传递在巴黎遭遇的混乱场面、家乐福股东LVMH与达赖喇嘛的关系和法国媒体及一些人士的不正确言论等信息同时传递给受众。此后，网络受众从被动收视向主动寻找信息转变，他们从论坛、个人空间中把更多的事件细节挖掘出来，并且还自己充当传播渠道——在自己的MSN聊天工具和博客上传递给更多的人。互联网的各种渠道被全面启动，从传统的BBS论坛，到博客、集合相册和视频的个人空间，再到门户网站的投票调查以及每个人的MSN、QQ好友和群，甚至MSN和QQ的签名档。这些互联网工具使得每个人都成为一个威力巨大的信息传播者，同时无线通信网上传播的短信也迅速繁殖。这与“垃圾短信”一对多传播的形式完全不同，而是经由相识的人进行人际传播，没人会轻易删除熟人传来的短信，而更多的是去传播。

学习目标

通过本章的学习，应该能够：

- 阐述网络传播的产生和发展脉络；
- 阐述传输网络传播的特征；
- 描述网络传播的技术基础——计算机网络的发展过程；
- 分清数据通信过程的三个基本概念——数据、信号和信息；
- 描述数据通信系统的基本结构；
- 简述信道中信号传输方式、数据传输方式；
- 阐述数据的编码调制技术与数据交换技术；
- 阐述计算机网络体系层次结构及其优点；
- 认识计算机网络传输介质（如双绞线、同轴电缆等）和连接设备（如交换机、路由器等）；
- 解释说明Internet的诞生是“种瓜得豆”的产物；
- 简述Internet的发展；
- 简述互联网在中国的发展；
- 阐述Internet基本服务和服务方式；
- 说出常见的几种Web浏览器；

- 阐述常见的Internet网络接入技术；
- 说出多媒体技术的定义；
- 简述多媒体技术的应用和发展趋势。

第1节 现代网络传播及其技术基础

传播是人类的一种社会行为，是人类传递或者交流信息的行为和过程。信息是事物存在和运动的表述形式，信息无处不在，信息的流动——传播也就无时无刻不断地发生着。传播离不开一定的媒介，麦克卢汉认为，媒介是人体的延伸①，它延伸了人传播和接收信息的能力。技术的进步在推进媒介发展进化的同时也推动着人类传播能力和传播活动的发展。从传播媒介的发展演进来看，迄今人类的传播经历了五个阶段：语言传播、文字传播、印刷传播、电子传播和网络传播②。

随着人类社会的发展和信息化社会的到来，各种各样的信息以爆炸式的方式增长。原有的传统的传播方式已愈发不能满足传播的需求，因此需要人类不断发现和创造新的传播方式，网络传播不仅给我们带来了新的传播媒介，而且带来了新的传播方式。

一、网络传播的产生和发展

1993年，美国“信息高速公路”（National Information Infrastructure，NII）计划出台后，立刻引起世界各国普遍的关注和跟进，在全球掀起了建设“信息高速公路”的浪潮。中国从1993年起，开始实施以“三金”工程（指金桥、金卡、金关工程）为代表的涉及国民经济信息化的一系列重大信息系统工程，并于1994年接入国际互联网（Internet），成为它的第71个成员。20世纪90年代中期之后，Internet快速扩张，成为全球最大的、最流行的计算机信息网络。互联网已将各国、各地区紧密联系在一起，形成了虚拟的以信息为主的跨国界、跨文化、跨语言的全新空间。1995年，中国开始向社会用户提供互联网接入服务，中国的互联网由此进入市场化的高速发展阶段。互联网在中国社会各领域中的影响和作用日益显现突出。1998年起，互联网作为继报刊、广播、电视之后的又一新兴的大众传播媒介的概念被提出，于是互联网有了“第四媒体”之称。而进入21世纪之后，“网络媒体”的称谓开始普遍使用。报刊社、广播电台、电视台、通讯社从20世纪90年代起纷纷在网上建立网站，商业门户网站也在新闻传播领域产生重大影响。信息时代的新闻传播——网络传播也十分自然地纳入新闻传播学的研究领域，成为新的学科分支。

网络传播整合人际传播、组织传播和大众传播，形成了新的传播方式：一是个人对个人的非实时的传播，如电子邮件；二是多人对多人的非实时传播，如新闻讨论组、电子论坛等；三是个人对个人或者多人的实时信息传播，如在线聊天、在线多用户MUD游戏；四是多人或者组织等对个人的非实时传播，如网页浏览、电子论坛等。

二、网络传播的特征

网络传播最突出的特征是信息传播的互动性。新媒介以点播式服务代替了大众传播的批

---

① ［加］马歇尔·麦克卢汉著，何道宽译：《理解媒介——论人的延伸》，23页，北京，商务印书馆，2000。

② 董广安：《网络传播理论与实务》，3页，郑州，郑州大学出版社，2004。

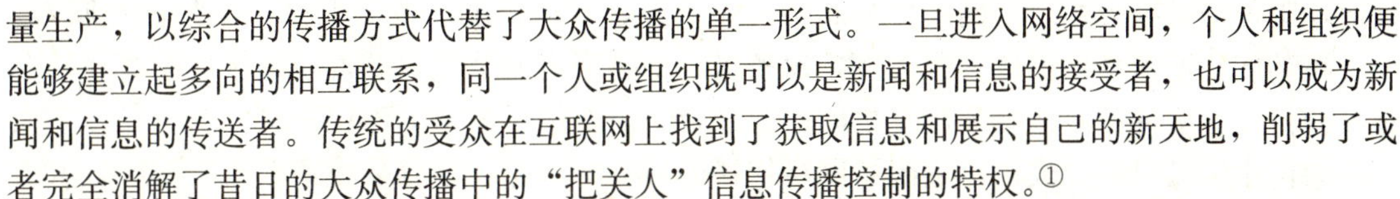

量生产，以综合的传播方式代替了大众传播的单一形式。一旦进入网络空间，个人和组织便能够建立起多向的相互联系，同一个人或组织既可以是新闻和信息的接受者，也可以成为新闻和信息的传送者。传统的受众在互联网上找到了获取信息和展示自己的新天地，削弱了或者完全消解了昔日的大众传播中的“把关人”信息传播控制的特权。①

1. 网络传播的交互性

交互性是网络传播的革命性特征。正是在这一点上，网络传播表现出了和传统的大众传播的本质区别。网络打破了传统传播中的不平衡现象，赋予更多的个体以平等传播的权利。每一位上网用户都可能成为信息的接收者、传播者和发布者。网络职业传播者也可以通过设置论坛、公布记者的E-mail地址、在每篇文章的后面设置讨论区等手段，做到媒体与网民之间的沟通，实现网民之间的相互交流与传播。一方面，传统的受众被分散，成为个性化的受者；另一方面，此刻的受者在下一时刻可能就变成了传者，传受双方的不断交互使他们失去了信息传播过程中的主动、被动之别。因此，越来越多的人倾向于以“网民”这样的词汇来代替传统的“受众”称谓。

2. 传播方式的融合化

互联网把各种传播方式集于一身，实现了人际传播和大众传播的融合。人们可以利用电子邮件、即时聊天软件实现一对一的延时或实时交流。新闻媒体可以在其网站上报道重大新闻事件，亿万网友可以浏览网页并且发表评论。互联网模糊了人际传播和大众传播的界限，提供了一个更为广阔、自由度更大的信息交流平台。

3. 传播信息的数字化

网络传播所传播的所有信息都是数字化的，不同的信息形式可以方便地互相转化，数字技术贯穿于信息的采集、传送、制作、发布、管理、检索等各个环节，大大提高了工作效率。数码相机、数码摄像机、数字录音机、数字音频工作站、非线性编辑平台等新一代技术设备完全改变了媒体的工作方式，同时也使个人可以方便地上网发布他们采集的信息。数字压缩技术、流媒体技术使信息的传送和储存更加方便有效。

4. 信息表现形式多媒体化

就传播信息的表现形式来看，传统媒介的传播方式常常是单一媒体的，而网络传播信息的方式都是多媒体的，用户既能读到文字报道的即时新闻，又能看到栩栩如生的摄影照片，既能一边工作一边听网络音频广播，又能欣赏到精彩的视频画面。多种媒体形式可以依据需要自由转换，并能随时定格、回放或打印。

5. 新闻发布的时效性

在网络传播时代，新闻将重新定义，网络新闻是“对正在发生的事实的报道”。数字化的传播手段、网络的即时发布特性省去了传统媒体冗长的内容制作过程，使信息可以做到即时传送、即时发布、随时刷新。

6. 新闻消息获取的即时性

网络传播不再强迫受者在传者指定的时间接收信息。人们可以在方便的时候上网查看邮箱和论坛，也可以在任何方便的时间上网浏览新闻，还可以订制自己喜欢的新闻主题，一有相关的更新，便发送到受者指定的邮箱或者手机并且通知受者去查阅浏览。

7. 网络传播信息组织的结构化

传统媒体的信息彼此之间是孤立的，如果从一篇报道开始去查询和这个主题有关的所有

---

① 李凌凌：《网络传播理论与实务——新世纪新闻传播学丛书》，8页，郑州，郑州大学出版社，2004。

报道，工程将是巨大的。但网络传播的所有信息都是结构化的，依照信息之间的内在联系，通过超链接，把信息编织成一张大网，每条信息都是网上的节点，顺着超链接，能找到与之有关的信息。这种做法加强了信息之间的联系，从而挖掘了信息的深层意义。

结构化信息组织方式也衍生出了网络传播的另一个特点——容易检索。由于信息组织结构具有逻辑性，按照一定的规则存储，因此在检索相关主题的新闻消息时变得易如反掌。

8. 全球共享的网络传播

传统媒体的传播范围经常局限于当地，网络媒体的传播则不受地域的限制，在世界任何一个角落，只要具备上网条件就可以得到自己关心的新闻信息。网络媒体受众“全球化”的特征，有利于地方性媒体和全国性媒体的公平竞争。

随着互联网的迅猛发展，网络传播也得到了飞速发展。网络传播作为一种全新的传播方式，有着与传播方式截然不同的新特征。网络传播提供了最快捷、便利的传播方式，是人类有史以来增长最快的传播手段。网络传播对于社会的影响是全面的，不仅影响着政治和经济方面，而且影响着我们的生活方式和思维方式。网络传播正在以不可抵挡的势头，迅速渗透到世界各国政治、经济、思想以及文化等诸多领域，改变着人们的生活，改变着世界的面貌。

三、网络传播的技术基础——计算机网络

计算机网络是计算机技术与通信技术紧密融合的产物。设计计算机网络的两大初衷是为了实现计算机之间的资源共享和数据通信。随着计算机技术的发展和通信技术的发展，现代计算机网络已不仅能实现数据通信和资源共享，而且可以提高系统安全性，提高计算机的可用性等。计算机网络可以从不同的角度分成不同的类型，不同类型的网络适用于不同的场合，满足不同的需要。计算机网络的物理连接形式称为网络的物理拓扑结构。计算机网络中常用的拓扑结构有总线形、星形、环形等。

计算机网络是指将地理位置不同、具有独立功能的多台计算机及其外部设备，通过通信线路连接起来，在网络操作系统及网络通信协议的管理和协调下，实现资源共享和信息传递的计算机系统。

自从 1946 年世界上出现了第一台电子计算机——ENIAC，就标志着人类已经开启了信息时代的大门。半导体技术、大规模集成电路技术、超大规模集成电路技术、磁记录技术、光记录技术和计算机软件技术的发展大大提高了单个计算机的性能，从每秒几千次运算一直发展到现在的每秒上万亿次的运算水平。随着计算机性能的提高、体积的缩小和价格的不断降低，使得计算机迅速普及。

随着计算机技术的发展和计算机的普及，计算机之间的通信需求越来越迫切。人们把计算机技术与通信技术结合，实现资源共享和协同信息处理，就产生了计算机网络。

1. 以单个计算机为中心的联机系统

20 世纪 60 年代中期以前，计算机主机昂贵，为了共享主机资源，就出现了联机终端网络。这种以单计算机为中心的联机系统使用了多种通信技术，其中主机既负责数据处理又负责通信，每个终端都占用一个通信线路。这样主机的负担较重，通信线路的利用率也不高。为了解决这些问题就出现了多点通信线路、通信处理机和集中器。多点通信线路是一条线路上连接多个终端，通信处理机分担主机的通信任务，让主机专门负责数据处理，这样提高了数据处理速度和传输效率。集中器负责主机和终端之间的数据分发和数据集中。

以单个计算机为中心的联机系统结构如图 1—1 所示。

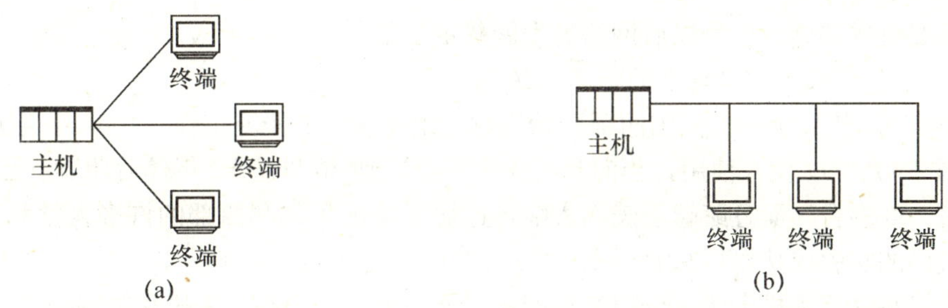

图 1—1　以单个计算机为中心的联机系统

2. 以多主机为中心的网络

从 20 世纪 60 年代中期到 70 年代中期，出现了以多个主机为中心的网络。连接形式有两种：

（1）通过通信链路将主机直接连接起来，主机既负责数据处理又负责通信工作，如图 1—2 所示。

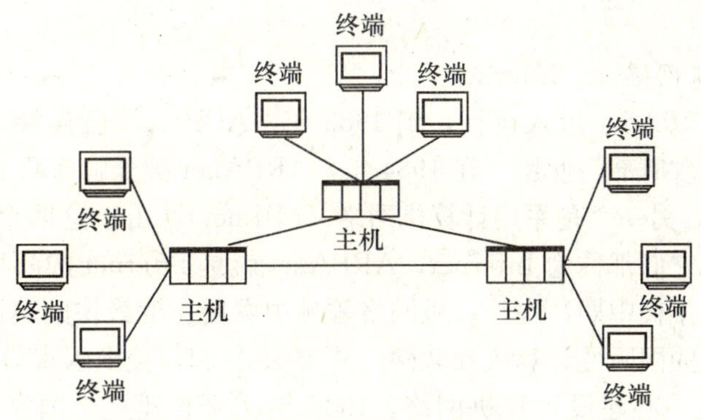

图 1—2　以多主机为中心的网络（一）

（2）有通信子网的网络，这种系统的主机只负责数据处理，不负责通信任务，通信任务专门由通信控制处理机负责，通信控制处理机组成的传输网络就是通信子网，如图 1—3 所示。

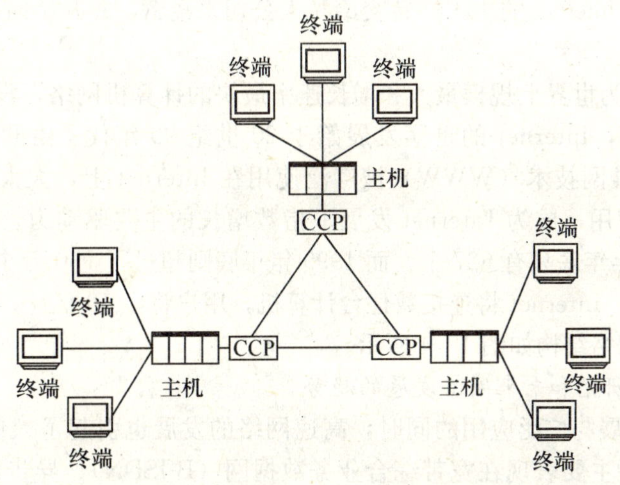

图 1—3　以多主机为中心的网络（二）

通信控制处理机负责网络主机之间的通信处理和通信控制，它所形成的通信子网是现代网络的重要组成部分，也为以后网络的发展奠定了基础。

3. *以分组交换为核心技术的计算机网络*

20 世纪 60 年代中期美国国防部开始进行分组交换网的研究工作。1969 年美国第一个分组交换网 ARPAnet 投入使用，当时只有 4 个节点，到 20 世纪 70 年代后期节点已经超过 60 个，主机 100 多台，而且跨越了美洲大陆，连通了美国东部和西部的许多大学和研究机构。分组交换网的实验成功对以后计算机网络的发展产生了重大影响，以前是以单个主机为中心，各个终端共享主机资源，分组交换网则以通信子网为中心，主机和终端构成了用户资源子网，用户不仅可以共享通信子网的资源，而且可以共享用户资源子网的软硬件资源。

4. *标准化计算机网络体系结构研究*

经过 20 世纪 60 年代和 70 年代前期的发展，人们对网络的技术、方法和理论的研究日趋成熟。为了促进网络产品的开发，各大计算机公司纷纷开发了自己的网络技术标准，国际标准化组织为了使各个公司之间开发的网络能够进行交流和合作，制定了开放互连系统参考模型。

5. *最大的计算机网络——Internet*

1969 年 12 月 ARPAnet 投入运行，到 1983 年，ARPAnet 已连接了 300 多台计算机，供美国各研究机构和政府部门使用。在 1984 年，ARPAnet 被分解为两个网络。一个是民用科研网（ARPAnet），另一个是军用计算机网络（MILnet）。由于这两个网络都是由许多网络互连而成的，因此它们都称为 Internet，ARPAnet 就是 Internet 的前身。

进入 20 世纪 80 年代中期，在计算机网络领域中发展速度最快的莫过于 Internet，目前它已成为世界上最大的国际性计算机互联网。从 1985 年起，美国国家科学基金 NSF 开始围绕其 6 个大型计算机中心建设计算机网络。1986 年，NSF 建立了国家科学基金网（NSFnet），它是一个三级计算机网络，分为主干网、地区网和校园网，覆盖了美国主要的大学和研究所。

1991 年，NSF 和美国的其他政府机构开始认识到 Internet 的使用范围必将扩大，而不会仅限于大学和研究机构。随着世界上的许多公司纷纷接入到 Internet，使网络上的通信量急剧增大，于是美国政府决定将 Internet 的主干网转交给私人公司来经营，并开始向接入 Internet 的单位收费。

Internet 已经成为世界上规模最大和增长速率最快的计算机网络，没有人能够准确说出 Internet 究竟有多大，Internet 的迅猛发展始于 20 世纪 90 年代。由欧洲原子能研究组织（CERN）开发的万维网技术（WWW）被广泛使用在 Internet 上，大大方便了广大非网络专业人员对网络的使用，成为 Internet 发展呈指数增长的主要驱动力。WWW 的站点数目也急剧增长，1993 年年底只有 627 个，而 1999 年年底则超过了 950 万个，上网用户数则超过 2 亿。到 2010 年，Internet 将连接数亿台计算机，用户将以 10 亿计。

典型的计算机网络结构如图 1—4 所示。

6. *高速网络的研究和未来网络发展的趋势*

Internet 飞速发展与广泛应用的同时，高速网络的发展也引起了人们越来越多的注意。高速网络技术的发展主要表现在宽带综合业务数据网（B-ISDN）、异步传输模式（ATM）、高速局域网、交换局域网与虚拟网络上。

在 1993 年 9 月，美国宣布了国家信息基础设施建设计划，它被形象地称为信息高速公路。人们开始认识到信息技术的应用与信息产业的发展将会对各国经济发展产生重要的

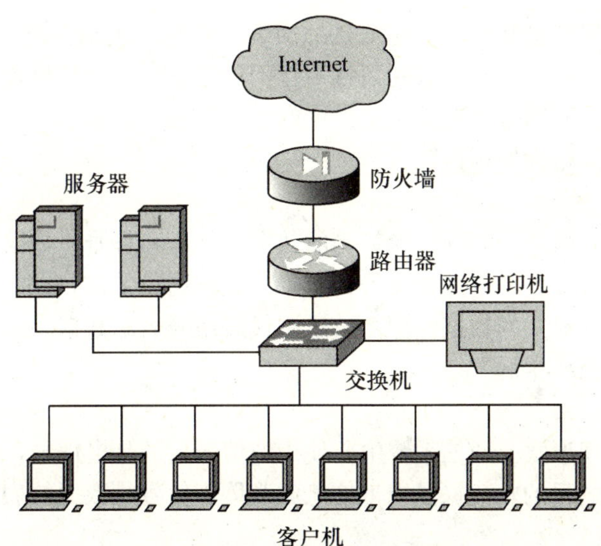

图 1—4　典型的计算机网络结构

作用，很多国家也纷纷开始制定各自的信息高速公路的建设计划。对于国家信息基础设施建设的重要性已在各国形成共识，1995 年 2 月全球信息基础设施委员会成立，目的是推动与协调各国信息技术与信息服务的发展与应用。全球信息化的发展趋势已不可逆转。

建设信息高速公路是为了满足人们在未来随时随地对信息交换的需要，在此基础上人们相应地提出了个人通信与个人通信网的概念，它将最终实现全球有线网与无线网的互连、邮电通信网与电视通信网的互连以及固定通信与移动通信的结合。在现有电话交换网（PSTN）、公共数据网（PDN）、广播电视网和 B-ISDN 的基础上，利用无线通信、蜂窝移动电话、卫星移动通信、有线电视网等通信手段，最终实现“任何人在任何地方，在任何时间里，使用任一种通信方式，实现任何业务的通信”。

信息高速公路的服务对象是整个社会，因此，它要求网络无所不在，未来的计算机网络将覆盖所有的企业、学校、科研部门、政府及家庭。为了支持各种信息的传输，网上电话、视频会议等的应用，未来的网络必须具有足够的带宽、很好的服务质量与完善的安全机制，以满足不同应用的需求。

为了有效地保护金融、贸易等商业秘密、政府机要信息以及个人隐私，网络必须具有足够的安全机制，以防止信息被非法窃取、破坏与丢失。作为信息高速公路基础设施的网络系统，必须具备高度的可靠性与完善的管理功能，以保证信息传输的安全与畅通。

第 2 节　数据通信技术

数据通信技术是信息技术的重要基础之一，信息社会中信息传递的重要性是不言而喻的。通信技术的发展和计算机技术的应用有着密切的联系。数据通信就是以信息处理技术和计算机技术为基础的通信方式，它为计算机网络的应用和发展提供了技术支持和可靠的通信环境。

一、信息、数据和信号

1. 信息

信息是有用的消息，人们利用通信手段获取信息后进行计划和决策。而通信就是信源和信宿之间传递消息。但消息和信息不完全是一回事。消息可包括信息，但消息不等于信息，有的消息可能包含较大的信息，而有的消息可能不包含信息。消息包含信息的多少与收到消息前对某件事件存在的不确定性有关。信息论的主要奠基人香农把信息定义为熵的减少，即信息是"用来消除不确定性的东西"。

2. 数据

数据是描述物体的概念、情况、形势等的数字、字母和符号。数据可在物理介质上记录或传输，并被计算机接收，经过处理而得到结果。数据通信是以数据作为信息的载体。本书中的数据是指具有数字形式的数据，即由二进制代码组来表示数据，数据中包含有信息，而信息是通过解释数据而产生的。

3. 信号

信号是数据的表现形式。通信系统中所使用的信号指的是电信号，即随时间变化的电压和电流。信息是通信的目的，数据是携带信息的载体，信号是数据的表现形式。因此通信中传输的主体是信号。

通信的目的是为了交换信息。信息可以是语音、音乐、图形图像、文字、数字等。计算机产生的信息是字母、数字和符号的组合。为了传送这些信息，首先要将每一个字母、数字或符号用二进制代码表示。目前常用的二进制代码有国际 5 号码（IA5），扩充的二、十进制交换码（EBCDIC），ASCII 码等。美国信息交换标准代码（ASCII）目前已被 ISO 与 ITU-T 采纳，并发展成为国际通用的信息交换用标准代码。ASCII 用 7 位二进制数来表示一个字母、数字或符号。例如，字母 A 的 ASCII 码是 1000001；数字 1 的 ASCII 码是 0110001；通信控制字符（SYN）的 ASCII 码是 0010110。任何文字，比如一段新闻信息，都可以用一串二进制 ASCII 码来表示。对于数据通信过程，只需要保证被传输的二进制码在传输过程中不出现错误。被传输的二进制代码就是数据（Data）。

信号是数据在传输过程中的表示形式。在通信系统中，数据以模拟信号或数字信号的形式由一端传输到另一端。模拟信号是一种波形连续变换的电信号，它的取值可以是无限个，如话音信号；而数字信号是一种离散信号，它的取值是有限的，在数据通信系统中，传输模拟信号的系统称为模拟通信系统，而传输数字信号的系统称为数字通信系统。

二、数据通信系统的基本结构

数据通信系统的基本结构可以用一个简单的通信模型来表示，如图 1—5 所示。在数据通信过程中发送信息的一端叫做信源，接收信息的一端叫做信宿，信源和信宿之间的通信线路叫做信道。原始的信息一般不适合直接在信道中传输，在进入信道之前需要变换为适合信道传输的形式，在到达目的地后再将信号还原。信号在传输的过程中也会受到外界干扰，这种干扰会产生噪声，不同的传输介质抗干扰的性能不同。

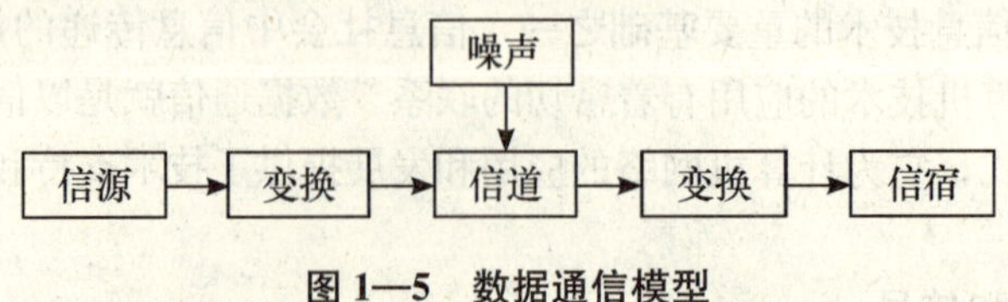

图 1—5 数据通信模型

在计算机之间进行通信需要有传输电流的电路。电路是指构成电流路径的各种装置的总体，这就是计算机数据通信的信道。从概念上讲，信道表示传送信号的物理媒体，通信电路则表示包括一条发送信道和一条接受信道。信道可以看做一条电路的传输逻辑部件，可以定义为“信号的传输通路”。

从信道传送电信号的形式来看，信号可分为两类：模拟信号（信号的取值是连续的，如语音信号、温度信号、电压信号、电流信号等）和数字信号（信号的取值是离散的，如计算机通信用的二进制代码 0 和 1 信号）。

根据传输电信号的不同，信道可以分为传送模拟信号的模拟信道和传送数字信号的数字信道两类。但是模拟信号在经过模数变换成数字信号后可以在数字信道上传送，数字信号在经过数模变换成模拟信号后也可以在模拟信道上传送。

模拟信道是能传输模拟信号的信道，模拟信号的电频随时间连续变化，语音信号是典型的模拟信号。如果利用模拟信道传送数字信号，则必须经过数模变换。调制解调器就是用于完成这种变换的。

数字信道是能传输离散数字信号的信道。离散的数字信号在计算机中是指由“0”和“1”的二进制代码组成的数字序列，与之对应的电信号是高低不同的电频脉冲。当利用数字信道传输数字信号时需要进行数字编码。

三、信道中信号的传输方式

在信道传输的信号有基带信号、频带信号和带宽信号之分。

基带信号是指把数字信号 0 和 1 直接用两种不同的电压信号来表示，然后送到线路上去传输，这种高电平和低电平交替的信号就称为基带信号。所谓基带就是这种原始信号所占用的基本频带。把基带信号直接在线路上传输就称为基带传输。基带传输时，在发送端编码器对信号进行编码，接收端由译码器进行解码，恢复发送端发送的信号。基带传输是一种最简单、最基本的传输方式。基带传输系统安装简单、成本低，主要用于总线形拓扑结构的局域网。

频带信号则是把基带信号进行调制后形成的模拟信号。把频带信号直接在已有的模拟线路（比如电话线）上传输就称为频带传输。频带传输可实现远距离通信，频带传输时将数字信号调制成模拟信号后再进行发送和传输，到达接收端时再把模拟信号解调成原来的数字信号。在采用频带传输方式时，要求发送端和接收端都要安装调制解调器。利用频带传输，不仅解决了利用模拟传输系统传输数字信号的问题，而且可以实现多路复用，以提高传输信道的利用率。

基带信号调制后，其频谱可以移到较高的频率处。那么就可以把多路基带信号、音频信号和视频信号的频谱移到同一条线路（同轴电缆或者光缆等）的不同频段进行传输，这种传输方式称为宽带传输。宽带局域网就是采用这种方式传输信号的，所传输的信号都是经过调制后的信号。利用宽带传输系统可以实现文字、声音和图像的一体化传输。

四、数据传输方式

数据传输方式是指数据在信道上传送所采取的方式。按不同的划分依据，数据传输方式可分为以下几种。

1. 并行传输和串行传输

并行传输（见图 1—6）是将数据以成组的方式在两条以上的并行信道上同时传输。例如在用计算机打印时，用并行线把计算机并行口和打印机连接在一起，利用的就是并行数据传输方式。并行传输的优点是不需要字符同步，其缺点在于需要信道多，设备复杂，成本高，一般适用于高速数字系统之间的短距离传输。

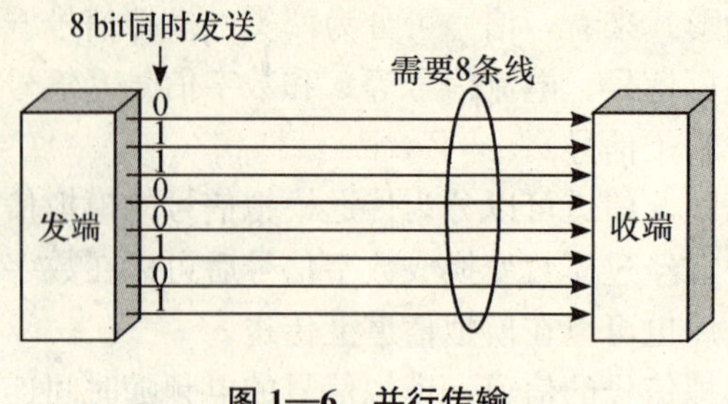

图 1—6　并行传输

串行传输（见图 1—7）是数据码流以串行方式在一条信道上传输。串行传输的优点是只占用一个信道，易于实现，缺点是要解决字符同步问题，一般需外加同步措施。

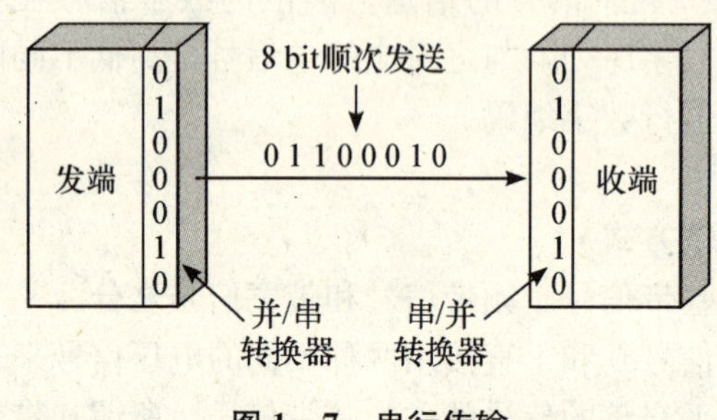

图 1—7　串行传输

2. 单工、半双工和全双工传输

数据通信通常需要双向通信，能否实现双向通信是信道的一个重要特征，按照信道的传输方向与时间的关系，可以分为 3 种传输方式：单工、半双工和全双工。

单工指通信信道是单向信道，信号仅可以沿一个方向传输，发送方只能发送不能接收，而接收方只能接收不能发送，任何时候都不能改变信号传送方向，例如，无线电广播和广播电视都属于单工通信的数据传输方式。

半双工是指信号可以沿两个方向传送，但同一时刻一个信道只允许单方向传送，即两个方向的传输只能交替进行，而不能同时进行。当改变传输方向时，要通过开关装置进行切换，半双工传输适合于会话式通信，例如，对讲机属于半双工通信的数据传输方式。

全双工是指信号可以同时沿相反的两个方向进行双向传输的数据传输方式。例如，平时使用的电话就属于全双工通信的数据传输方式。

3. 同步传输和异步传输

在串行传输时，接收端如何从串行数据流中正确地划分出发送的一个个字符所采取的措施称为字符同步。根据实现字符同步方式的不同，数据传输有异步传输和同步传输两种方式。

异步传输（见图 1—8），每次传送字符代码时，要在发送的每个字符代码前面加上一个“起”信号，后面加上一个“止”信号。字符可连续发送，也可单独发送；不发送字符代码时，连续发送“止”信号。接收端根据“起”、“止”信号来进行字符同步。

异步传输的优点是实现字符同步比较简单，收发双方的时钟信号不需要精确同步，其缺点是每个字符需加上起止信号，降低了传输效率。因此，异步传输常用于低速数据传输。

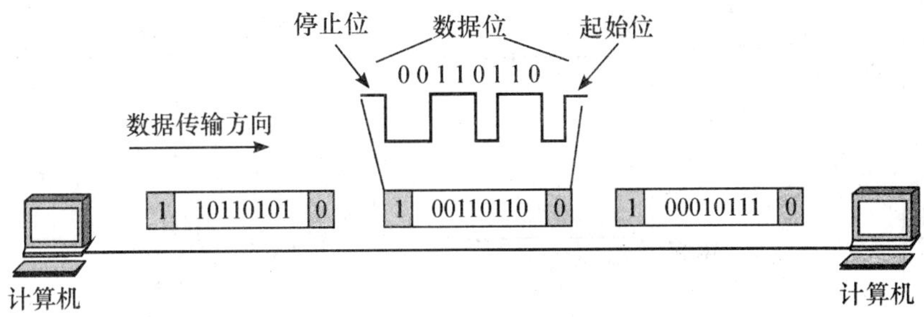

图 1—8　异步传输

同步传输是以固定时钟节拍来发送数据信号的，各信号码元之间的相对位置都是固定的。这样可通过建立位定时同步和帧同步来区分发送的字符。

同步传输（见图 1—9）在发送一组字符或数据块之前先发送一个同步字符 SYN（以 01101000 表示）或一个同步字节（01111110），用于接收方进行同步检测，同步建立后，收发双方进入同步状态。在同步字符或字节之后，可以连续发送任意多个字符或数据块，发送数据完毕后，再使用同步字符或字节来标识整个发送过程的结束。

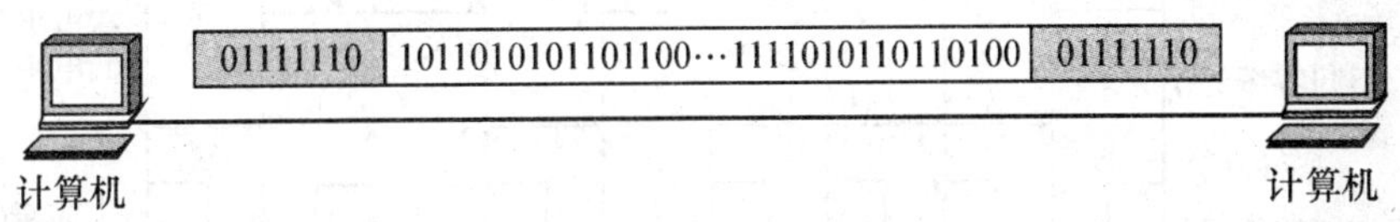

图 1—9　同步传输

同步传输的优点是不需要对每一个字符单独加起止码作为识别字符的标志，只是在一串字符的前后加标志序列，因此传输效率较高；其缺点是在技术实现上较复杂。同步传输通常用于较高速数据传输。

五、数据的编码调制技术与数据交换技术

在计算机中数据是以离散的二进制“0”、“1”比特序列方式来表示的。计算机数据在传输过程中的数据编码类型主要取决于它采用的通信信道所传输的数据通信类型。网络中的通信信道分为模拟信道和数字信道，而依赖于信道传输的数据也分为模拟数据与数字数据。因此，数据的编码方法包括数字数据的编码与调制和模拟数据的编码与调制。

1. 数字数据的调制

利用传输模拟信号的电话交换网实现计算机的数字数据的传输，必须首先将数字数据转换成模拟数据，也就是要对数字数据进行调制。发送端将数字数据信号变换成模拟数据信号的过程称为调制（Modulation），调制设备称为调制器（Modulator）。接收端将模拟数据信号还原成数字数据信号的过程称为解调（Demodulation），解调设备称为解调器（Demodulator）。若进行数据通信的发送端和接收端以双工方式进行通信时，就需要一个同时具备调制和解调功能的设备，称为调制解调器（Modem），也就是用电话线上网时用到的“猫”。对数字数据调制的基本方法有 3 种：幅移键控、频移键控和相移键控。为了达到更高的信息传输速率，还必须采用技术上更为复杂的多元制的振幅相位混合调制技术，其中的技术比较复杂，本书不再一一介绍。数字数据调制过程如图 1—10 所示。

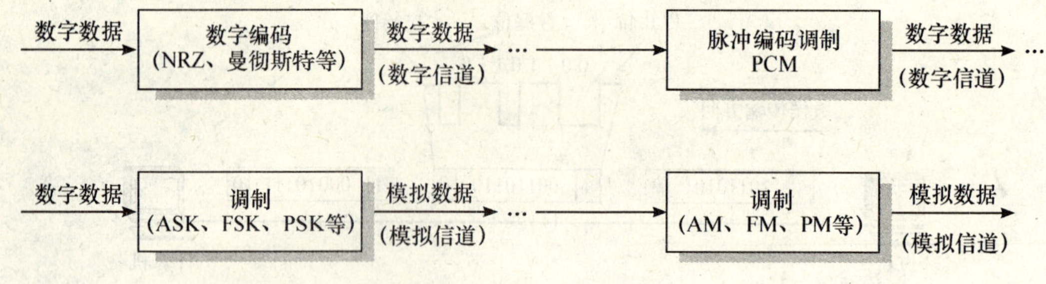

图 1—10　数字数据的调制过程

2. *数字数据的编码*

利用数字通信信道直接传输数字数据信号的方法称为数字数据的基带传输，而数字数据在传输之前也需要进行数字编码。

数字基带传输中数据的编码方式主要有 3 种，分别是不归零编码、曼彻斯特编码和差分曼彻斯特编码（见图 1—11）。

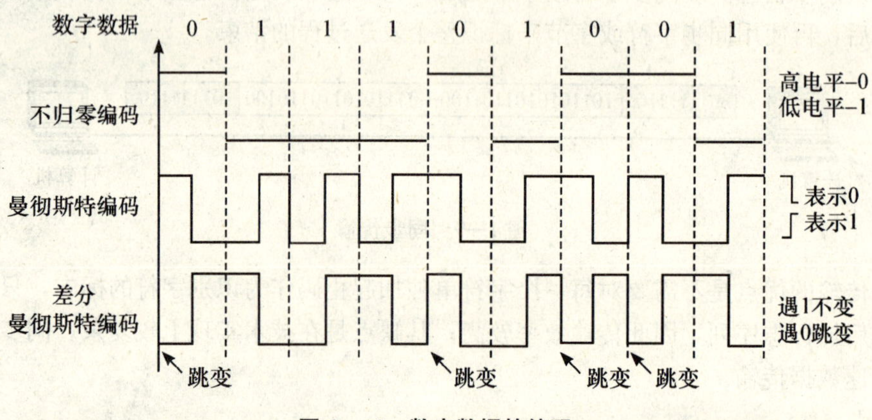

图 1—11　数字数据的编码

（1）不归零编码。

不归零编码（Non-Return to Zero，NRZ）可以用负电平表示逻辑“1”，用正电平表示逻辑“0”，反之也可以。NRZ 编码的缺点是发送和接收方不能保持同步，需采用其他方法保持收发同步。

（2）曼彻斯特编码。

曼彻斯特（Manchester）编码是目前应用最广泛的编码方法之一，其特点是每一位二进制信号的中间都有跳变，若从低电平跳变到高电平，就表示数字信号“1”；若从高电平跳变到低电平，就表示数字信号“0”。

曼彻斯特编码的优点是每一个比特中间的跳变可以做为接收端的时钟信号，以保持接收端和发送端之间的同步。

（3）差分曼彻斯特编码。

差分曼彻斯特（Difference Manchester）编码是对曼彻斯特编码的改进。其特点是每一位二进制信号的跳变依然提供收发端之间的同步，但每位二进制数据的取值，要根据其开始边界是否发生跳变来决定，若一个比特开始处存在跳变则表示“0”，无跳变则表示“1”。

除上述 3 种主要编码以外还有极性编码、单极性编码、双极性编码、归零编码、多电平编码等。

3. 模拟数据的调制

在模拟数据通信系统中，信源的信息经过转换形成电信号，例如，人说话的声音经过电话转变为模拟的电信号，但是这种电信号具有比较低的频率，不宜直接在信道中传输，需要对信号进行调制，将信号移到适合信道传输的频率范围内，然后由接收端将接收的已调信号再移到原来信号的频率范围内。模拟数据的基本调制技术主要包括调幅（AM）、调频（FM）和调相（PM）。

4. 模拟数据的编码

在网络中除计算机直接产生的数字数据外，还有语音、图像、视频等以模拟数据形式存在的信息。计算机所能处理的是数字数据，因此要处理语音、图像和视频等模拟数据时，就必须将其转换为数字数据。脉冲编码调制（Pulse Code Modulation，PCM）是模拟数据数字化的主要方法。脉冲编码调制的工作过程包括三部分：抽样、量化和编码。详细过程会在后面多媒体信息处理章节中介绍。

六、数据交换技术

数据交换是网络实现数据传递的重要技术。数据在从源节点传送到目的节点的过程中，节点不关心数据的内容，只关心数据的准确传输。实现数据交换的三种基本技术是电路交换、报文交换和分组交换。

1. 电路交换

电路交换把源站和目的站通过一条链路直接连通。当发送方请求与接收方建立链接并开始通信时，在发送方和接收方之间就会建立一条临时的专用线路。其他的用户就不能再使用该线路，直到传输结束才会拆除该链接。

2. 报文交换

报文交换不需要在发送方和接收方之间建立专用线路。节点把发送的信息组织成一个数据包，即报文，报文中会有目标地址，节点将报文在网络中一站一站地向前传送。每个节点都要检查目标地址，每个节点对所收到的数据包先存储，再进行转发，所以这种交换方式也叫存储转发交换。交换节点要求有较大的存储空间，用来缓冲收到的报文。由于报文交换是先存储后转发，这样就增加了传送延时。电子邮件系统适合报文交换方式。

3. 分组交换

分组交换中数据包有固定的长度，交换节点只需要开辟一个小的缓冲区，分组交换再对要传送的信息进行分组编号，加上分组头，其中分组头含有源地址和目标地址。

传统的交换技术不能满足多媒体业务的应用，目前，提高交换速度的方案有帧中继和ATM（异步传输模式）等。ATM是电路交换与分组交换技术的结合，它能最大限度地发挥电路交换与分组交换技术的优点，具有从实时的话音信号到高清晰度电视图像等各种高速综合业务的传输能力。

第 3 节　网络结构与协议

计算机网络是一个涉及计算机技术、通信技术等多个领域的复杂的系统，包括大量的计算机、用户和各种各样的软硬件。现代计算机网络已经渗透到工业、商业、政府、军事等领域以及我们生活中的各个方面，如此庞大而又复杂的系统要有效且可靠地运行，就需要网络中的各个部分遵守一整套合理而严谨的结构化管理规则。计算机网络就是按照高度结构化设计方法采用功能分层原理来实现的。

计算机网络体系结构采用分层结构，定义和描述了一组用于计算机及其通信设施之间互连的标准和规范的集合。遵循这组规范可以方便地实现计算机设备之间的通信。为了完成计算机间的通信合作，把每台计算机互连的功能划分成有明确定义的层次，并规定了同层次进程通信的协议及相邻层之间的接口及服务，将这些同一层进程通信的协议以及相邻层的接口称为网络体系结构。计算机网络体系结构的形成和发展对网络的发展起着重要的推动作用。要正确掌握网络的基本知识，必须首先理解分层次的网络体系结构。

一、计算机网络体系层次结构

为了减少计算机网络的复杂程度，按照结构化设计方法，计算机网络将其功能划分为若干个层次（Layer)，较高层次建立在较低层次的基础上，并为其更高层次提供必要的服务功能。低层功能具体实现方法的变更不会影响到高一层所执行的功能。

早在最初的 ARPAnet 设计时，对于非常复杂的网络就提出了分层结构处理的方法。分层处理所带来的好处是：每一层可以实现一种相对独立的功能，因而可将一个难以处理的复杂问题分解为若干较容易处理的更小一些的问题。计算机网络采用层次结构，可以使各层之间相对独立，灵活性好，易于实现和维护，而且各层结构上可以分割开，每层都可以采用最合适的技术来实现。由于每层的功能和所提供的服务都已经有了比较明确的描述，所以能够促进体系结构的标准化工作。

1974 年，美国 IBM 公司首先公布了世界上第一个计算机网络体系结构 SNA（System Network Architecture)，凡是遵循 SNA 的网络设备都可以很方便地进行互连。在此之后，许多公司也都纷纷建立起自己的网络体系结构，这些体系结构大同小异，都采用了层次技术，它们都各有其特点，但是只适合与本公司生产的网络设备及计算机互连成网。尽管如此，网络体系结构的提出，还是大大推动了计算机网络的发展。

二、网络协议、实体和接口

在计算机网络中包含多种计算机系统，它们的硬件和软件系统各异，要使得它们之间能够相互有条不紊地交换数据，就需要有一套通信管理机制使通信双方能正确地发送和接收信息，并能理解对方所传输信息的含义。也就是说当计算机间互相通信时，它们必须事先约定一种规则（如交换信息的代码、格式以及如何交换等)，这种规则就称为协议。准确地说，协议就是为实现网络中的数据交换而建立的规则标准或约定。网络协议由语法、语义和交换规则三部分组成，即协议的三要素。

（1）语法：确定协议元素的格式，即规定数据与控制信息的结构和格式。

（2）语义：确定协议元素的类型，即规定通信双方要发出何种控制信息，完成何种动作以及做出何种应答。

（3）交换规则：规定事件实现顺序的详细说明，即确定通信状态的变化和过程，如通信双方的应答关系。

在网络分层体系结构中，每一层都由一些实体（Entity）组成，这些实体抽象地表示了通信时的软件元素（如进程或子程序）或硬件元素（如智能 I/O 芯片等)。实体是通信时能发送和接收信息的任何软硬件设施。

分层结构中各相邻层之间要有一个接口（Interface），它定义了较低层向较高层提供的原始操作和服务。相邻层通过它们之间的接口交换信息，高层并不需要知道低层是如何实现的，仅需要知道该层通过层间的接口所提供的服务，这样使得两层之间保持了功能的独立性。

为了便于理解网络分层结构和协议的概念，以邮政通信系统为例进行说明。人们平常写信时，都有个约定，包括信件的格式和内容。首先，写信时必须采用双方都懂的语言文字和文体，开头是对方称谓，最后是落款等。这样，对方收到信后，才可以看懂信中的内容，知道是谁写的、什么时候写的等。当然还可以有其他的一些特殊约定，如书信的编号、密写等。信写好之后，必须用信封装好并交由邮局寄发，寄信人和邮局之间也要有约定，就是规定信封写法并贴邮票。在寄信时必须先写明收信人的地址、姓名，然后写明寄信人的地址和姓名。邮局收到信后，首先进行信件的分拣和分类，然后交付有关运输部门进行运输，如航空信交民航，平信交铁路或公路运输部门等。这时，邮局和运输部门也有约定，如到站地点、时间、包裹形式等。信件运送到目的地后进行相反的过程，最终将信件送到收信人手中，收信人依照约定的格式才能读懂信件。在整个过程中，主要涉及 3 个子系统，即用户子系统、邮政子系统和运输子系统。

从送信的例子可以看出，各种约定都是为了达到将信件从一个源点送到某一个目的点这个目标而设计的，也就是说，它们是因信息的流动而产生的。可以将这些约定分为同等机构间的约定，如用户之间的约定、邮政局之间的约定和运输部门之间的约定，以及不同机构之间的约定，如用户与邮政局之间的约定、邮政局与运输部门之间的约定。虽然两个用户、两个邮政局、两个运输部门分处甲、乙两地，但它们都分别对应同等机构，同属一个子系统，而同处一地的不同机构则不在一个子系统内，而且它们之间的关系是服务与被服务的关系。很显然，这两种约定是不同的，前者为部门内部的约定，后者为不同部门之间的约定。计算机网络层次结构中也有层内协议和层间协议。

三、计算机网络传输介质和连接设备

网络传输介质和连接设备是网络中传输数据、连接各个网络中计算机的实体。为了使网络中的计算机能够互相传送信息，必须使用传输介质。目前常用的计算机网络传输介质可以分为有线和无线两类。常用的有线介质有：双绞线、同轴电缆、光纤等。无线传输介质有无线电波、微波或红外线等。连接设备有网卡、交换机、路由器等。

1. 双绞线

双绞线是由一对或多对绝缘铜导线组成的，为了减少信号传输中串扰及电磁干扰的影响，通常将这些绝缘铜导线按一定的密度互相缠绕在一起。双绞线是模拟和数字数据通信最常用的传输介质，适合于较短距离的信息传输，当超过一定的距离时信号会因衰减产生畸变，这时就要使用中继器（Repeater）来放大信号和再生波形。双绞线的价格在传输介质中是最便宜的，并且安装简单，所以得到广泛的使用。在局域网中一般采用双绞线作为传输介质。双绞线可分为非屏蔽双绞线（Unshielded Twisted Pair，UTP）和屏蔽双绞线（Shielded Twisted Pair，STP）。非屏蔽双绞线如图 1—12 所示。

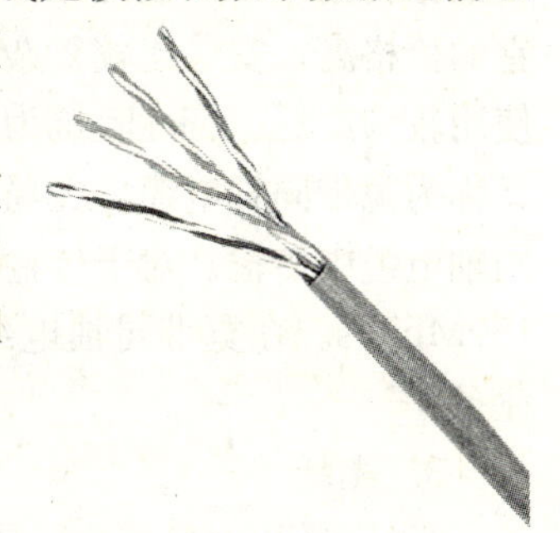

图 1—12　非屏蔽双绞线

UTP 的成本低于 STP，所以 UTP 得到了更为广泛的使用。下面仅对 UTP 做一些简要介绍：

（1）1类 UTP：主要用于电话连接，通常不用于数据传输。

（2）2类 UTP：通常用在程控交换机和告警系统。ISDN 和 T1/E1 数据传输也可以采用2类电缆，2类线的传输频率为 1MHz。

（3）3类 UTP：又称为声音级电缆，是一类广泛安装的双绞线。此类 UTP 的阻抗为 100Ω，传输频率为 16MHz，适合于 10Mbit/s 双绞线以太网和 4Mbit/s 令牌环网的安装，同时也能运行 16Mbit/s 的令牌环网。

（4）4类 UTP：传输频率为 20MHz，其他特性与3类 UTP 完全一样，能更稳定地运行 16Mbit/s 令牌环网。

（5）5类 UTP、超5类 UTP：又称为数据级电缆，质量最好。它们的传输频率为 100MHz，能够运行 100Mbit/s 以太网和 FDDI，此类 UTP 的阻抗为 100Ω，目前已被广泛应用。

另外，还有6类、7类线，能提供更高的传输率和更远的距离。

5类和超5类双绞线是目前最常用的电缆，其传输距离是 100m，传输带宽为 100Mbit/s，用于构建星形拓扑结构的网络。

2. 同轴电缆

同轴电缆（Coaxial Cable）是由绕同一轴线的两个导体所组成的，即内导体（铜芯导线）和外导体（屏蔽层），外导体的作用是屏蔽电磁干扰和辐射，两导体之间用绝缘材料隔离，如图 1—13 所示。同轴电缆具有较高的带宽和很好的抗干扰特性。

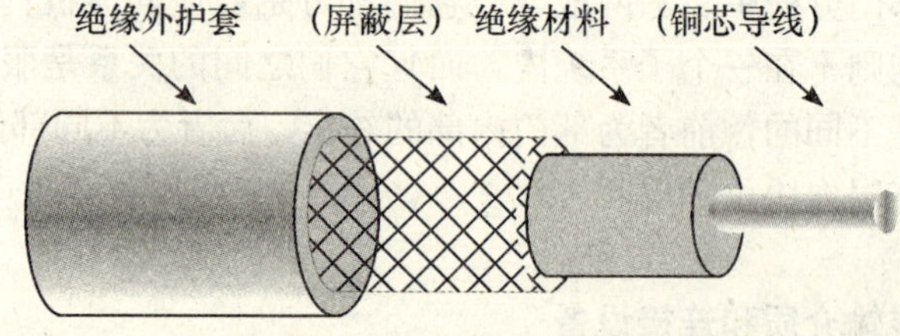

图 1—13 同轴电缆的结构

同轴电缆的品种很多，它们的质量差别很大。常用的同轴电缆的型号和应用如下：

（1）特性阻抗为 50Ω 的粗缆 RG-8 或 RG-11，用于粗缆以太网。

（2）特性阻抗为 50Ω 的细缆 RG-58A/U 或 C/U，用于细缆以太网。

（3）特性阻抗为 75Ω 的电缆 RG-59，用于有线电视 CATV。

特性阻抗为 50Ω 的同轴电缆主要用于传输数字信号，此种同轴电缆叫做基带同轴电缆，其数据传输速率一般为 10Mbit/s。其中，粗缆的抗干扰性能最好，可作为网络的干线，但它的价格高，安装比较复杂；而细缆比粗缆柔软，并且价格低、安装比较容易，在局域网中使用较为广泛。特性阻抗为 75Ω 的 CATV 同轴电缆主要用于传输模拟信号，此种同轴电缆又称为宽带同轴电缆。在局域网中可通过电缆 Modem 将数字信号变换成模拟信号在 CATV 同轴电缆中传输。对于传输频率为 400MHz 的 CATV 同轴电缆，典型的数据传输率为100～150Mbit/s。在宽带同轴电缆中使用 FDM 可以实现数字、声音和视频信号的多媒体传输业务。

3. 光纤

光纤（Fiber Optics）是一种由石英玻璃纤维制成的且直径很细、能传导光信号的介质。光纤由纤芯和包层组成，包层包在纤芯外面，是一层折射率较低的石英玻璃纤维，由于包层的作用，在纤芯中传输的光信号几乎不会从包层中透射出去。这样，当光束进入光纤中的纤芯后，可以减少光通过光纤时的损耗，并且在纤芯边缘产生全反射，使光束曲折前进。光纤通信系统中的光源可以是发光二极管（LED）或注入式激光二极管（ILD），当光通过这些器件时发出光脉冲，光脉冲通过纤芯，从而传递信息。在光纤的两端都要有一个装置来完成光信号和电信号的转换。

根据使用的光源和传输模式，光纤可分为多模光纤和单模光纤两种（见图 1—14）。多模光纤采用产生可见光的发光二极管作为光源，其定向性较差。当光纤纤芯的直径比光波波长大很多时，由于光束进入纤芯中的角度不同，传播路径也不同，这时，光束以多种模式在纤芯内不断反射而向前传播，多模光纤的传输距离一般在 2km 以内。

单模光纤采用注入式激光二极管作为光源，激光的定向性较强。单模光纤的纤芯直径一般为几个光波的波长，当激光束进入纤芯中的角度差别很小时，能以单一的模式无反射地沿轴向传播。

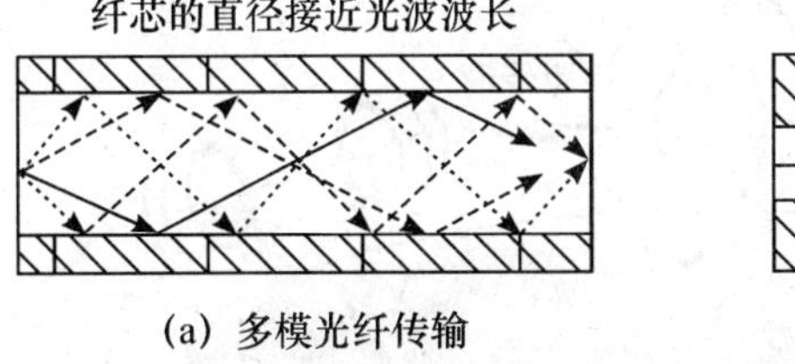

(a) 多模光纤传输

纤芯的直径大于光波波长

(b) 单模光纤传输

图 1—14　多模和单模光纤

常用光纤规格如表 1—1 所示。光纤的规格通常用纤芯与包层的直径比值来表示，其中 8.3/125的光纤只用于单模光纤。单模光纤的传输速率较高，但比多模光纤更难制造，价格也更高。

光纤的优点是信号的损耗小、频带宽、传输速率高，从 100Mbit/s 到 10Gbit/s，甚至更高，且不受外界电磁干扰。另外，由于它本身没有电磁辐射，所以它传输的信号不易被窃听，保密性能好，但是它的成本高并且连接技术比较复杂。光缆主要用于长距离的数据传输和网络的主干线。

表 1—1　　光纤的规格

光纤规格	纤芯（μm）	包层（μm）
62.5/125	62.5	125
50/125	50.0	125
100/140	100.0	140
8.3/125	8.3	125

4. 无线传输

根据距离的远近和对通信速率的要求，可以选用不同的有线介质，但是，若通信线路要通过一些高山、岛屿或河流时，铺设线路就非常困难，而且成本非常高，这时候就可以考虑使用无线电波在自由空间的传播来实现多种通信。

在最近十几年无线电通信发展得特别快，人们不仅可以在运动中进行移动电话通信，而且还能进行计算机数据通信，这都离不开无线信道的数据传输。无线传输所使用的频段很广，人们现在已经利用了无线电、微波、红外线以及可见光这几个波段进行通信，紫外线和更高的波段目前还不能用于通信。

微波通信在数据通信中占有重要地位。微波的频率范围为300MHz～300GHz，但主要使用2～40GHz的频率范围。微波在空间主要是直线传播。由于微波会穿透电离层而进入宇宙空间，因此它不像短波通信那样可以经电离层反射传播到地面上很远的地方。微波通信有两种主要的方式：即地面微波接力通信和卫星通信。

（1）地面微波接力通信。

由于微波在空间是直线传播的，而地球表面是个曲面，因此其传播距离受到限制，一般只有50km左右。但若采用100m高的天线塔，则传播距离可增大到100km。为实现远距离微波通信必须在一条微波通信信道的两个终端之间建立若干个中继站。中继站把前一站送来的信号经过放大后再发送到下一站，故称为“接力”（见图1—15）。大多数长途电话业务使用4～6GHz的频率范围。目前，各国大量使用的微波设备信道容量多为960路、1 200路、1 800路和2 700路，而我国多为960路。

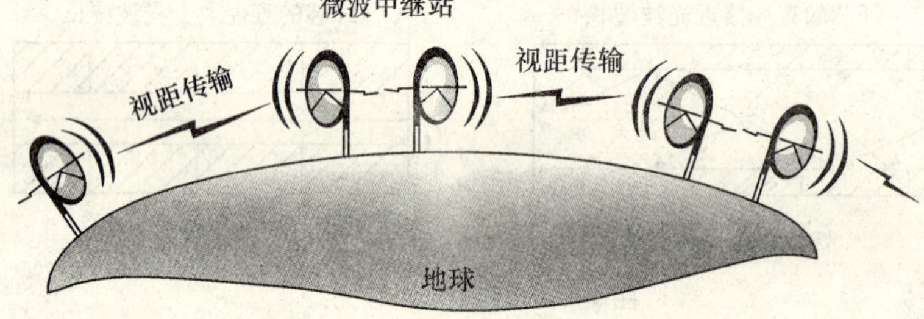

图1—15 微波通信

地面微波接力通信可传输电话、电报、图像、数据等信息，其主要特点如下：

- 微波波段频率很高，其频段范围也很宽，因此，其通信信道的容量很大。
- 微波通信受外界干扰影响比较小，传输质量较高。

微波接力通信也存在如下的一些缺点：

- 相邻站之间必须直视，不能有障碍物，因此，它也被称为“视距通信”。有时一个天线发射出的信号也会分成几条略有差别的路径到达接收天线，因而造成失真。
- 微波的传播有时也会受到恶劣气候的影响。
- 与电缆通信系统相比较，微波通信的隐蔽性和保密性较差。
- 对大量中继站的使用和维护要耗费一定的人力和物力。

（2）卫星通信。

常用的卫星通信方法是在地球站之间利用位于36 000km高空的人造地球同步卫星作为中继器的一种微波接力通信。通信卫星就是在太空的无人值守的微波通信的中继站，因此，卫星通信的主要优缺点和地面微波通信的优缺点差不多。

卫星通信的最大特点是通信距离远，且通信费用与通信距离无关。同步卫星发射出的电磁波能辐射到的地球上的通信覆盖区的跨度达18 000km。从技术角度上讲，只要在地球赤道上空的同步轨道上等距离地放置3颗相隔120°的卫星，就能基本上实现全球的通信。卫星通信的频带很宽，通信容量很大，信号所受到的干扰影响也较小，且通信比较稳定。卫星通信非常适合于广播通信，因为它的覆盖面很广。但从安全方面考虑，卫星通信系统的保密性是较差的。

由于通信卫星和卫星地球站的成本都较高，而且卫星的使用寿命一般只有7～8年，所以卫星通信的价格也是非常高的。

5. 网卡

网卡也叫网络适配器（Network Interface Card，简称 NIC），是计算机网络中最基本的连接设备之一，是连接计算机与传输介质的硬件设备。无论采用何种传输介质，都必须借助于网卡才能实现计算机与计算机网络的连接。

（1）网卡的工作原理。

现在的网卡都是全双工工作方式，接收和发送可以同时进行。网卡作为发送方时，首先接收电脑将要传送到网络上的数据，根据网络的类型，将这些数据分割成特定的大小，再在适当的位置插进一些附加的数据，如地址信息、校验数据等，这个过程叫做封装。封装好一个包后就找一个适当时机把它发送出去，这个过程根据网络类型的不同而有不同的选择发送时机的规则。

作为接收方时，网卡不断地监听网络，当发现有某个数据包（即发送方或其他网络设备）是发送给自己的时候，就把它接收下来，根据一定的规则读懂并去掉附加的数据，还原数据包封装前的原始数据，再将这些数据送到计算机相应的软件或硬件。

对于网卡而言，每块网卡都有一个唯一的网络节点地址，是网卡生产厂家在生产时烧入只读存储芯片中的，被称为 MAC 地址（物理地址），是绝对不会重复的。

（2）网卡的分类。

按照与网络连接接口的不同，网卡可分为以下几种：

1）AUI 接口网卡（见图 1—16）。AUI 接口网卡用于连接以粗同轴电缆为传输介质组建的以太网，因为粗同轴电缆已经很少采用，所以这种网卡非常少见。

2）BNC 接口网卡（见图 1—17）。BNC 接口网卡用于连接以细同轴电缆为传输介质组建的计算机网络，目前也很少使用了。

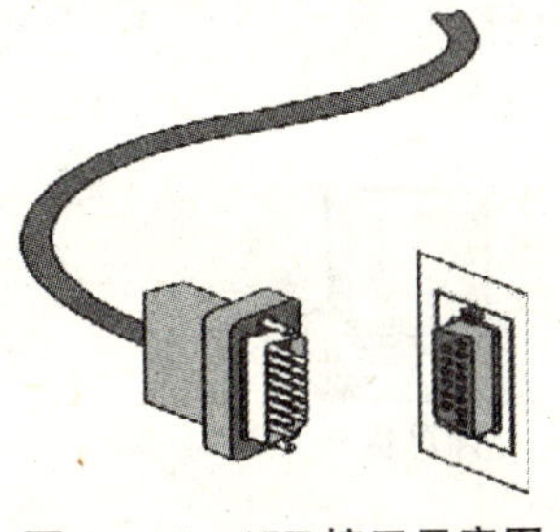

图 1—16　AUI 接口示意图

图 1—17　BNC 接口网卡

3）RJ45 接口网卡（见图 1—18）。这种网卡用于连接以双绞线为传输介质组建的计算机网络，这种网卡最为常见。按照数据传输速度来划分，这种网卡又可分为：

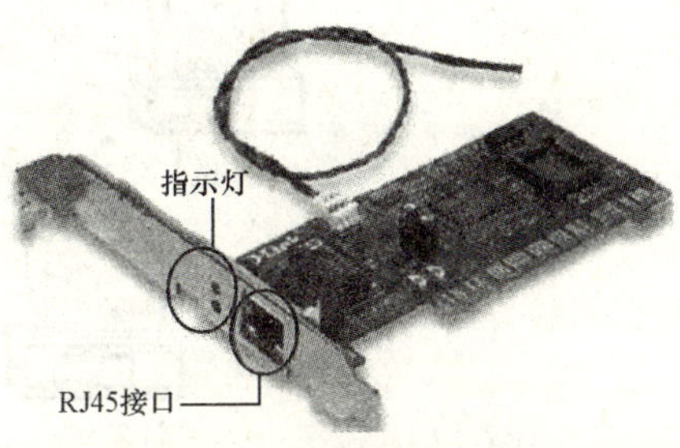

图 1—18　RJ45 接口网卡

- 10/100M 自适应网卡：它可以根据对方网络设备的传输速度自动设定自己的速度，因此与老设备能很好地兼容，又能满足速度的要求，使用很广泛。
- 100M 网卡：这是目前主流的网卡。
- 1 000M 网卡：目前这种网卡主要应用在网络服务器上。

4）光纤接口网卡（见图 1—19）。光纤接口网卡用于连接光纤网络，价格比较高，现在在网络服务器上应用比较多，还未普及。

5）无线网卡（见图 1—20）。无线网卡用于连接无线网络，使人们摆脱了网线的束缚。随着无线网络的崛起，这种网卡已经变得越来越常见。

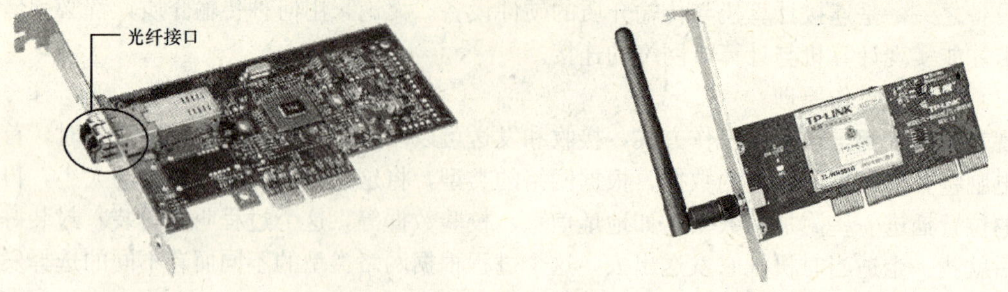

图 1—19　光纤接口网卡　　　　图 1—20　无线网卡

6. 集线器

集线器（Hub）的主要功能是对接收到的信号进行再生整形放大，以扩大网络的传输距离，首先起到中继器的作用，同时把所有节点集中在以它为中心的节点上（见图 1—21）。集线器所起的作用相当于多端口的中继器。其区别仅在于集线器能够提供更多的端口服务，所以集线器又叫多口中继器。集线器属于数据通信系统中的基础设备，它和双绞线等传输介质一样，是一种不需任何软件支持的硬件设备。集线器工作在局域网（LAN）环境，应用于 OSI 参考模型第一层——物理层，又被称为物理层设备。集线器可以从任意一个端口接收数据，然后将这些数据原封不动的转发到其他的所有端口。它是一种广播设备，所有的端口共享网络带宽，在同一时间，只有一个端口能发送数据，否则如果存在两个以上的端口同时发送数据的话，它们各自的数据信号会互相干扰，这就产生了“冲突”，而不能成功发送。譬如一个 24 端口的 100Mbit/s 集线器，理论上它的 24 个端口的数据传输速度之和是 100Mbit/s，但实际上这个带宽并不是平均分配到每个端口。

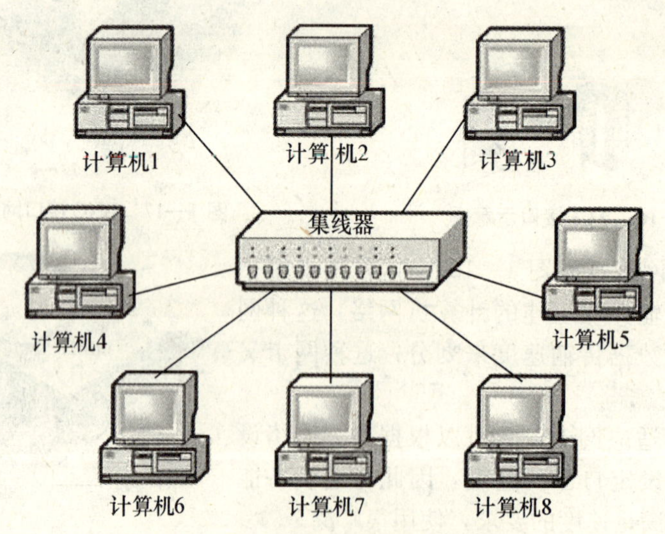

图 1—21　使用集线器组建局域网

普通的集线器提供两种端口：一是用于连接计算机的普通 RJ-45 端口，此类端口数量可以是 8、12、16、24 等；二是向上连接端口，用于连接外网出口。

集线器的分类：

（1）按集线器支持的传输速率可以分为：10Mbit/s 集线器、100Mbit/s 集线器、10/100Mbit/s 自适应集线器。

（2）按集线器是否能够堆叠，可以分为普通集线器（见图 1—22）和可堆叠集线器（见图 1—23）。普通集线器外形小巧美观，端口数量少，常用于家庭和小型办公室组网。可堆叠集线器通常是机架式的，本身就可提供较多的端口，更可以通过堆叠多个集线器扩展出更多的端口，用于大型的局域网。

（3）按集线器是否支持网管功能，可以分为简单集线器和带网管功能的智能集线器。

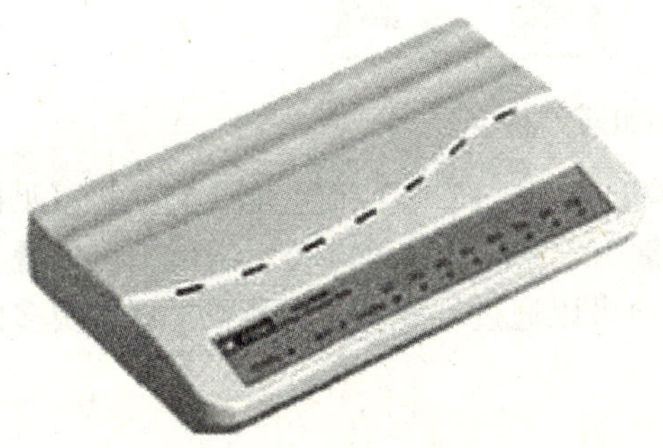

图 1—22　普通集线器

图 1—23　可堆叠集线器

集线器的突出缺点是所有端口共享有限的带宽，优点是结构简单，价格低。不过现在的交换机也越来越廉价，有逐渐取代集线器的趋势。

7. 交换机

（1）交换机与集线器的比较。

交换机，从外形来看，与集线器很相像，都提供较多的连接端口，但是它们内部的结构和工作原理有很大区别。

- 交换机的各端口独享网络带宽，各端口及其所连接的设备之间不存在冲突的问题，对于全双工交换机来说各端口可以同时发送数据、接收数据，而互不影响。网络性能大大超过集线器组网。
- 交换机工作在数据链路层，自身有一定的“智能”，能分析数据包包头，而且交换机能记住哪台主机连在哪个端口，并根据其中的内容决定将数据包发往哪个端口（如果是新连上的主机，则交换机会向所有端口广播数据包，并根据其他主机的回应安排新主机的端口）。而集线器只是针对纯粹的电信号进行处理，而不会管这些电信号的意义。
- 交换机不是广播设备，从一个端口进来的数据不会被发往所有其他端口，而是由交换机根据数据包包头来自动选择出口（除非交换机不知道该目的主机连接的端口）。
- 交换机也像集线器一样会提供很多端口，但这些端口一般不会是同等速率的，有一两个端口的速率高一些，用来连接服务器或上一级交换机等网络设备。
- 交换机的级联是没有层数限制的，而集线器则有。

图 1—24 所示是使用交换机组建的一个简单局域网。

（2）交换机的分类。

- 按交换机支持的传输速率，可以分为：10Mbit/s 交换机、100Mbit/s 交换机、10/100Mbit/s 自适应交换机、千兆交换机。

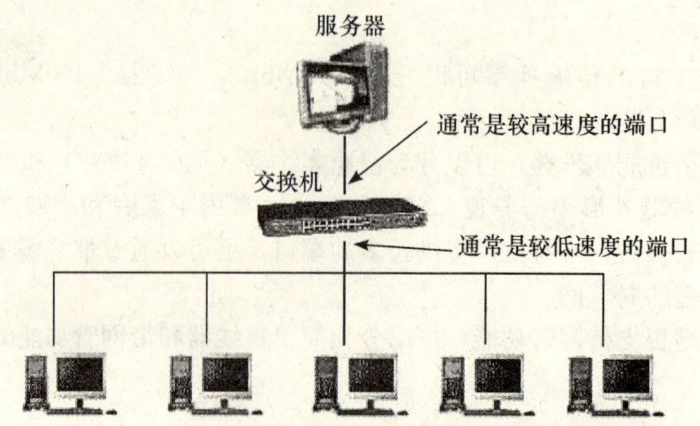

图 1—24　交换机组网

● 按交换机是否能够堆叠，可以分为普通交换机（见图 1—25）和可堆叠交换机（见图 1—26）。普通交换机外形小巧美观，端口数量少，常用于家庭和小型办公室组网。可堆叠交换机通常是机架式的，本身就可提供较多的端口，更可以通过堆叠多个交换机扩展出更多的端口，用于大型的局域网。

图 1—25　普通交换机

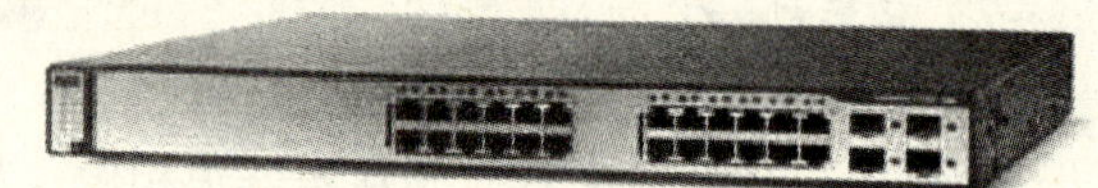

图 1—26　可堆叠交换机

● 按交换机是否支持网络管理功能，可以分为简单交换机和带网管功能的智能交换机。

交换机能以不太高的价格提供相当好的网络传输性能、扩展性能和管理性能，在局域网中的地位已是越来越重要。随着时代的发展，交换机的技术也日新月异。三层交换、虚拟局域网、光纤传输、高速网络等技术的采用更加扩展了交换机的功能和性能。

8. 路由器

路由器是互联网中必不可少的网络设备之一，它是一种连接多个网络或网段的网络设备，它能将不同网络或网段之间的数据信息进行“翻译”，以使它们能够相互“读”懂对方的数据，从而构成一个更大的网络。这也是它与前面介绍的集线器和交换机最大的区别——不同类型网络之间的互连。

要解释路由器的概念，首先要介绍什么是路由。所谓路由，是指把数据从一个地方传送到另一个地方的行为和动作，而路由器正是执行这种行为动作的机器，它的英文名称为 Router。

（1）路由器的基本功能。

● 网络互连：路由器支持各种局域网和广域网接口，主要用于互连局域网和广域网，实现不同网络互相通信。

● 数据处理：提供包括分组过滤、分组转发、复用、加密、压缩甚至防火墙等功能。

● 网络管理：路由器提供包括路由器配置管理、性能管理、容错管理和流量控制等功能。

为了完成“路由”的工作，在路由器中保存着各种传输路径的相关数据——路由表（Routing Table），供路由选择时使用。路由表中保存着子网的标志信息、网上路由器的个数和下一个路由器的名字等内容。路由表可以是由系统管理员固定设置好的，也可以由系统动态修改，可以由路由器自动调整，也可以由主机控制。在路由器中涉及两个有关地址的名词概念，即静态路由表和动态路由表。由系统管理员事先设置好的固定的路由表称为静态（Static）路由表，一般是在系统安装时就根据网络的配置情况预先设定的，它不会随未来网络结构的改变而改变。动态（Dynamic）路由表是路由器根据网络系统的运行情况而自动调整的路由表。路由器根据路由选择协议（Routing Protocol）提供的功能，自动学习和记忆网络运行情况，在需要时自动计算数据传输的最佳路径。

（2）路由器的工作原理。

为了简单地说明路由器的工作原理，现在假设有这样一个简单的网络。如图 1—27 所示，A、B、C、D 四个网络通过路由器连接在一起。

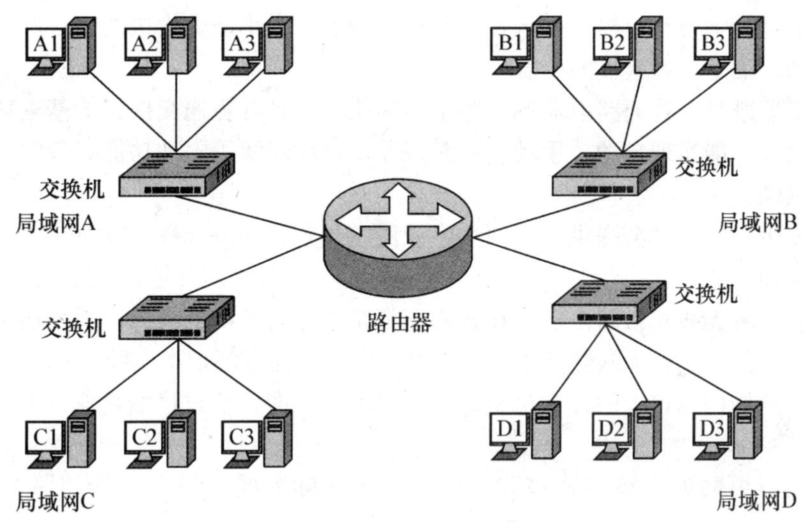

图 1—27　使用路由器实现网间互联

假设网络 A 中一个用户 A1 向 C 网络中的用户 C3 发送数据，信号传递的步骤如下：

第 1 步：用户 A1 将目的用户 C3 的地址连同数据信息以数据帧的形式通过集线器或交换机以广播的形式发送给同一网络中的所有节点，当路由器 A5 端口侦听到这个地址后，分析得知所发目的节点不是本网段的，需要路由转发，就把数据帧接收下来。

第 2 步：路由器 A5 端口接收到用户 A1 的数据帧后，先从报头中取出目的用户 C3 的地址，并根据路由表计算出发往用户 C3 的最佳路径。从分析得知到 C3 的网络 ID 号与路由器 C5 的网络 ID 号相同，由路由器的 A5 端口直接发向路由器的 C5 端口应是信号传递的最佳途径。

第 3 步：路由器的 C5 端口再次取出目的用户 C3 的地址，找出 C3 的地址中的主机 ID 号，如果在网络中有交换机则可先发给交换机，由交换机根据 MAC 地址表找出具体的网络节点位置；如果没有交换机设备则根据其地址中的主机 ID 直接把数据帧发送给用户 C3。这样一个完整的数据通信转发过程就完成了。

当然实际的网络要远比本例中的网络复杂得多，实际的路由器工作步骤也不会像上述那么简单，但总的过程都是这样的。

9. 宽带路由器

随着 Internet 的日益普及，一种名叫 SOHO 宽带路由器（以下简称宽带路由器，见图 1—28）的网络设备开始流行起来。在用户数不太多的情况下，速度还是能令人接受的，而且大大节省了本来很紧张的 IP 地址。因此受到了广大家庭和小型办公室的欢迎。

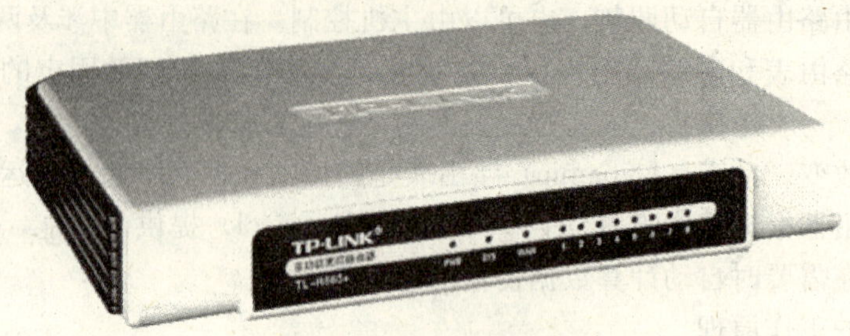

图 1—28 宽带路由器

宽带路由器没法归类于传统的网络设备，也没法在 OSI/RM 参考模型中准确找到它的位置。实际上这种宽带路由器是一台普通路由器加上一台小型交换机的组合产品。当然并不是简单的叠加，而是一种有机的整合。

宽带路由器既具有普通路由器的一些基本功能，也具有普通交换机的基本功能，还内置了虚拟拨号软件，能实现自动、手动或定时拨号，自动断线等附加功能，免去了每次上网还要先拨号的烦琐。

一般的宽带路由器都会提供一至两个广域网端口连接 Internet，另外提供四个以上局域网端口连接本地机器。

现在还有一种无线宽带路由器，在普通宽带路由器的基础上提供了无线连接局域网的功能，这样就又添加了一台无线热点设备（AP），很适合拥有笔记本电脑的家庭使用。

所有连在局域网端口上的计算机组成一个本地局域网，通过广域网端口共用一条 Internet 线路。

宽带路由器更贴近小型办公室和家庭用户的实际需要，相比传统的路由器具有以下优点：

（1）价格更低廉，最便宜低至 100 元，高端的也就数百元。

（2）省去了一些初级用户用不到的高级功能。

（3）部署更容易，无需专业人员即可胜任管理工作。一般的宽带路由器都有直观的管理界面，设置选项一目了然。

第 4 节 Internet 技术

Internet 是人类历史发展中的一个伟大的里程碑，它是未来信息高速公路的雏形，人类正由此进入一个前所未有的信息化社会。人们用各种名称来称呼 Internet，如国际互联网、因特网、交互网络、网际网等，它正在向全世界各大洲延伸和扩展，不断增添吸收新的网络成员，已经成为世界上覆盖面最广、规模最大、信息资源最丰富的计算机信息网络。

一、Internet 的诞生——种瓜得豆的产物

Internet 的产生并非一项完美的计划，Internet 的开创者们也绝不会想到它能发展成目前的规模和产生如此的影响。在 Internet 出现之初，没有人能想到它会进入千家万户，也没有人能想到它的各种各样的用途，即使是现在的我们，也无法确切地说出它的未来是什么样的。

Internet 的应用范围由最早的军事、国防，扩展到美国国内的学术机构，进而覆盖了全球的各个领域。运营性质也由政府出资到全面的商业化运营。开发之初的用途主要是用于军事科研和教育，而现在 Internet 的用途可以用无所不能来形容。

从某种意义上，Internet 可以说是美苏冷战的产物。在美国，20 世纪 60 年代是一个很特殊的时代。60 年代初，古巴核导弹危机发生，美国和苏联之间的冷战状态随之升温，核毁灭的威胁成了人们日常生活的话题。在美国对古巴实施封锁的同时，越南战争爆发，许多第三世界国家发生政治危机。由于美国联邦经费的刺激和公众恐惧心理的影响，实验室冷战也开始了。人们认为，能否保持科学技术上的领先地位，将决定战争的胜负。而科学技术的进步依赖于计算机领域的发展。到了 60 年代末，每一个主要的联邦基金研究中心，包括纯商业性组织、大学，都有了由美国新兴计算机工业提供的最新技术装备的计算机设备，计算机中心互联以共享数据的思想得到了迅速发展。

美国国防部认为，如果仅有一个集中的军事指挥中心，万一这个中心被苏联的核武器摧毁，全国的军事指挥将处于瘫痪状态，其后果将不堪设想，因此有必要设计这样一个分散的指挥系统——它由一个个分散的指挥点组成，当部分指挥点被摧毁后其他点仍能正常工作，而这些分散的点又能通过某种形式的通信网取得联系。1969 年，美国国防部高级研究计划管理局（Advanced Research Projects Agency，ARPA）开始建立一个命名为 ARPAnet 的网络，把美国的几个军事及研究用主机连接起来。当初，ARPAnet 只连接 4 台主机，并因军事要求置于美国国防部高级机密的保护之下，从技术上它还不具备向外推广的条件（见图 1—29）。

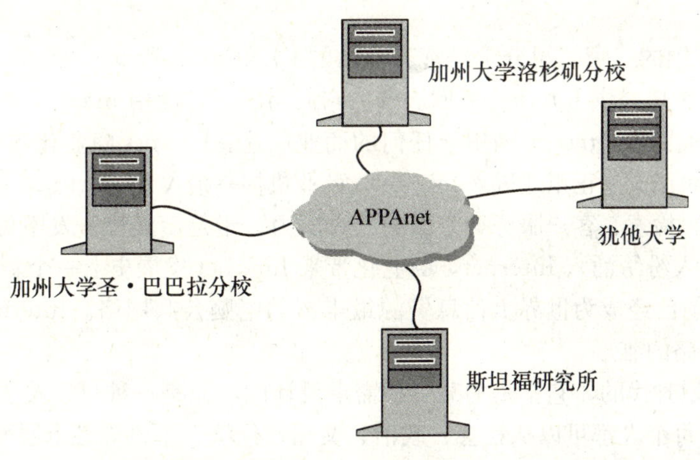

图 1—29　ARPAnet

1983 年，ARPA 和美国国防部通信局研制成功了用于异构网络的 TCP/IP 协议，美国加州大学伯克利分校把该协议作为其 BSDUNIX 的一部分，使得该协议得以在社会上流行起来，从而诞生了真正的 Internet。

二、Internet 的发展

1986 年美国国家科学基金会（National Science Foundation，NSF）投资在美国普林斯顿大学、匹兹堡大学、加州大学圣地亚哥分校、伊利诺伊大学和康奈尔大学建立五个超级计算机中心，并通过 56Kbit/s 的通信线路连接形成 NSFnet 的雏形。由于美国国家科学基金会的鼓励和资助，很多大学、政府资助的研究机构甚至私营的研究机构纷纷把自己的局域网并入 NSFnet 中。那时，ARPAnet 的军用部分已脱离母网，建立自己的网络——Milnet。ARPAnet——网络之父，逐步被 NSFnet 所替代。到 1990 年，ARPAnet 被关闭，完全退出了历史舞台。如今，NSFnet 已成为 Internet 的重要骨干网之一。

NSFnet 对 Internet 的最大贡献是使 Internet 向全社会开放，而不像以前那样仅供计算机研究人员和政府机构使用。1990 年 9 月，由 Merit、IBM 和 MCI 公司联合建立了一个非营利性的组织——先进网络科学公司 ANS（Advanced Network & Science Inc.）。ANS 的目的是建立一个全美范围的 T3 级主干网，它能以 45Mbit/s 的速率传送数据。到 1991 年底，NSFnet 的全部主干网都与 ANS 提供的 T3 级主干网相连通。

1989 年，欧洲原子能研究组织 CERN 成功开发 WWW，为 Internet 实现超媒体信息浏览检索奠定了基础。

到了 20 世纪 90 年代初期，Internet 事实上已成为一个网中网——各个子网分别负责自己的架设和运作费用，而这些子网又通过 NSFnet 互连起来。Internet 在 80 年代的扩张不单带来量的改变，同时也带来质的改变。由于多种学术团体、企业研究机构，甚至个人用户的进入，Internet 的使用者不再限于电脑专业人员。新的使用者发觉，加入 Internet 除了可共享 NSFnet 的巨型机外，还能进行相互间的通信，而这种相互间的通信对他们来讲更有吸引力。于是，他们逐步把 Internet 当作一种交流与通信的工具，而不仅仅是共享 NSFnet 巨型机的运算能力。

在 20 世纪 90 年代以前，Internet 的使用一直仅限于研究与学术领域。商业性机构进入 Internet 一直受到这样或那样的法规或传统问题的困扰。并且政府机构对 Internet 的商业活动并不感兴趣。

1991 年，美国的三家公司分别经营着自己的 CERFnet、PSInet 及 Alternet 网络，可以在一定程度上向客户提供 Internet 联网服务。它们组成了“商用 Internet 协会”（CIEA），宣布用户可以把它们的 Internet 子网用于任何的商业用途。Internet 商业化服务提供商的出现，使工商企业终于可以堂堂正正地进入 Internet。商业机构一踏入 Internet 这一陌生的世界就发现了它在通信、资料检索、客户服务等方面的巨大潜力。于是，其势一发不可收拾。世界各地无数的企业及个人纷纷涌入 Internet，商业化带来 Internet 发展史上一个新的飞跃。

Internet 目前已经成为世界上信息资源最丰富的电脑公共网络。Internet 被认为是未来全球信息高速公路的雏形。

Internet 是划时代的，它不是为某一种需求设计的，而是一种可以接受任何新的需求的总的基础结构。每个人都可以从社会、政治、文化、经济、军事等各个层面去解释、理解其意义和价值。或者说 Internet 是一项正在向纵深发展的技术，是人类进入网络文明阶段或信息社会的标志。

对 Internet 将来的发展给以准确的描述是十分困难的。但目前的情形使互联网早已突破了技术的范畴，正在成为人类向信息文明迈进的纽带和载体。总之 Internet 是我们今后生存和发展的基础设施，它直接影响着我们的生活方式。

现在几乎任何行业、任何名词的前面都可以冠以网络，如网络银行、网络学校、网络书店、网络电话，好像一切都网络化了。当今科技进步日渐成为社会经济发展的决定因素，国际竞争已演变成高科技为主导的综合国力较量。人类正步入知识经济时代，这场经济革命的先导，正是网络化的计算机和通信技术。

三、Internet 在中国的发展

Internet 在中国的发展历程可以大略地划分为三个阶段：

第一阶段是研究试验阶段，从 1986 年 6 月到 1994 年 3 月。期间中国一些科研部门和高等院校开始研究网络互连技术，并开展了科研与合作工作。这个阶段的网络应用仅限于小范围内的电子邮件服务，而且仅为少数高等院校、研究机构提供电子邮件服务。

我国最早使用 Internet 是从 1986 年开始的。当时国内的一些科研单位，通过长途电话拨号到欧洲的一些国家进行联机数据库检索。不久，通过拨号上网与这些国家的 Internet 联系，进行 E-mail 通信。1988 年，清华大学校园网通过 X. 25 网与加拿大 UBC 大学连接，开通了电子邮件应用。与此同时，中科院高能物理研究所 DECNET 成为西欧中心 DECNET 的延伸，实现了计算机国际远程联网及与欧洲和北美地区的电子邮件通信。1989 年 5 月，中国研究网（CRN）也通过 X. 25 试验网实现了与德国研究网（DFN）的互连。

从 1990 年开始，利用欧洲国家的计算机作为网点，在 X. 25 网与 Internet 之间进行转接，我国 CNPAC 科技用户实现了与 Internet 用户的 E-mail 通信。10 月注册登记了我国的顶级域名 CN，并且从此开通了使用中国顶级域名 CN 的国际电子邮件服务。由于当时中国还未能正式连入 Internet，所以委托德国卡尔斯鲁厄大学运行 CN 域名服务器。1991 年，中科院高能物理研究所采用 DECNET 协议，以 X. 25 方式连入美国斯坦福线性加速器中心（SLAC）的 LIVEMORE 实验室，开通了电子邮件通信。1993 年 3 月，中科院高能物理研究所开通了一条 64Kbit/s 国际数据信息线路，连接了中科院高能物理研究所和美国斯坦福线性加速器中心（SLAC），运行 DECNET 协议。这时还不能提供完全的 Internet 功能，但经 SLAC 中心的转接，可以与 Internet 进行 E-mail 通信。有了这条专线后，通信能力大大提高，通信费用大为降低，促进了 Internet 的部分功能在中国的应用。

互联网络基础建设也在此期间启动，到 1992 年，NCFC 工程的院校网即中科院院网（CASNET）连接了中关村地区 30 多个研究所及中科院院部，清华大学校园网（TUNET）、北京大学校园网（PUNET）全部完成建设，1993 年 8 月国家启动金桥工程前期建设。

第二阶段为起步阶段，从 1994 年 4 月至 1997 年。1994 年 4 月，中关村地区教育与科研示范网络工程进入互联网，实现和 Internet 的连接，从而开通了 Internet 全功能服务。1994 年 4 月 20 日通过美国 Sprint 公司接入 Internet，开通了一条 64K 国际专线，实现了与 Internet 全部功能的对接。从此，我国被国际上正式承认有 Internet 的国家。

1994 年 5 月 15 日，中科院高能物理研究所设立了国内第一个 Web 服务器，推出第一套网页。之后，ChinaNet（中国公用计算机网）、CERnet（中国教育和科研网）、CSTnet（中国科学技术网）、ChinaGBnet（中国金桥信息网）等多个互联网络项目在全国范围相继启动，使中国的 Internet 主干网初具规模。互联网开始进入公众生活，并在中国得到了迅速的发展。截止到 1997 年 10 月 31 日，我国上网计算机 29. 9 万台，上网用户 62 万人，CN 下注册的域名4 066个，WWW 站点 1 500 个，国际出口带宽 18. 64Mbit/s。

第三阶段从 1998 年至今，是快速增长阶段。国内互联网用户数在 1997 年以后保持了极

速的增长。据中国互联网络信息中心（CNNIC）公布的统计报告显示，截止 2007 年 12 月 31 日，我国网民总人数达到 2.1 亿人，我国域名总数达到 1 193 万个，CN 域名数量已达到 900 万个，CN 域名下网站数量突破百万，达到 100.6 万个（见表 1—2）。

表 1—2　　1998—2008 年中国互联网统计数字摘要

发布时间	网民数	上网计算机	CN 域名	宽带用户	拨号用户
2008.01.17	2.1 亿	7 800 万	900 万	1.63 亿	2 338 万
2007.01.23	13 700 万	5 940 万	180.3 万	9 070 万	3 900 万
2006.01.17	11 100 万	4 950 万	109.7 万	6 430 万	5 100 万
2005.01.19	9 400 万	4 160 万	43.2 万	4 280 万	5 240 万
2004.01.15	7 950 万	3 089 万	34 万	1 740 万	4 916 万
2003.01.16	5 910 万	2 083 万	17.9 万	660 万	4 080 万
2002.01.15	3 370 万	1 254 万	12.7 万	未统计	2 133 万
2001.01.17	2 250 万	892 万	12.2 万	未统计	1 543 万
2000.01.18	890 万	350 万	4.8 万	未统计	666 万
1999.12.05	400 万	146 万	2.9 万	未统计	256 万
1998.06.30	117.5 万	54.2 万	9 415	未统计	46 万

四、Internet 的相关术语

1. IP 地址

IP 地址是为标识 Internet 上主机位置而设置的。Internet 上的每一台计算机都被赋予一个世界上唯一的 32 位 Internet 地址（Internet Protocol Address，IP 地址），这一地址可用于与该计算机有关的全部通信。为了方便起见，在应用上以 8 位二进制位为一单位，组成四组十进制数字来表示每一台主机的位置。

一般的 IP 地址由 4 组数字组成，每组数字介于 0～255 之间，如某一台电脑的 IP 地址可为：202.206.65.115，但不能为 202.206.259.3。

2. 域名

尽管 IP 地址能够唯一地标识网络上的计算机，但 IP 地址是数字型的，记忆这类数字十分不方便，于是人们又发明了另一套字符型的地址方案即所谓的域名地址。IP 地址和域名地址是一一对应的，它们的对应信息存放在一个叫域名服务器（Domain Name Server，DNS）的主机内，使用者只需了解易记的域名地址，IP 地址和域名地址之间的转换由 DNS 服务器负责。

域名地址最右边的部分为顶层域，最左边的则是这台主机的机器名称。一般域名地址可表示为：主机机器名．单位名．网络名．顶层域名。如：dns. bisu. edu. cn，这里的 dns 是一个单位的一个主机的机器名，bisu 代表一个单位，edu 代表中国教育科研网，cn 代表中国，顶层域一般是网络机构或所在国家（地区）的名称缩写。

域名由两种基本类型组成：以机构性质命名的域和以国家（地区）代码命名的域。常见的以机构性质命名的域，一般由三个字符组成，如表示商业机构的“com”，表示教育机构的“edu”等。以机构性质或类别命名的域如表 1—3 所示。

表 1—3

域名	含义	域名	含义
com	商业机构	net	网络组织
edu	教育机构	int	国际机构（主要指北约）
gov	政府部门	org	其他非营利组织
mil	军事机构		

以国家或地区代码命名的域，一般用两个字符表示，是为世界上每个国家和一些特殊的地区设置的，如中国为“cn”、日本为“jp”、美国为“us”等。但是，美国国内很少用“us”作为顶级域名，而一般都使用以机构性质或类别命名的域名。表 1—4 介绍了一些常见的以国家或地区代码命名的域。

表 1—4

域名	国家或地区	域名	国家或地区
ar	阿根廷	nl	荷兰
au	澳大利亚	nz	新西兰
at	奥地利	ni	尼加拉瓜
br	巴西	no	挪威
ca	加拿大	pk	巴基斯坦
co	哥伦比亚	pa	巴拿马
cr	哥斯达黎加	pe	秘鲁
cu	古巴	ph	菲律宾
dk	丹麦	pl	波兰
eg	埃及	pt	葡萄牙
fi	芬兰	pr	波多黎各
fr	法国	ru	俄罗斯
de	德国	sa	沙特阿拉伯
gr	希腊	sg	新加坡
gl	格陵兰	za	南非
is	冰岛	es	西班牙
in	印度	se	瑞典
ie	爱尔兰	ch	瑞士
il	以色列	th	泰国
it	意大利	tr	土耳其
jm	牙买加	gb	英国
jp	日本	us	美国
mx	墨西哥	vn	越南
cn	中国		

3. 统一资源定位器 URL

统一资源定位器 URL（Uniform Resource Locator），是专为标识 Internet 网上资源位置而设的一种编址方式，网页地址指的即是 URL，它一般由三部分组成：“传输协议：//主机 IP 地址或域名地址/资源所在路径和文件名”。例如“http：//www. edu. cn/zt _ 6526/index. shtml”是中国教育科研网教育信息化热点专题的 URL，其中 http 表示超文本传输协议，www. edu. cn 是中国教育科研网的 WWW 主机域名，zt _ 6526/index. shtml 是热点专题在服务器中的路径和页面文件名。

通过上面的学习可以总结出标识 Internet 网上资源位置的三种方式：IP 地址、域名地址和 URL。

下面列出常见的 URL 中定位和标识的服务或文件：

http：文件在 Web 服务器上；

file：文件在自己的局部系统或匿名服务器上；

ftp：文件在 FTP 服务器上；

gopher：文件在 Gopher 服务器上；

wais：文件在 Wais 服务器上；

news：文件在 Usenet 服务器上；

telnet：连接到一个支持 Telnet 远程登录的服务器上。

其中，后面的四个已经不常用了。

五、Internet 的工作原理

当一个用户从其他计算机上检索信息时，用户先向对方计算机发送请求信息。当对方接收到请求信息以后，开始检索，当检索到所需要的文件之后，开始向用户计算机发送文件。TCP 先把该文件分成一个个小数据包，并加上一些特定的说明信息（可以比作是装箱单），以便对方的计算机确认传输是正确无误的，然后 IP 再在数据包上标上地址信息，形成可在 Internet 上传输的 TCP/IP 数据包。当 TCP/IP 数据包到达目的地后，计算机首先去掉地址标志，利用 TCP 的说明信息（装箱单）检查数据在传输中是否有损失，如果用户计算机发现有损坏的数据包，就要求对方计算机重新发送被损坏的数据包，确认无误后再将各个数据包重新组合成原来的文件（如图 1—30 所示）。

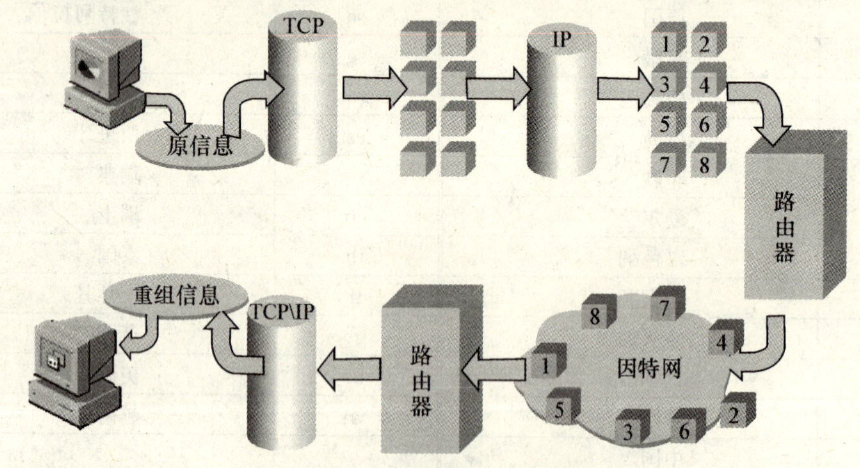

图 1—30　Internet 的工作原理

六、Internet 的基本服务

Internet 的价值体现在它的服务上，它的基本服务有：电子邮件、WWW、文件传输、远程登录、新闻组、电子公告牌等。

1. 电子邮件（E-mail）

E-mail 是 Internet 最早提供的服务。通过它，每人都可以有自己的信箱，用以储存收到的信件，E-mail 地址包括用户名加上主机名，并在中间用@符号隔开。

如今的电子邮件软件能够实现更为复杂、多样的服务，包括：一对多的发信，信件的转发和回复，在信件中包含声音、图像等多媒体信息等，甚至可以做到用手机提示收到来信。人们还可以像订购报刊一样在网上订购所需的信息，通过电子邮件定期送到指定的信箱。

2. WWW

World Wide Web（缩写为 WWW）在中文里常被译作“万维网”，在浏览器软件的地址栏里输入所要查看的页面地址，就可以连接到该地址所指向的 WWW 服务器，从中浏览和查找所需的信息。WWW 服务器所存储的页面内容是用 HTML 语言（Hyper Text Mark-up Language）书写的，它通过 HTTP 协议（Hyper Text Transfering Protocol）传送到用户处。

3. 文件传输（FTP）

Internet 提供了文件传输 FTP（File Transfer Protocol）服务，使用户能发送或接收数据量较大的文件。

4. 远程登录

远程登录允许用户从一台机器连接到远程的另一台机器上，并建立一个交互的登录连接，使看起来仿佛用户直接在对这台远程主机操作一样。远程登录通常需要有效的登录账号来接受对方主机的认证。登录程序有 TELNET、RLOGIN 等。

5. 新闻组 Usenet 和电子公告牌（BBS）

Usenet 在一套名为“新闻组”的标题下组织讨论，用户可以阅读别人发送的新闻或发表自己的文章。BBS 也已经超出了其开发之初“公告牌”的功能，能够方便用户在异时、异地就同一话题进行在线讨论。

七、Internet 的服务方式

Internet 的服务方式有两种：分别是客户端/服务器（C/S）模式和浏览器/服务器（ B/S）模式。

1. 客户端/服务器（C/S）模式

服务器通常采用高性能的计算机、工作站或小型机，并采用大型数据库系统，如 Oracle、Sybase、Informix 或 SQL Server。对客户端的计算机配置要求也比较高，客户端需要安装专用的客户端软件，由这个软件对服务器的数据进行读写，就像我们常用的即时聊天工具 QQ。

C/S 程序具有整体性，必须整体考察，处理出现的问题时必须升级系统。当遇上升级困难时，往往需要重做一个全新的系统。

2. 浏览器/服务器（B/S）模式

B/S 模式是指在 TCP/IP 的支持下，以 HTTP 为传输协议，客户端通过浏览器 Browser 访问 Web 服务器以及与之相连的后台数据库的技术及体系结构。它由浏览器、Web 服务器、应用服务器和数据库服务器组成。客户端的浏览器通过 URL 访问 Web 服务器，Web 服务器请求数据库服务器，并将获得的结果以 HTML 形式返回客户端浏览器。

客户机上只要安装一个浏览器，如 Netscape Navigator 或 Internet Explorer，就可以与

服务器的 Oracle、Sybase、Informix 或 SQL Server 等数据库进行交互。

B/S 建立在广域网之上，不必是专门的网络硬件环境，信息由服务器统一管理，具有比 C/S 更强的适应范围。B/S 由构件组成，升级时只要更换个别的构件就可以实现系统的无缝升级，使系统维护开销减到最小。一般用户从网上自己下载安装就可以实现升级。动态网站就是这种方式。

八、WWW 服务

人们一直梦想能拥有一个世界性的信息库。在这个信息库中信息不仅能被全球的人们存取，而且应该能轻松地链接到其他地方的信息，以便用户可以方便快捷地获得重要而全面的信息。正是人们的这个梦想引发了第五次信息传播革命。

WWW 的简称是 Web，在中国也称为“万维网”，是一个建立在 Internet 上的全球性的分布式信息系统，它是通过超链接等技术把各种各样的信息连接起来的信息网络。WWW 是目前 Internet 上最方便和最受用户欢迎的信息服务系统，它的影响力已远远超出了计算机技术、网络技术和通信技术的范畴，已经进入到广告、新闻传播、商品和服务销售、电子商务与信息服务等各个行业。WWW 以 Internet 为基础向用户提供基于超媒体的数据信息服务。它把各种类型的信息有机地集成在一起，供用户浏览和查询。现在已经可以把 WWW 当成是 Internet 的同义词了。一般我们日常所说的“上网”，其实指的就是运用 Internet 的 WWW 服务。

WWW 问世之初并没有引起太多的重视，直到第一个设计新颖、使用方便的 WWW 浏览器 Mosaic 问世以后，它才开始被广泛地使用。

如果把 Internet 比作高速公路，把信息比作货物的话，那么 WWW 就是跑在高速公路上的汽车车队或者汽车运输公司，把各种各样的货物直接运输到我们的家门口。而上网常用的浏览器就是我们与运输公司和货主打交道的窗口，正是有了浏览器的帮助，我们才能以最方便最直观的方式查看和检索到需要的信息。之所以 WWW 是 Internet 最火爆的服务，以至于现在把上网与 WWW 浏览等同起来，其中很大一部分原因要归功于浏览器。

目前，已经有很多 Web 服务器（Web Server）分布在世界各地，Web 服务器有大有小，大到一个国际组织或政府机构的 Web 服务器，小到一个个人用户的 Web 服务器，并且它的数量正在以惊人的速度增长。WWW 之所以称为信息网，完全是因为它的资源是可以互相连接的缘故。全世界的 Web 站点，而且每天都在增加，每个 Web 站点都可以通过超链接（Hyperlink）与其他 Web 站点连接。任何人都可以设计和建立自己的 Web 站点，叫做个人网站。在个人网站的 Web 页可以加入超链接，可以连接到别人的个人网站，或是连接到其他的 Web 站点，别人也一样可以连接到你的网站上。这样整个信息网就编织起来了，形成一个巨大的环球信息网。

WWW 并不是实际存在于世界的哪一个地方，事实上，WWW 的使用者每天都赋予它新的含义。WWW 以 Web 页面的形式展示各种信息，除了文本外还包括图形、声音和视频等，可以说包罗万象，无所不有。

九、WWW 浏览器

浏览器（Browser）实际上是一种软件程序，用于与 WWW 建立连接，并与之进行通信。它可以在 WWW 系统中根据链接确定信息资源的位置，并将用户感兴趣的信息资源的源文件（包括 html 文件、各种脚本代码和多种媒体信息本身）取回来，再对源文件进行解释翻译，最后以 Web 页的形式展现在浏览者面前，Web 页面上可以包含文字、图像和视频等多媒体信息。

目前浏览器市场份额最高的是微软的 IE（Internet explorer）浏览器，其次是火狐浏览器（Mozilla Firefox），但在 WWW 浏览器的发展历程中，IE 浏览器不仅不是最早的浏览器，甚至不是主流的浏览器。但由于 IE 浏览器自推出之日起就是免费且捆绑在 Windows 操作系统中的——微软这一策略几乎将其他收费浏览器置于死地——因此从一定程度上说，是微软提供的免费 IE 浏览器软件的发展带动了整个互联网的发展。

在浏览器的发展历程中，有几个主流浏览器是必定会被写入互联网发展史的。这些浏览器包括：Mosaic 浏览器、网景浏览器（Netscape Navigator）、IE 浏览器、Opera 浏览器、Mozilla Firefox 浏览器等。

1. Mosaic 浏览器

1993 年 3 月，第一个面向普通用户的 Mosaic 预览版发布，不过仅针对当时少数的 Unix 操作系统，它的最大特色就是具有方便易用的图形界面。后来在 1997 年 1 月，Mosaic 3.0 正式版发布。这个版本支持更多的平台，不过这也是 Mosaic 的最后一个版本，虽然 Mosaic 从此停住了前进的脚步，但是它对后来出现的浏览器影响深远。Mosaic 是第一个被人们普遍接受的浏览器，它让许多人了解了 Internet。

2. Netscape（网景）浏览器

1994 年 12 月，Netscape Navigator 发布 1.0 版浏览器。这个版本支持所有的 HTML2 语言的元素和部分 HTML3 语言的功能，后来的版本（1.2 版）开始支持 Windows 的用户界面。从 1998 年 1 月开始，Netscape 公司改变营销策略，宣布 Netscape 免费，同时，开发爱好者可以通过 Internet 免费下载 Netscape 的源代码，从此命名为 Mozilla 的项目开始。1998 年 Netscape 被 AOL 收购。

3. IE 浏览器（Internet Explorer）

1995 年 1 月，IE 1.0 发布，它的初次登场，就是和操作系统 Windows 95 捆绑在一起亮相的。以后的很多版本也都是跟 Windows 操作系统捆绑发布的。2003 年 3 月，微软和 AOL 达成协议，在未来 7 年，AOL 继续使用 IE 作为默认的浏览器，免授权费用。至此，IE 的市场占有率已超过 90%，昔日无比辉煌的 Netscape 终于完全退出浏览器王者的舞台。最新的 IE 浏览器是 2008 年 3 月微软发布的 IE 8.0。

4. Opera 浏览器

2000 年 6 月，Opera 4.0 正式版发布，这个版本支持大部分的 CSS2、所有的 CSS1、HTML4、XML 和 WML 语言，同时它也成为第一个能用于手机上网的浏览器。另外它的其他功能也很优秀，比如在计算机资源占用和页面打开速度上，都是其他主流浏览器无法超越的。

5. Mozilla Firefox（火狐）浏览器

Mozilla 基金会（Mozilla Foundation）成立于 2003 年 7 月，它的宗旨是为 Mozilla 的开源项目提供组织、法律和财政上的支持，不断促进 Mozilla 基于标准化 Web 应用软件及其核心技术的开发、推广和普及。

它为开发人员提供了一套能被广泛使用的、开源的、免费的和经过用户使用测试过的应用软件 Firefox。Mozilla Firefox 浏览器可能是历史名字最多的浏览器，由于商标的原因它曾几度易名。2004 年 9 月 Firefox 1.0PR 发布，大约在同一时间 Spread Firefox 社区市场网站上线，帮助实现10天Firefox下载量突破100万的目标。2004年11月Firefox 1.0发布。Firefox 1.0中文正式版也于2004年11月24日发布。

Firefox已迅速成为最受好评的网络浏览器，包括PCWorld、Linux Journal Magazine和eWeek都给予Mozilla相当高的评价。英国《卫报》最近更是预测Mozilla未来的产品可能会使微软的同类产品相形逊色。

浏览器的功能越来越强大，网络传输速度越来越快，Internet的浏览器/服务器（B/S）服务方式越来越受到欢迎。Internet上提供的其他基本服务比如电子邮件服务、文件传输服务、远程登录服务、电子公告牌、网络新闻组等都可以通过浏览器来实现，并且还开发了更多的基于浏览器的Internet服务，比如网络音乐、视频点播和电子商务等。

十、Internet网络接入技术

目前可供选择的Internet接入方式主要有PSTN、ISDN、DDN、ADSL、VDSL、Cable-Modem、PON、LAN和无线接入等。

1. PSTN拨号——最经济的上网方式

PSTN（Published Switched Telephone Network，公用电话交换网）技术是利用PSTN并通过调制解调器拨号实现用户接入的方式。这种接入方式是大家非常熟悉的一种接入方式，目前最高的速率为56Kbit/s，这种速率已经远远不能够满足宽带多媒体信息的传输需求。

PSTN的接入如图1—31所示。随着宽带的发展和普及，这种接入方式将被淘汰。

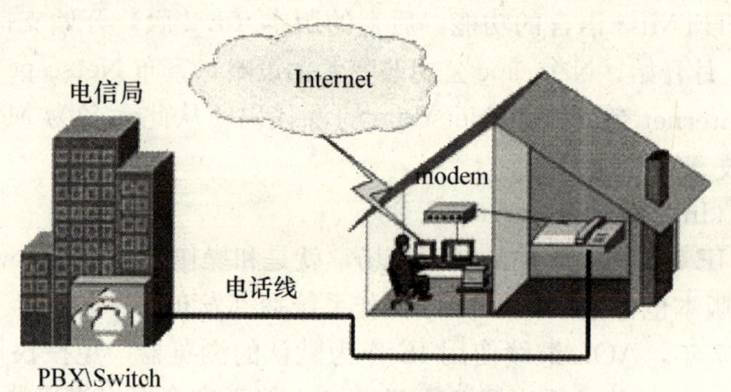

图1—31　PSTN接入示意图

2. ISDN拨号——通话上网两不误

ISDN（Integrated Service Digital Network，综合业务数字网）采用数字传输和数字交换技术，将电话、传真、数据、图像等多种业务综合在一个统一的数字网络中进行传输和处理。用户利用一条ISDN用户线路，可以在上网的同时拨打电话、收发传真，就像两条电话线一样。ISDN基本速率接口有两条64Kbit/s的信息通路和一条16Kbit/s的信令通路，简称2B+D，当有电话拨入时，它会自动释放一个B信道来进行电话接听。

就像普通拨号上网要使用Modem一样，用户使用ISDN也需要专用的终端设备，主要由网络终端NT1和ISDN适配器组成。网络终端NT1如同有线电视上的用户接入盒一样，为ISDN适配器提供接口和接入方式。

ISDN接入技术示意如图1—32所示。用户采用ISDN拨号方式接入需要申请开户，ISDN的极限带宽为128Kbit/s，各种测试数据表明，双线上网速度并不能翻番，从发展趋势来看，窄带 ISDN 也不能满足高质量的视频点播 VOD 等宽带应用。

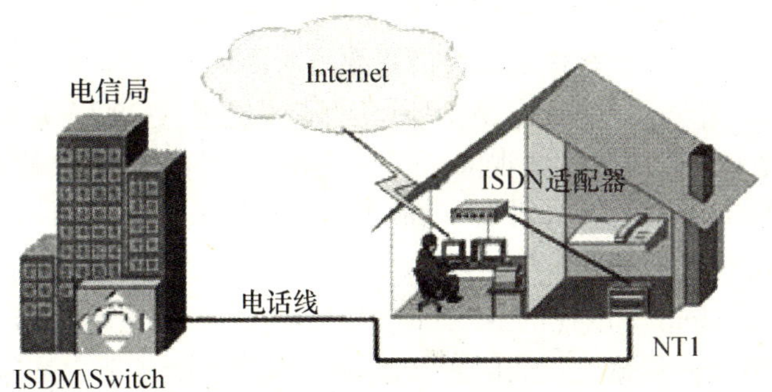

图 1—32　ISDN 接入示意图

3. DDN 专线——面向企业的接入方式

DDN 是英文 Digital Data Network 的缩写，这是随着数据通信业务发展而迅速发展起来的一种新型网络。DDN 的主干网传输媒介有光纤、数字微波、卫星信道等，用户端多使用普通电缆和双绞线。DDN 将数字通信技术、计算机技术、光纤通信技术以及数字交叉连接技术有机地结合在一起，提供了高速度、高质量的通信环境，可以向用户提供点对点、点对多点透明传输的数据专线出租电路，为用户传输数据、图像、声音等信息。DDN 的通信速率可根据用户需要在 $N\times$64Kbit/s（N=1～32）之间进行选择，当然速度越快租用费用也越高。

4. ADSL——目前流行的个人宽带接入方式

ADSL（Asymmetrical Digital Subscriber Line，非对称数字用户环路）是一种能够通过普通电话线提供宽带数据业务的技术，也是目前很有发展前景的一种接入技术。因其下行速率高、频带宽、性能优、安装方便、不需交纳电话费等特点而深受广大用户喜爱，成为继 Modem、ISDN 之后又一种全新的高效接入方式。

ADSL 接入技术示意图如图 1—33 所示。ADSL 方案的最大特点是不需要改造信号传输线路，完全可以利用普通铜质电话线作为传输介质，配上专用的 Modem 即可实现数据高速传输。ADSL 支持上行速率 640Kbit/s～1Mbit/s，下行速率 1Mbit/s～8Mbit/s，其有效的传输距离在3～5km 范围以内。在 ADSL 接入方案中，每个用户都有单独的一条线路与 ADSL 局端相连，它的结构可以看做是星形拓扑结构，数据传输带宽是由每一个用户独享的。

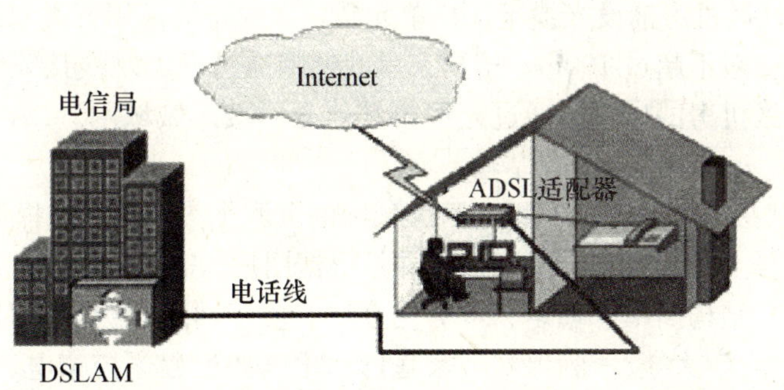

图 1—33　ADSL 接入示意图

5. VDSL——更高速的宽带接入方式

VDSL 比 ADSL 还要快。使用 VDSL，短距离内的最大下传速率可达 55Mbit/s，上传速率可达 2.3Mbit/s（将来可达 19.2Mbit/s，甚至更高）。VDSL 使用的介质是一对铜线，有效传输距离可超过 1 000m。但 VDSL 技术仍处于发展初期，长距离应用仍需测试，端点设备的普及也需要时间。

6. Cable-Modem——基于有线电视网的宽带接入方式

Cable-Modem（线缆调制解调器）利用现成的有线电视（CATV）网进行数据传输，已是比较成熟的一种技术。随着有线电视网的发展壮大和人们生活质量的不断提高，通过 Cable-Modem 利用有线电视网访问 Internet 已成为越来越受业界关注的一种高速接入方式。

由于有线电视网采用的是模拟传输协议，因此网络需要用一个 Modem 来协助完成数字数据的转化。Cable-Modem 与以往的 Modem 的原理一样，都是将数据进行调制后在 Cable（电缆）的一个频率范围内传输，接收时进行解调，不同之处在于它是通过有线电视 CATV 的某个传输频带进行调制解调的。

7. PON（无源光网络）接入——光纤入户方式

PON（无源光网络）技术是一种点对多点的光纤传输和接入技术，下行采用广播方式，上行采用时分多址方式，可以灵活地组成树形、星形、总线形等拓扑结构。在光节点不需要节点设备，只需要安装一个简单的光分支器即可，具有节省光缆资源、带宽资源共享、节省机房投资、设备安全性高、建网速度快、综合建网成本低等优点（见图 1—34）。

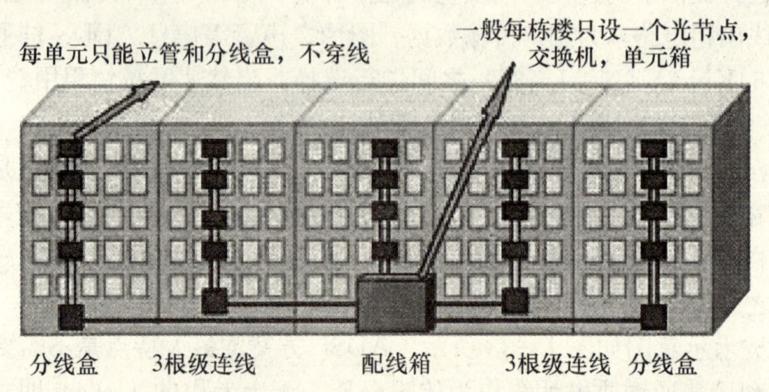

图 1—34　PON 接入示意图

8. LAN

LAN 方式接入是利用局域网技术，采用光缆＋双绞线的方式对社区进行综合布线。具体实施方案是：从社区机房铺设光缆至住户单元楼，楼内布线采用五类双绞线铺设至用户家里，双绞线总长度一般不超过 100m，用户家里的电脑通过五类跳线接入墙上的五类模块就可以实现上网。社区机房的出口是通过光缆或其他介质接入城域网。LAN 方式接入示意图如图 1—35 所示。

采用 LAN 方式接入可以充分利用小区局域网的资源优势，为居民提供 10M 以上的共享带宽，这比现在拨号上网速度快 180 多倍，并可根据用户的需求升级到 100M 以上。以太网技术成熟、成本低、结构简单、稳定、可扩充性好、便于网络升级，同时可实现实时监控、智能化物业管理、小区/大楼/家庭保安、家庭自动化（如远程遥控家电、可视门铃等）、远程抄表等，可提供智能化、信息化的办公与家居环境，满足不同层次的人们对信息化的需求。

9. 无线接入

这是目前可用于社区宽带接入的一种无线接入技术，它的示意图如图 1—36 所示。

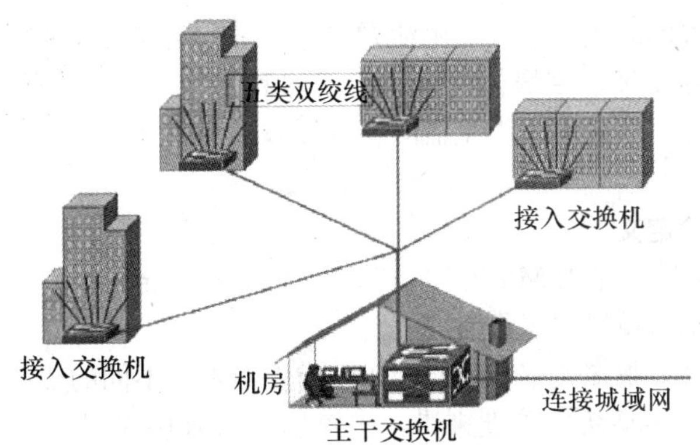

图 1—35　LAN 接入示意图

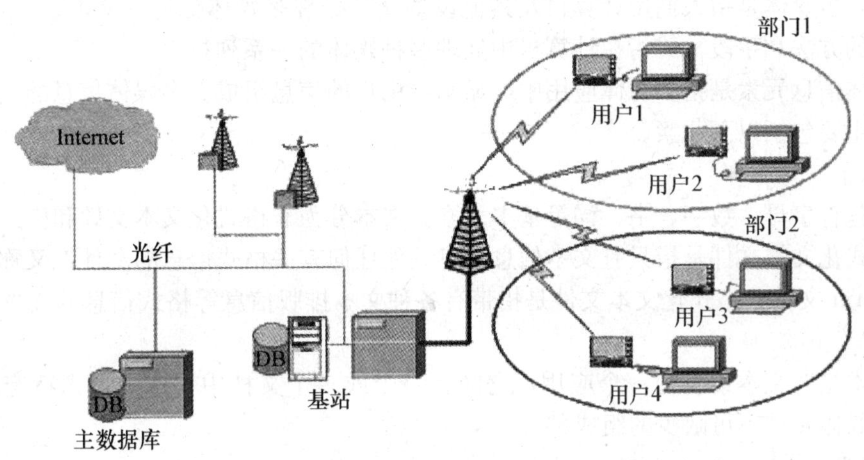

图 1—36　无线接入示意图

在该接入方式中，一个基站可以覆盖直径 20km 的区域，每个基站可以负载 2.4 万个用户，每个终端用户的带宽可达到 25Mbit/s。但是，它的带宽总容量为 600Mbit/s，每基站下的用户共享带宽，因此一个基站如果负载用户较多，那么每个用户所分到带宽就很小了。故这种技术对于社区用户的接入是不合适的，但它的用户端设备可以捆绑在一起，可用于宽带运营商的城域网互联。其具体做法是：在汇聚点机房建一个基站，而汇聚机房周边的社区机房可作为基站的用户端，社区机房如果捆绑四个用户端，汇聚机房与社区机房的带宽就可以达到 100Mbit/s。采用这种方案的好处是可以使已建好的宽带社区迅速开通运营，缩短建设周期。

接入技术的发展充分体现了“三网合一”的应用趋势：ADSL 是利用原来的语音载体电话线传递数据，Cable-Modem 则利用原有的图像载体有线电视传递数据，大家熟悉的 IP 电话则是通过各类数据载体传送语音。因此，今后的数据网、电视网和电话网将不再相互隔离，将共同承揽数据、语音、图像集成的业务，缓解 Internet 的带宽压力。

第 5 节　多媒体信息技术

诞生于 20 世纪 80 年代中后期的多媒体技术，是计算机技术和信息技术的产物。在当今以数字化、网络化和信息化为特征的时代，多媒体技术已经成为社会各界人士关注的热点之一，它正逐渐改变着人们的生产方式、生活方式、学习方式和交互环境。随着计算机软硬件技术、网络技术的不断发展，多媒体技术日趋成熟和完善，其应用领域已渗透到教育、娱乐、商业、科学、医疗、服务等人类生活的各个领域，实用性也越来越强。

一、多媒体技术的定义

多媒体（Multimedia）是由 Multiple 和 Media 构成的复合词，它与单媒体相对应，从字面上理解，多媒体就是由单媒体复合而成的。

关于多媒体的定义，很多人都从不同的角度出发给出了不同的描述。我们可以从以下两方面来理解它的含义：一是从广义上来讲，多媒体是指直接作用于感官的文字、数据、声音、图形、图像等各种媒体的综合，即多种信息载体的表现形式和传递形式；二是从狭义的角度来看，多媒体是指人们用计算机及其他设备交互处理多媒体信息（文本、声音、图形、图像等）的方法和手段，或指在计算机中处理多种媒体的一系列技术。

多媒体信息元素是指多媒体应用中可显示给用户的信息组成。多媒体信息的表现形式丰富多彩，主要包括以下元素。

1. 文本

文本包含字母、数字、字、词等基本元素。文本分为非格式化文本文件和格式化文本文件。非格式化文本文件是指只有文本信息没有其他任何有关格式信息的文件，又称为纯文本文件，如 txt 文件。格式化文本文件是指带有各种文本排版信息等格式信息的文本文件，如 doc 文件。

超文本是对文本索引的一个应用，它能在一个或多个文档中快速地搜索特定的文本内容，是超媒体文档不可缺少的组成部分。

2. 图形

图形一般指用计算机绘制的画面，如直线、圆、圆弧、矩形、任意曲线和图表等。图形的格式是一组描述点、线、面等几何图形的大小、形状及其位置、维数的指令集合。在图形文件中只记录生成图的算法和图上的某些特征点，因此也称矢量图。

3. 图像

图像指由输入设备捕捉的实际场景画面，或以数字化形式存储的任意画面。静止的图像是一个矩阵，阵列中的各项数字用来描述构成图像的各个点（称为像素点）的强度与颜色等信息。这种图像也称为位图（Bit-mapped Picture）。静态图像的输入要靠扫描仪、数码照相机、摄像头等设备。

4. 音频

音频（Audio）是指频率在 15～2 000Hz 范围内连续变化的波形。多媒体涉及多方面的音频处理技术，如：音频采集、语音编码/解码、文—语转换、音乐合成、语音识别与理解、音频数据传输、音频—视频同步、音频效果与编辑等。

5. 视频

视频（Video）是由一幅幅单独的画面序列（帧）组成的，这些画面以一定的速率连续地投射在屏幕上，使观察者具有图像连续运动的感觉。与图像不同，视频信号的输入要靠摄像机、录像机、影碟机以及电视接收机等可以输出连续图像信号的设备。

6. 动画

动画（Animation）即活动的画面，是基于人的视觉暂留原理创建运动图像。在一定时

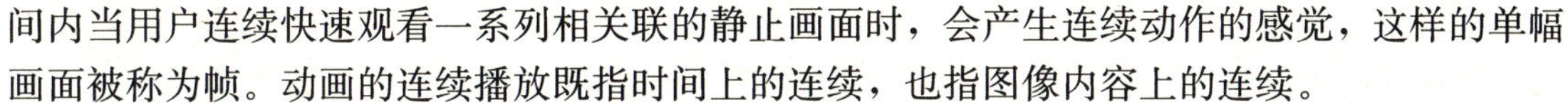
间内当用户连续快速观看一系列相关联的静止画面时，会产生连续动作的感觉，这样的单幅画面被称为帧。动画的连续播放既指时间上的连续，也指图像内容上的连续。

二、多媒体技术的应用

多媒体技术是当今信息技术领域发展最快、最活跃的技术，其标准化、集成化以及多媒体软件技术的发展，使信息的接收、处理和传输更方便快捷。随着多媒体技术的不断发展，其应用也越来越广泛，已经渗透到人们生活的各个领域，并逐渐改变人们的生产、生活和学习方式。

1. 教育与培训

当今社会的教育理念提倡以学习者为中心，注重交互式、多种感官应用在学习中的作用。多媒体技术在教育培训领域中的应用（见图 1—37）彻底改变了传统单一的教学模式，大大提高了学习者的学习效率，主要从以下几个方面体现：

图 1—37　多媒体教学

（1）教材。

多媒体教材通过图、文、声、像的有机结合取代部分现在的文字教材，能多角度、多侧面地展示教学内容，以更直观活泼的方法向学习者展示丰富的知识，改变以往呆板的学习和阅读方式。多媒体技术通过视觉和听觉或视听并用等多种方式同时刺激学习者的感觉器官，能够激发学生的学习兴趣，帮助教师将抽象的不易用语言和文字表达的教学内容，表达得更直观、更清晰。

（2）教师。

基于多媒体技术的多种表现形式，教师的备课和授课过程不再仅仅局限于文字、粉笔、黑板等传统方式，他们可以通过分析教学内容、教学对象的特征、教学条件等因素来制作教学幻灯片和多媒体课件，也可查阅有关方面的资料来补充教学内容。在教学课件的制作过程中，教师将图形图像、声音、视频、动画等多种媒体数据包含其中，以更直观形象的方式展现教学内容，激发学习者的发散性思维，促进他们创造能力的充分发挥。

（3）学习者。

多媒体技术的发展促进了学习者的自主学习，使学习者从被动接受知识转变为自主选择教学信息。在教师的指导和辅助下，学习者可以借助教学课件和多媒体网络进行相关知识的学习。在学习者的自主学习过程中，他们可以根据自己的学习情况，自定学习进度、自选学习路径，克服传统教育在空间、时间和教育环境等方面的限制，在学习的过程中不断得到反馈，从而更好地培养自学能力和探索创造能力。

（4）教学交互。

多媒体技术也为师生及学生之间的交互协作提供了一个可控性和操作性都较强的人机交互、人与人交流沟通的信息传递反馈环境，为师生之间的交流沟通创造了一个良好的界面。目前，随着因特网的发展，多媒体远程教学已逐渐成为现实，它能提供实时的交互功能，还能提供电子白板之类的多媒体教学工具，更利于教师和学习者的双向交流。

可见，多媒体技术对现代教育方式的改革产生了巨大的影响，今后它也必将越来越多地应用于现代教学实践中，从而推动整个教育事业的快速发展。

2. 娱乐

图形、图像、声音、视频等多媒体元素的加入和处理，使最初只具有数学运算和逻辑判断能力的计算机具备了娱乐功能，这不仅完善了计算机自身的机能，也大大提高了计算机的使用率和普及率。多媒体技术在娱乐中的应用不仅包括欣赏音乐、观看视频、二维/三维游戏（见图1—38)、制作/聆听计算机数字音乐MIDI以及播放数字视频DVD等内容，还包括影视特技(见图1—39)，如电视/电影/卡通混编特技、演艺界MTV特技、三维成像模拟特技等制作。另外，多媒体技术还广泛应用于广告制作、广告宣传、商品展示，使广告更加丰富多彩、形象生动。

图1—38　三维游戏

3. 视频会议

视频会议系统（又称会议电视系统）是多媒体办公系统的一个分支。在视频会议中，两个或两个以上不同地方的个人或群体，通过传输线路及多媒体设备，可以将事先加工、整理、存储好的各种信息，包括文件、档案、报表、数据、图形图像、音像资料等实现传递，实现即时且互动的沟通，以达到会议目的。多种办公设备与多媒体系统的集成，真正实现了办公的自动化，如图1—40所示。

图 1—39　影视特效：《黑客帝国》

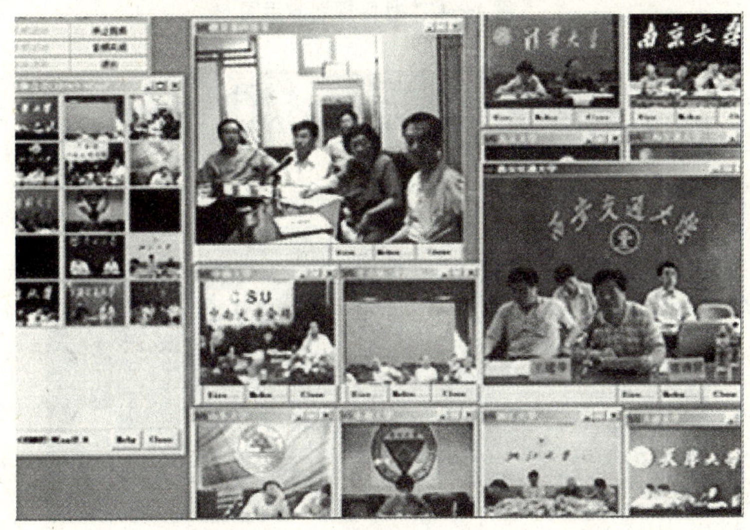

图 1—40　视频会议系统

4. 电子出版

电子出版物是指以数字代码方式将图、文、声、像等信息存储在磁、光、电介质上，通过计算机或类似设备阅读使用，并可复制发行的大众传播媒体。它是多媒体技术的一种表现形式。只读光盘被认为是目前唯一实用的多媒体电子出版物，具有存储容量大、使用收藏方便、数据不易丢失等优点，尤其适用于各种大容量的出版物，如字典、辞典、百科全书、大型画册等。

5. 咨询、演示和模拟

为了给大众提供更加方便快捷的服务，很多公共服务场所利用多媒体技术开发了各种咨询系统，如大型商场的导购系统、金融信息的咨询系统、旅游景点的导游系统等，这样人们就可以使用触摸屏快速查询到相应的多媒体信息了。借助于多媒体技术，各种事物（如课件、商品、实验）的演示方式（见图 1—41）也更加多样化、直观化。对于那些不便于实际操作的试验或训练演习，采用多媒体模拟的方式（见图 1—42），可使试验或演习中存在的问题及结果在模拟过程中清晰详细地体现出来，以便于今后的修正和完善。

图 1—41 社区规划演示图

图 1—42 飞机驾驶舱计算机模拟图

6. 工业领域

多媒体在家用 PC 机市场掀起风暴后，又开始进军工业应用领域。一些大公司通过应用多媒体 PC 来开拓市场、培训雇员，以降低生产成本、提高产品质量、增强市场竞争能力。现代化企业的综合信息管理、生产过程的自动化控制，都离不开对多媒体信息的采集、监视、存储、传输以及综合分析处理和管理。应用多媒体技术来综合处理多种信息，可以做到信息处理综合化、智能化，从而提高工业生产和管理的自动化水平。

多媒体技术在工业生产实时监控系统中，尤其在生产现场设备故障诊断和生产过程参数监测等方面有着非常重大的实际应用价值。特别在一些责任重大的危险环境中，多媒体实时监控系统将起到越来越重要的作用。尽管目前多媒体技术在工业应用中还未形成一定的市场规模，但由于工业生产在整个国民经济中的重要作用和多媒体技术本身的综合优势，可以预见，在今后，多媒体技术，特别是分布式多媒体系统在工业监控系统中一定会得到普遍重视。

7. 医疗诊断

现代先进的医疗诊断技术的共同特点是，以现代物理技术为基础，借助于计算机技术，对医疗影像进行数字化和重建处理（见图 1—43）。计算机在成像过程中起着至关重要的作用。随着临床要求的不断提高以及多媒体技术的发展，出现了新一代具有多媒体处理功能的医疗诊断系统。多媒体医疗影像系统在媒体种类、媒体介质、媒体存储及管理方式、诊断辅助信息、直观性和实时性等方面都使传统诊断技术相形见绌。

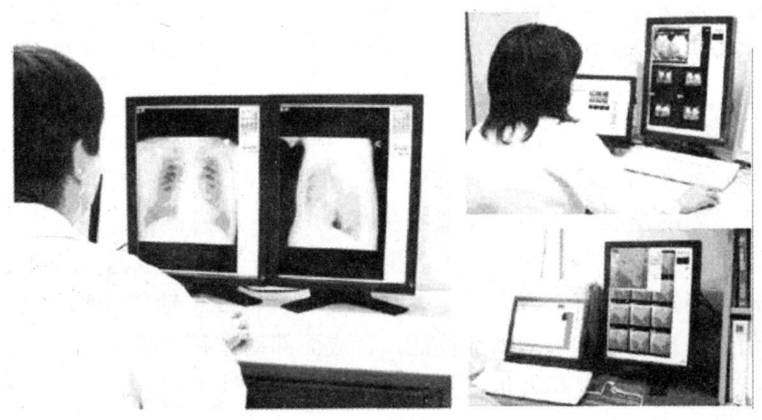

图 1—43　医疗影像系统

事实上，在医疗诊断中经常采用的实时动态视频扫描、声影处理等技术都是多媒体技术成功应用的例证。多媒体数据库技术从根本上解决了医疗影像的另一关键问题——影像存储管理问题。多媒体和网络技术的应用，还使远程医疗从理想变成现实，如图 1—44 所示。

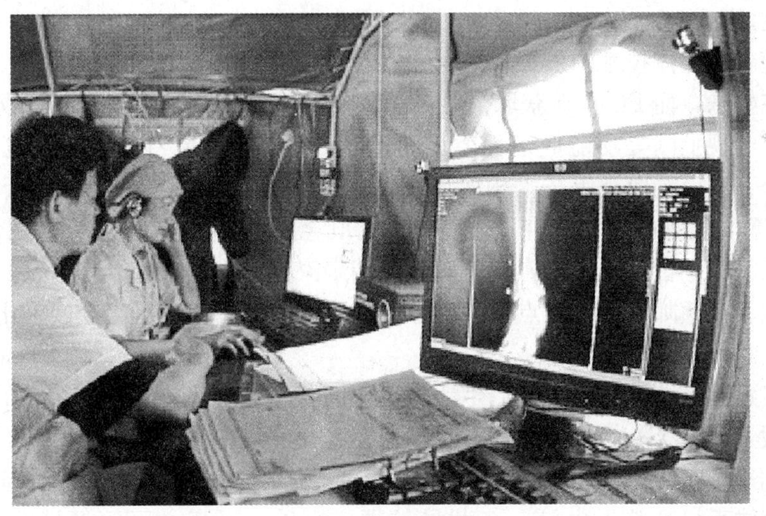

图 1—44　远程医疗

三、多媒体技术的发展趋势

总的来看，多媒体技术正向以下两个方向发展：一是网络化发展趋势，与宽带网络通信等技术相互结合，使多媒体技术进入科研设计、企业管理、办公自动化、远程教育、远程医疗、检索咨询、文化娱乐、自动测控等领域；二是多媒体终端的部件化、智能化和嵌入化，提高计算机系统本身的多媒体性能，开发智能化家电。

1. 多媒体技术的网络化

技术的创新和发展将使诸如服务器、路由器、转换器等网络设备的性能越来越高，包括用户端CPU、内存、显卡等在内的硬件能力空前扩展，使网络应用者改变以往被动地接收处理信息的状态，并以更加积极主动的姿态去参与眼前的网络虚拟世界。

交互的、动态的多媒体技术能够在网络环境创建出更加生动逼真的二维与三维场景，人们还可以借助摄像等设备，把办公室和娱乐工具集合在终端多媒体计算机上，与千里之外的同行通过实时视频会议进行市场讨论、产品设计。新一代用户界面（UI）与智能人工（Intelligent Agent）等网络化、人性化、个性化的多媒体软件的应用还可使不同国籍、不同文化背景和不同文化程度的人们通过“人机对话”，消除隔阂，自由地沟通与了解。

多媒体交互技术的发展，使多媒体技术在模式识别、全息图像、自然语言理解（语音识别与合成）和新的传感技术（手写输入、数据手套、电子气味合成器）基础上，利用人的多种感觉通道和动作通道（如语音、书写、表情、姿势、视线、动作和嗅觉等），通过数据手套和跟踪手语信息，提取特定人的面部特征，合成面部动作和表情，以并行和非精确方式与计算机系统进行交互。可以提高人机交互的自然性和高效性，实现以三维逼真输出为标志的虚拟现实。

2. 多媒体终端的部件化、智能化和嵌入化

目前多媒体计算机硬件体系结构、视频音频接口软件不断改进，使多媒体计算机的性能指标进一步提高，但要满足多媒体网络化环境的要求，还需对软件做进一步的开发和研究，使多媒体终端设备具有更高的部件化和智能化，如对多媒体终端增加文字的识别和输入、汉语语音的识别和输入、自然语言的理解和机器翻译、图形的识别和理解、机器人视觉和计算机视觉等智能。

近年来随着多媒体技术的发展，TV与PC技术的竞争与融合越来越引人注目，传统的电视主要用在娱乐，而PC重在获取信息。随着电视技术的发展，电视浏览收看功能、交互式节目指南、电视上网等功能应运而生。而PC技术在媒体节目处理方面也有了很大的突破，搜索引擎、网上看电视等技术相应出现。比较来看，收发E-Mail、聊天和视频会议终端功能更是PC与电视技术的融合点，而数字机顶盒技术适应了TV与PC融合的发展趋势，延伸出“信息家电平台”的概念，使多媒体终端集家庭购物、家庭办公、家庭医疗、交互教学、交互游戏、视频邮件和视频点播等全方位应用为一身，代表了当今嵌入化多媒体终端的发展方向。

嵌入式多媒体系统可应用在人们生活与工作的各个方面，在工业控制和商业管理领域，如智能工控设备、POS/ATM机、IC卡等；在家庭领域，如数字机顶盒、数字式电视、WebTV、网络冰箱、网络空调等消费类电子产品；此外，嵌入式多媒体系统还在医疗类电子设备、多媒体手机、掌上电脑、车载导航器、娱乐、军事方面等领域有着巨大的应用前景。

本章小结

随着互联网的迅猛发展，网络传播也得到了飞速发展。网络传播作为一种全新的传播方式，有着与传统的传播方式截然不同的新特征。网络传播给我们的时代提供了最快捷、便利的传播方式，是人类有史以来发展最快的传播手段，对于社会的影响是全面的，网络传播正

在以不可抵挡的势头，迅速渗透到世界各国政治、经济、思想以及文化等诸多领域，改变着人们的生活，改变着世界的面貌。

计算机网络是网络传播的技术基础，是计算机技术与通信技术紧密融合的产物。设计计算机网络的两大初衷是为了实现计算机之间的资源共享和数据通信。随着计算机技术的发展和通信技术的发展，现代计算机网络已不仅能实现数据通信和资源共享，而且可以提高系统安全性，提高计算机的可用性等。计算机网络可以从不同的角度分成不同的类型，不同类型的网络适用于不同的场合，满足不同的需要。为了研究计算机网络，人们使用拓扑分析的方法。计算机网络的物理连接形式叫做网络的物理拓扑结构。计算机网络中常用的拓扑结构有总线形、星形、环形等。

数据通信技术是信息技术的重要基础之一，信息社会中信息传递的重要性是不言而喻的。通信技术的发展和计算机技术的应用有着密切的联系。数据通信就是以信息处理技术和计算机技术为基础的通信方式，它为计算机网络的应用和发展提供了技术支持和可靠的通信环境。本章介绍了数据通信系统基本结构、数据传输方式、数据编码和交换方式和数据通信系统的技术指标等相关知识点。

传输介质和连接设备是传输数据、连接计算机的实体。为了使网络中的计算机能够相互传送信息，必须使用传输介质。目前常用的计算机网络传输介质可以分为有线和无线两类。本章介绍了常用的有线介质（双绞线、同轴电缆、光纤等）和无线传输介质（无线电波、微波或红外线等），还介绍了网络连接设备，即网卡、集线器、交换机和路由器以及它们的工作原理。

Internet 给全世界带来了非同寻常的机遇。人类经历了农业社会、工业社会，当前正在迈进信息社会。信息作为继材料、能源之后的又一重要战略资源，正在改变着人们的生产、工作、生活和学习方式。本章介绍了 Internet 在世界和在我国的发展，然后介绍了 Internet 的关键技术和工作原理，其次介绍了 Internet 的服务，重点介绍了 WWW 服务，最后介绍了 Internet 的接入方式。

多媒体技术集文本、图形、图像、音频、视频、动画和通信等多种功能于一体，已经成为当今信息技术领域发展最迅速、最活跃的技术。在信息网络高速发展的背景下，多媒体技术的应用领域不断扩大，为教育、通信、军事、咨询服务、金融、医疗、图书出版等诸多行业都做出了巨大的贡献，并且正朝着更智能、更广阔的应用前景迈进。本章主要介绍多媒体技术的入门基础知识，以“多媒体技术是什么”为出发点，通过对媒体和多媒体相关知识点的分析探讨多媒体技术的概念及组成元素。本章也概略介绍了多媒体技术的主要研究内容和应用领域。

复习题

1. 什么是网络传播？它是如何产生和发展的？
2. 网络传播的特征有哪些？
3. 什么是计算机网络？
4. 什么是数据、信号和信息？
5. 描述数据通信系统的基本结构。
6. 阐述计算机网络体系层次结构及其优点。

7. 解释为什么说 Internet 的诞生是“种瓜得豆”的产物。

8. 阐述 Internet 基本服务和服务方式。

9. 什么是多媒体技术？

课外实践与练习

1. 互联网的产生，给传统媒体带来了哪些影响？

2. 与传统媒体的新闻传播相比较，网络新闻传播有何特点？

3. 试从网络传播的角度，谈谈“媒介就是讯息”的理解。

4. 利用常见的浏览器浏览网页，并举出 B/S 和 C/S 网站的例子，从中感受它们的异同。

5. 你认为网络传播的未来发展趋势是怎样的？请简述你的观点。

第2章 电子文档技术——流动的字符

Internet的出现，使得信息传播方式发生了巨大变革，经过数字化处理的信息可以通过计算机网络传输，不仅节约了成本，而且提高了传播速度，并且使用户可以有选择地获取和使用自己需要的信息。因此信息资料的数字化成为未来信息社会的基本需要。

学习目标

通过本章的学习，应该能够：

- 阐述什么是电子文档；
- 说出几种最主要的电子文档技术；
- 阐述电子文档的应用领域；
- 学会制作电子文档。

第1节　电子文档及其关键技术

一、电子文档的概念

电子文档，又称为数字文档，简单地说就是从产生到加工处理、到应用都要使用计算机等数字化工具，能够存储在计算机磁盘或者光盘上的以文本为主的文件信息。随着数字技术的普及，现在文档处理已经离不开计算机，因此文档在产生之初就已经数字化了。但在计算机出现或者计算机普及之前的文档，大多是以纸张为介质，以书本的形式存放在书架上。为了加快知识的传播和使旧有文献增值，往往需要把旧有的文献资料数字化。将传统的以纸张为存储介质的文档通过扫描、图像优化、文字识别、压缩归档等加工成电子化的信息文档，这是数字文档产生的另一个途径（见图2—1）。这些处理后的文档也都是保存在计算机的磁盘或者光盘里。

电子文档可以高质量地保存和管理，实现知识增值，并可以实现在Internet上的高速检索和存取服务。它的主要应用包括电子书、电子杂志、电子报纸、数字报表、数字图纸等。

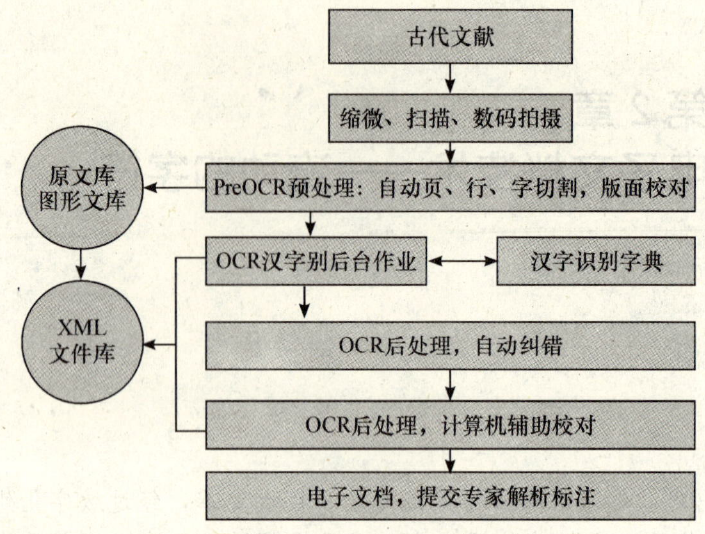

图 2—1　纸质文献的数字化过程

二、电子文档的相关技术

1. 标准通用标记语言

标准通用标记语言（Standard Generalized Markup Language，SGML），是一种定义电子文档结构和描述其内容的国际标准语言，是所有电子文档标记语言的起源，早在 Web 发明之前就已存在。

SGML 是 1986 年出版发布的一个信息管理方面的国际标准（ISO 8879）。该标准定义独立于平台和应用的文本文档的格式、索引和链接信息，为用户提供一种类似于语法的机制，来定义文档的结构和指示文档结构的标签。其中 Markup 的含义是指插入到文档中的标记。标记分为两种：一种称为 Procedard Markup，用来描述文档显示的样式；另一种称为 Descriptive Markup，用来描述文档中的文字用途。制定 SGML 的基本思想是把文档的内容与样式分开。

用 SGML 标记，就是将一些标识符号添加到文档中，用来划定结构元素的界限并说明元素的类型和属性。SGML 由 SGML 声明、文档类型定义（DTD）和文档实例三个部分组成。

（1）SGML 声明。

SGML 声明（SGML Declaration）用来定义字符信息、具体语法规则、容量要求以及可选特性。SGML 允许指定正文所用的字符集及其对应的编码，从而可以在不同语种上使用 SGML 并交换文件，允许用户定义自己的语法规则、命令规则、容量要求（各种名字、标记的长度），增强 SGML 的适应性与灵活性。用户还可以根据自己的语言、计算机操作系统、键盘特征等来定义包括省略标记特性、链接类型特性等可选特性。我国于 1995 年公布了适用于我国大陆地区的 SGML 标准——GB/T 14814。

（2）文档类型定义。

文档类型定义（Document Type Definition，DTD）描述文档的结构模板、逻辑框架结构以及元素的属性等。它确定文档类别、规定文档结构规则、列出文档实例中所允许的全部元素及其次序。

（3）文档实例。

文档实例（Document Instance）是文档内容的主要部分，由许多元素及正文按 DTD 规定的框架结构组织而成。

2. 超文本标记语言

超文本标记语言（Hyper Text Markup Language，HTML）是 SGML 的一个 Web 应用，它是由 SGML 的一个语法及一个 DTD 为基础开发的。HTML 更多地关注文档的呈现形式，是一种专为 WWW 网页显示及浏览而设计的简易标记语，HTML 创建出来的文档可应用在不同的操作平台上，可移植性与简易性是 HTML 的两大特征。HTML 文件除了包含文字信息外，还可包括声音、影像等多媒体信息，而 HTML 的超链接除了网页内的链接，也包括网页之间的链接。

3. 可扩展标记语言

可扩展标记语言（Extensible Markup Language，XML），是 1998 年 2 月正式推出的。XML 是个精简的 SGML，它将 SGML 的丰富功能与 HTML 的易用性结合到 Web 应用中。XML 保留了 SGML 的可扩展功能，这使 XML 从根本上有别于 HTML。由于 XML 的标签是不固定的，所以从理论上讲，允许用户定义数量无限制的标记来描述文档的资料，允许嵌套的信息结构。HTML 着重关注文档在浏览器中如何布局和显示，而 XML 则着重关注怎样描述数据内容的组织和结构以便数据在网络上进行交流和处理。由于 HTML 难以扩展、交互性差，使其在电子数据交换（EDI）、数据库与检索等领域的应用存在着障碍。而 XML 的出现解决了 HTML 在这方面的不足。XML 的主要特点是具有良好的数据存储格式、可扩展、高度结构化、便于网络传输。

4. PDF 电子文档格式

PDF 电子文档格式是由 Adobe 公司开发的一种文档格式，这种文档格式与操作系统平台无关，PDF 文档不管是在 Windows、Unix 还是在苹果公司的 Mac OS 操作系统中都是通用的。这一特点使它成为在 Internet 上进行电子文档发行和数字化信息传播的理想文档格式。越来越多的电子图书、产品说明、公司文告、网络资料、电子邮件开始使用 PDF 格式文件。PDF 格式日趋成为数字化信息事实上的一个工业标准。

PDF 的文件结构包括四部分：

（1）文件头（Header）。文件头指明了该文件遵循的 PDF 规范的版本号，它出现在 PDF 文件的第一行。

（2）文件体（Body）。文件体由一系列 PDF 间接对象组成，由这些间接对象构成 PDF 文件的具体内容。

（3）交叉引用表（Cross Reference Table），即间接对象地址索引表。

（4）文件尾（Trailer）。文件尾包含交叉引用表的起始地址和其中的对象总数、根对象的对象号及加密安全信息等。

Adobe 公司设计 PDF 文件格式的目的是为了支持跨平台上的、多媒体集成的信息出版和发布，尤其是提供对网络信息发布的支持。为了达到此目的，PDF 具有许多其他电子文档格式无法相比的优点。PDF 文件格式可以将文字、字型、格式、颜色及独立于设备和分辨率的图形图像等封装在一个文件中。该格式文件还可以包含超文本链接、声音和动态影像等电子信息，支持特长文件，集成度和安全可靠性都较高。

PDF 文件使用了工业标准的压缩算法，易于传输与储存。它还是页独立的，一个 PDF 文件包含一个或多个“页”，可以单独处理各页，特别适合多处理器系统的工作。此外，一个 PDF 文件还包含文件中所使用的 PDF 格式版本，以及文件中一些重要结构的定位信息。

正是由于 PDF 文件的种种优点，它逐渐成为出版业中的新宠。

对普通读者而言，用 PDF 制作的电子书具有纸版书的质感和阅读效果，可以“逼真地”展现原书的原貌，而显示大小可任意调节，给读者提供了个性化的阅读方式。Adobe 公司以 PDF 技术为核心，提供了一整套电子和网络出版解决方案。

第 2 节　电子文档的网络应用

数字文档在网络上畅行无阻，给信息传播带来无限机遇，最早嗅探到这一机遇并把握在手的可以说是新闻出版界。而最早把电子文档推向广泛应用的不是延续传统图书馆思维的数字图书馆（当然它也是电子文档的一大主力应用），而是电子报纸、电子杂志和电子书。

一、电子报纸

电子报纸的特点是时效性强、跨国界传播、廉价（通常免费）、读者选择性强、打印复制方便。而且电子报纸为了使读者阅读方便，提供了多种灵活方式，如将过期报纸的全部内容存放在服务器中，用户可根据需要随时检索和阅读其中的任何一期，或利用电子报纸提供的全文检索系统检索自己所需主题的所有相关资料。由于海量存储技术的发展和硬盘空间的无限扩大，报纸也可根据需要存放数月、数年甚至数十年。

世界上第一家基于 Internet 的电子报纸是美国的《圣何塞信使报》（San Jose Mercury News）。1987 年，这家位于美国硅谷的报纸，首先将本报内容送上了尚处于初级阶段的因特网，从而开创了电子报刊和网络媒体的先河。

随着因特网的成熟和迅速扩展，尤其是 20 世纪 90 年代中期万维网（World Wide Web）和浏览器的推出，刺激了用户上网的热情，也刺激了报刊上网的热情。在美国，从《纽约时报》、《华盛顿邮报》、《华尔街日报》、《洛杉矶时报》、《芝加哥论坛报》、《时代周刊》、《新闻周刊》等著名报刊到地方性小报，掀起了一波又一波的上网浪潮。我国网上报纸起步较晚，但发展很快。一些与计算机、网络有关的报纸和一些比较著名的报纸纷纷上网，如《人民日报》、《光明日报》、《文汇报》、《北京青年报》、《计算机世界》等。

二、电子杂志

电子杂志叫法不一，又称电子期刊、网络杂志、多媒体杂志。伴随着互联网的发展，电子杂志已经走过了三个发展阶段。如果说第一代电子杂志只是传统杂志简单的数字化或其网络版，第二代电子杂志是数字媒体将所做的具有栏目架构的主题性内容定期以杂志形式发布，那么如今的第三代电子杂志强调互动性、多媒体和 P2P 发送。电子杂志的这三大特点是其立足于现实时代背景的根基，融入了更多多媒体的表现手法，如 Flash 动画技术、3D 虚拟展示、视频无缝嵌入、二维虚拟展示技术等。它更加注重多媒体技术的组合，以创意为主导，选择适当的多媒体技术组合来表现内容，声色图影效果令传统杂志相形见绌，并可以进行互动阅读、互动游戏，或订阅后自动下载到计算机或者其他多媒体终端上。

随着无线网络技术的发展，还出现了手机电子杂志、手机报纸等无线传输的电子文档形式。

三、电子书

除了电子报纸、电子杂志以外，电子图书也迅猛发展起来。与传统纸质图书相比，电子图书的出版能极大地提高图书信息的交流速度，使人们更广泛地接触图书信息，具有无可比拟的优势。

电子图书不仅能提供多媒体演示和按需阅读的功能，而且能以超文本方式与其他相关资料链接起来，使它的“注解”、“引文”、“人名地名”、“专业词汇”、“参考文献”等都变“活”，读者只要轻轻一点，便可看到更多、更详尽的信息。

国内的许多网站上都有电子图书可供下载，可以在线阅读。比如要看金庸的武侠小说，网上有所有的十五部书；要看纪实文学，网上有《马家军调查》等。

四、应用中常见的电子文档格式

1. EXE 文件格式

EXE 文件格式是目前比较流行也是被许多人青睐的一种电子读物文件格式，这种格式的制作工具也是最多的。它最大的特点就是阅读方便、制作简单，制作出来的电子读物相当精美，这种格式的电子书中内嵌了阅读软件，所以无需安装专门的阅读器就可以阅读，对运行环境并无很高的要求。目前，方正阿帕比、XPLUS、ZCOM 等厂商提供的数字报、刊、书都采用了这种格式。

2. PDF 文件格式

对普通读者而言，用 PDF 制作的电子读物具有纸版书的质感和阅读效果，可以“逼真”地展现原书的原貌，而显示大小可任意调节，给读者提供了个性化的阅读方式。可用的阅读软件有 Adobe Acrobat8. 1、Adobe Reader8. 1 和其他阅读软件。

3. CEB 文件格式

CEB 即 Chinese eBook，是完全高保真的中文电子图书的格式，是北京方正阿帕比技术有限公司开发的电子图书阅读工具——方正 Apabi Reader 使用的格式。它能够保留原文件的字符、字体、版式和色彩的所有信息，包括图片、数字公式、化学公式、表格、棋牌以及乐谱等，同时，该格式对文字图像等进行很好的压缩，文件的数据量小。

CEB 版式文件技术基于方正全球领先的印刷出版技术之上，在版式文件技术领域已处于国际一流。从 2000 年推出以来，方正 CEB 版式文件技术已在电子书、电子公文领域得到广泛应用。同时，方正 CEB 版式文件技术可以方便地应用到方正在传统印刷出版领域的产品中。

4. PDG 文件格式

PDG（图文资料数字化）格式是超星公司推出的一种图像存储格式，具有多层 TIFF 格式的优点，由于采用了独有的小波变换算法，图像压缩比很高。超星公司将 PDG 格式作为其数字图书馆浏览器的专有格式。可以用超星阅读器 SSReader4. 0 打开。

5. CAJ 文件格式

Chinese Academic Journal（简称 CAJ）是清华同方公司的文件格式。中国期刊网提供这种文件格式的期刊全文下载，可以使用 CAJViewer 在本机阅读和打印通过“全文数据库”获得的 CAJ 文件。

6. SEP 格式

SEP 是中文平台上通用的、优秀的、安全可靠的文档分发和交换格式，基于书生公司的技术构建，已历经版式技术、数字纸张技术和智能文档技术。每一个 SEP 文件都相当于若干页纸张文档，并能附加很多数字特性和智能特性。SEP 软件可以完整地原版原貌地转换各种来源的应用程序所生成的电子文档，对文字、图像、图形、文档布局等都可以完整地保留。书生 SEP 文件采用先进的分类压缩方式，对图像、文字、图形、影像等都采用了相应的先进压缩算法，使得电子文档的共享、交换和归档变为一件轻松愉快的事情。阅读软件有书生阅读器 Sursen Reader7. 0、Sursen SepReader。

7. XPS 格式

XPS（XML Paper Specification，XML 文件规格书），是微软公司推出的一种电子文件格式，使用者不需拥有制造该文件的软件就可以浏览或打印该文件，为微软对抗 Adobe PDF 格式的利器。微软新一版的办公室软件 Office 2007 提供 XPS 可携式文件格式的文件储存功能，包括 Word、Excel、PowerPoint、Access、Publisher、Visio、OneNote 及 InfoPath 应用程序所保存的档案都可以存成 XPS。XPS 格式是一种基于 Zip 压缩格式的文件，使用 Zip 或者 RAR 软件可以对其进行解压，然后就可以看出它的内部结构，这种压缩方案也保证了 XPS 文件的大小是比较小的。相应的阅读软件有 XPS Viewer。

第 3 节　制作电子文档技术

目前电子文档的制作工具越来越多，针对电子文档的不同应用，电子文档的制作工具也分很多类型：电子杂志制作工具、电子报纸制作工具、电子书制作工具等。制作出的电子文档格式也应有尽有。本节将以比较有代表性的工具为例介绍电子文档的制作。

一、Adobe Acrobat Professional

Adobe Acrobat Professional 是 Adobe 公司针对 PDF 电子文档专门设计开发的商业处理软件。该软件提供了强大的工具，从而使交换 Adobe PDF 文件、进行电子审阅、印前检查文档、创建填写表单、将图层和大型格式化的工程绘图转换为 PDF 和发送最终的打印成果变得非常容易。

Adobe Acrobat Professional 窗口包含显示 Adobe PDF 文档的文档窗格和位于左边的帮助浏览当前 PDF 文档的导览窗格。窗口顶部的工具栏和底部的状态栏提供了其他可用于处理 PDF 文档的控件。创作者也可以打开位于右边的操作方法窗格来概览一般任务和获得帮助，如图 2—2 所示。

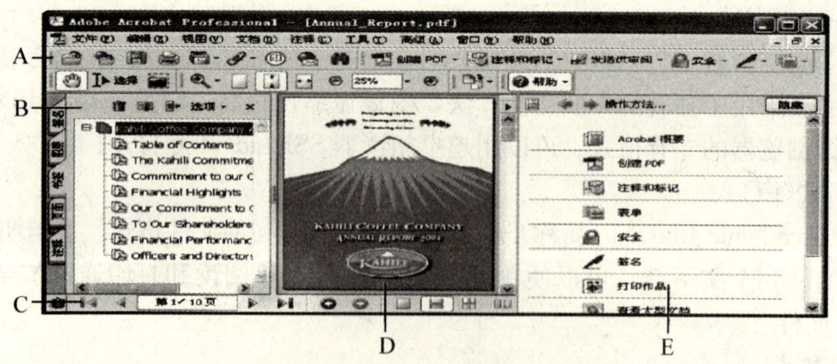

图 2—2　Adobe Acrobat Professional 窗口

A—工具栏；B—导览窗格（显示“书鉴”）；C—状态栏；D—文档窗格；E—操作方法窗格

1. 创建 PDF 文档

用 Adobe Acrobat Professional 创建 PDF 文档有四种方式：

（1）从文件创建。选择“文件”＞“创建 PDF”＞“从文件”选项，或单击工具栏上的“创建 PDF”按钮，然后选择“从文件”选项。从“文件类型”菜单中选择文件类型，并查找到要将其转换为 Adobe PDF 文件的文件。单击“打开”按钮进入转换界面。

（2）从多个文件合并创建。选择“文件”＞“创建 PDF”＞“从多个文件”选项，或单击工具栏上的“创建 PDF”按钮，然后选择“从多个文件”选项，打开“从多个文档创建 PDF”对话框，查找要转换的文件，可以通过“上移”或“下移”按钮调整文件的次序，调整好以后单击“确定”，Acrobat 将文件转换和整理为一个 Adobe PDF 文件。在转换完成之后，已整理的 PDF 文件会打开，而且提示保存文件。

（3）通过扫描创建。在 Acrobat 中选择“文件”＞“创建 PDF”＞“从扫描仪”，或从工具栏上的“创建 PDF”按钮，然后选择“从扫描仪”选项，如图 2—3 所示。

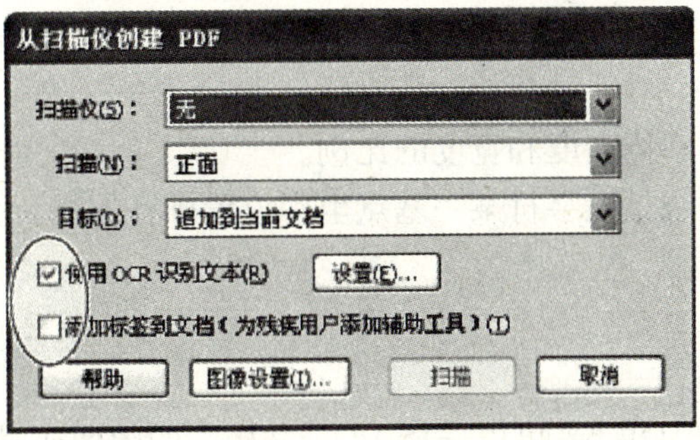

图 2—3　从扫描仪创建 PDF 对话框

在“从扫描仪创建 PDF”对话框中选择扫描设备，指定是否创建一个新的 PDF 文档或附加已转换的扫描到当前打开的 PDF 文档。如果要应用 OCR 对文本影像进行字体和页面识别并将其转换为正常的文本，请选择“使用 OCR 识别文本”。最后单击“扫描”按钮。如果是多页文档，在扫描完一页以后单击“下一步”可扫描另一页，在所有扫描完成后，请单击“完成”按钮。

（4）从网页创建。打开新建 PDF 文件中的页面，请选择“文件”＞“创建 PDF”＞“从网页”选项，或选择工具栏上“创建 PDF”菜单的“从网页”选项，打开如图 2—4 所示的对话框。

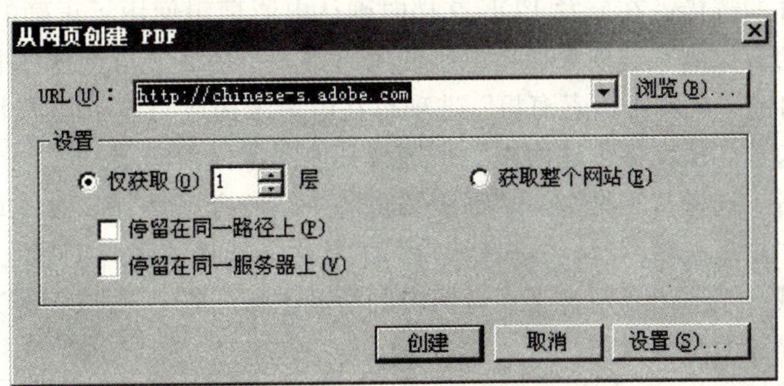

图 2—4　从网页创建 PDF 对话框

在图 2—4 所示的对话框中，输入网页的 URL，或通过浏览查找页面。然后输入要包括的层数，或选择“获取整个网站”来包括网站的所有层。最后单击“创建”按钮完成操作。

2. 编辑 PDF 文档

(1) 文本编辑。

使用“TouchUp”工具，可以对 PDF 文档进行小的更正。可以编辑文本的多种属性，包括字体、字号、单词和字符间距、基线偏移量或偏移、填充和描边特征、字体嵌入和字体子集。

对于大批量的修改，应该在源文档的应用程序中进行编辑，再重新生成 PDF 文件。也可以只重新生成需要修改的页面，然后将其插入到 PDF 文档。

选择“工具”>“高级编辑”>“TouchUp 文本工具”选项，或选择“高级编辑工具”工具栏上的“TouchUp 文本工具”，单击要编辑属性的文本，文本段落被封在边框中，可以通过拖动来选择段落中的文本。单击鼠标右键选择“属性”选项，打开“TouchUp 属性”对话框，选择“文本”标签，可以更改以下文本属性：

- 字体。可以选择系统上安装的字体和已被完整嵌入到 Adobe PDF 文档中的字体。
- “字体大小”。
- “字符间距”。
- “单词间距”。
- “水平缩放”：指定字体高度和宽度的比例。
- “基线偏移量”。基线是以字符某一基点坐标位置排齐的线。
- “填充”色和“描边”色。
- “描边宽度”。

(2) 编辑图像和对象。

使用“TouchUp 对象工具”，可以选择 PDF 文档中的图像或对象，并将其移到新位置，可将其直接从 PDF 文档中导入到 Adobe Photoshop、Adobe Illustrator 或其他编辑图像的应用程序中，然后进行编辑。

(3) 把电影剪辑、声音等多种媒体信息整合到文档中。

添加电影剪辑：选择“工具”>“高级编辑”>“电影工具”选项，或者在工具栏上单击鼠标右键，勾选“高级编辑”选项，从“高级编辑”工具栏选择“电影工具”。然后拖画或双击来选择页面上电影显示的区域。在弹出的“添加电影”对话框中指定电影剪辑，可在“位置”框中键入路径或 URL，或者单击“浏览”按钮选择电影文件。如果希望电影文件包含在 PDF 文档中，请勾选“在文档中嵌入内容”选项，如果不选择本选项，则文档仅包含指向外部电影文件的链接。在分发 PDF 文档时确认电影剪辑使用了正确的文件名和相对路径。勾选“对齐内容比例”选项来保持电影使用原始大小播放。可选择当电影没有播放时显示的电影海报，勾选“从电影检索海报”选项可在电影未播放时显示剪辑中的第一帧作为静态图像。也可以勾选“从文件创建海报”来选择其他图像作为海报。

添加声音剪辑：选择“工具”>“高级编辑”>“声音工具”选项。或在工具栏上单击鼠标右键，勾选“高级编辑”，从“高级编辑”工具栏上选择“声音工具”。然后拖画一个矩形来定义播放区域。矩形边界定义了声音剪辑的活动区域。在“添加声音”对话框中，参照添加电影剪辑所描述的步骤操作。

(4) 添加超链接。

链接或超链接允许阅读者跳转到同一文档不同页面，或其他电子文档或者网站。也可以使用链接来启动动作、激活声音或电影剪辑的播放。

选择“工具”＞“高级编辑”＞“链接工具”选项，或选择“高级编辑”工具栏上的“链接工具”。此时指针变成十字叉形（+），文档中的现有链接，包括不可见链接，都暂时可见。拖动鼠标创建矩形（选取框）。在打开的“创建链接”对话框中选择链接外观设置。可选择“跳至页面视图”选项，单击“下一步”按钮，然后“设置链接”。也可选择“打开文件”，然后单击“下一步”按钮选择目标文件。如果文件是 Adobe PDF 文档，请指定文档的打开方式。或者选择“打开网页”选项，输入目标网页的 URL。或者选择“自定义链接”选项，单击“下一步”按钮打开“链接属性”对话框。可以在对话框中设置与链接相关联的动作。

（5）删除页面、替换页面和插入页面。

删除页面：选择“文档”＞“删除页面”选项，输入要删除的页码范围，并单击“确定”按钮。注意被删除的页面不可恢复。

替换页面：打开包含要替换页面的 PDF 文档，选择“文档”＞“替换页面”选项，选择包含替换页面的文档，并单击“确定”按钮。在“原始文件”输入框中，输入原始文档中要被替换的页面。在“替换文件”输入框中，输入替换页面范围的起始页。替换页面的最后一页通过自动计算原文档中要被替换的页数得到。

插入页面：选择“文档”＞“插入页面”选项，在“选择要插入的文件”对话框中，选择要插入到目标文档中的源文档，然后单击“选择”按钮。在“插入页面”对话框中，指定要插入文档的位置，然后单击“确定”按钮。

（6）添加页眉页脚。

页眉和页脚用于在文档的顶部空白或底部空白中呈现信息，如日期、页码或文档标题。可以替换文档中的现有页眉或页脚，也可以调整页边距来确保页眉和页脚不会与现有的页面项目重叠。

“添加页眉和页脚”对话框含有页眉和页脚的分隔标签，每个标签都含有三个框。添加到左边框的信息采用左对齐，添加到中间框的信息居中对齐，添加到右边框的信息右对齐。可以添加多个页眉或页脚。例如，可以添加一个页眉用于在奇数页的右侧显示页码，同时也可以添加另外一个页眉用于在偶数页的左侧显示页码（见图 2—5）。

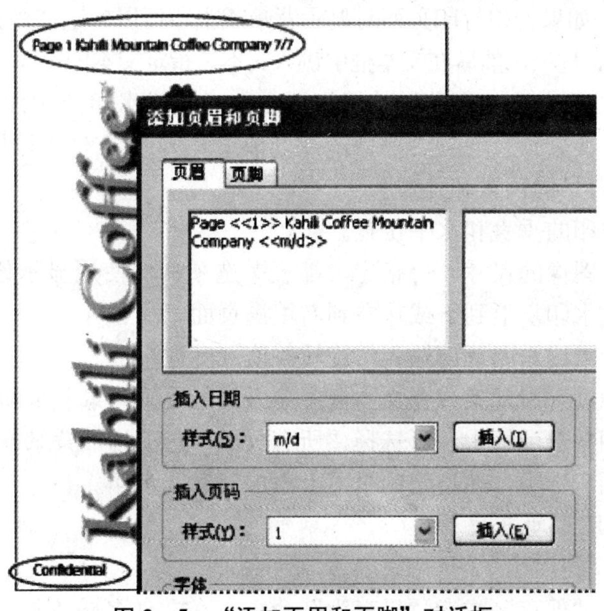

图 2—5　“添加页眉和页脚”对话框

添加页眉和页脚的步骤是：选择“文档”>“添加页眉和页脚”选项。在“添加页眉和页脚”对话框中，选择“页眉”或“页脚”标签。要添加创建日期，可单击其中一个框（左、中或右），从“插入日期”菜单中选择日期样式，然后单击“插入”按钮。要添加页码，可单击其中一个框（左、中或右），从“插入页码”菜单中选择页码样式，然后单击“插入”按钮（见图2—5）。

（7）添加水印和背景。

水印是在查看或打印文档时出现在现有内容之上的文本或图像。背景是置于页面上文本或图像背后的图像（见图2—6）。

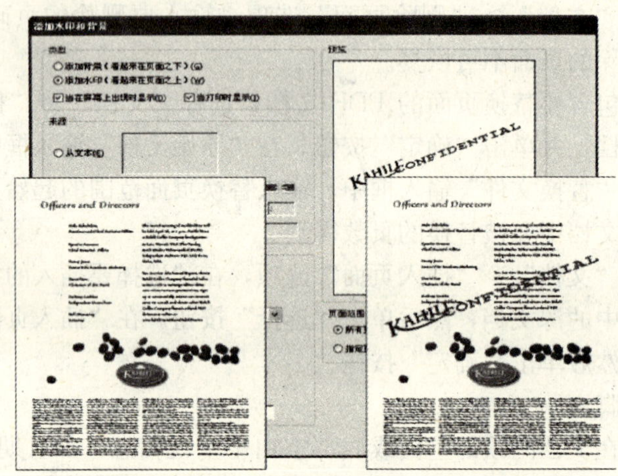

图2—6　添加水印之前和之后的比较

1）添加水印和背景的步骤是：

● 选择“文档”>“添加水印和背景”选项。在“添加背景和水印”对话框中，勾选“添加背景”（添加图像或效果在页面上的文本和图像之下）或者“添加水印”（添加文本、图像或效果在页面上的文本和图像之上）。如果希望在屏幕上查看时看到背景或水印可以勾选“当在屏幕上出现时显示”。如果希望打印页面时显示背景或水印可以勾选“当打印时显示”。

● 选择“从文本”选项，然后在文本框中键入文本。指定文本的字体、尺寸和字体颜色。

● 选择“从文件”，单击“浏览”按钮打开含有背景或水印的文件。如果文件含有带页面的多个页面，请选择页码。（注意：只有pdf、jpeg和bmp文件可以用于背景图像。）

2）设定水印和背景的位置和外观。

● 设置背景或水印的垂直和水平位置。

● 要增加或减小图像的尺寸，可指定“缩放”选项的“使用显示值”，或选择“适合页面”选项，使背景或水印从上到下或从左到右填满页面。

● 如果要旋转背景或水印，请输入“旋转”值（度数）。

● 使用“不透明度”滑动条或在文本框中输入值可设置背景或水印的不透明度。

● 在“页面范围”选项框中，可选择“所有页面”选项添加背景或水印到所有页面，或勾选“指定页面范围”选项，在指定的页面上添加背景或水印。

3. 保存和优化PDF电子文档

（1）保存PDF文档。

单击“文件”>“保存”或者“另存为”命令，在文件名输入框中输入合适的文件名，单击“保存”按钮即可。

（2）优化 PDF 电子文档。

Adobe PDF 文档用于网络发布时，可以使用多种方法使文档便于读者阅读，如加速下载过程、使用建议的文件命名规则以及提供用于搜索的关键字等。

1）设置快速 Web 查看。

● 选择“编辑”>“首选项”，打开“首选项”对话框。

● 在对话框的左边选择“一般”。在对话框右边的“杂项”下选择“另存为优化快速 Web 查看”。然后单击“确定”按钮。

● 选择“文件”>“另存为”命令并选择相同的文件名和位置保存文件。

2）添加欢迎页面。

要给读者明确的导航，最好的方法是建立“欢迎”页面。这种页面通常向读者提供所包含的文档的概述以及指向其中特定位置的链接。

3）命名 Adobe PDF 文档。

用于网络发布的 Adobe PDF 文档，最好按照标准的命名规则命名。

● 使用 ISO 9660 文件名，因为某些网络和电子邮件程序会截断长文件名。ISO 9660 文件名最多可包含 8 个字符（中间不能有空格），可选择是否带有扩展名（由点和 1 到 3 个字符组成）。ISO 9660 文件夹名称和文件名中只能使用大写字母、下划线（ _ ）以及数字（0—9）。文件夹名称不能超过 8 个字符，无扩展名，而且嵌套的层数不能超过 8 层。

● 在 Adobe PDF 文件名中使用 pdf 作为扩展名。在 Windows 中，如果通过输入 *.pdf 来搜索文档，没有 pdf 扩展名的文档可能不会显示在“打开”对话框中。大多数网络浏览器、网络服务器和各种版本的 Microsoft Windows 已经配置使 pdf 文档与 Adobe Reader、Adobe Acrobat 或网络浏览器增效工具关联，当遇到以 pdf 结尾的文件时会启动该应用程序。

4）添加可搜索的信息和设置装订方式。

可以为 Acrobat 或浏览器中的 Adobe PDF 文档提供标题、主题、作者和一个或多个关键字。这些项目也反映在文档的源数据中。源数据为用户提供了关于文档的基本信息和方便搜索的有用信息。

添加可搜索信息和设置装订类型：

● 选择“文件”>“文档属性”选项，打开“文档属性”对话框，然后单击对话框左边的“说明”标签。

● 输入“标题”、“作者”、“主题”以及“关键字”。如果要输入多个关键字，可使用逗号（不要空格）来分开，例如 flowers、rose、botany、garden。（注意：很多网络搜索引擎会使用标题来描述搜索结果列表中的文档。如果不提供标题，结果列表中使用文件名来代替。）

● 单击对话框左边的“高级”标签，然后从“装订”菜单中选择“左边距”或“右边距”。

二、ZineMaker

ZineMaker 是一款在 Windows 环境下开发的，专业用于制作电子杂志的免费软件，生成的电子杂志文件是独立的 exe 文件，内置 Flash 8.0 播放器，直接打开就能观看 Flash 动画，展现最佳的音画效果。并自带多套精美动画模板和大量的 Flash 页面特效，让普通用户也能轻松制作精美电子杂志。同时，提供在线发布功能，只需简单几步就可以把杂志发布到网上，供读者在线观看。

1. 创建电子杂志

（1）打开软件 ZineMaker。

（2）单击菜单栏上的“文件”>“新建杂志”选项（或单击工具栏上的“新建杂志”按钮），双击所需的杂志模板，新的电子杂志就创建好了（见图 2—7）。

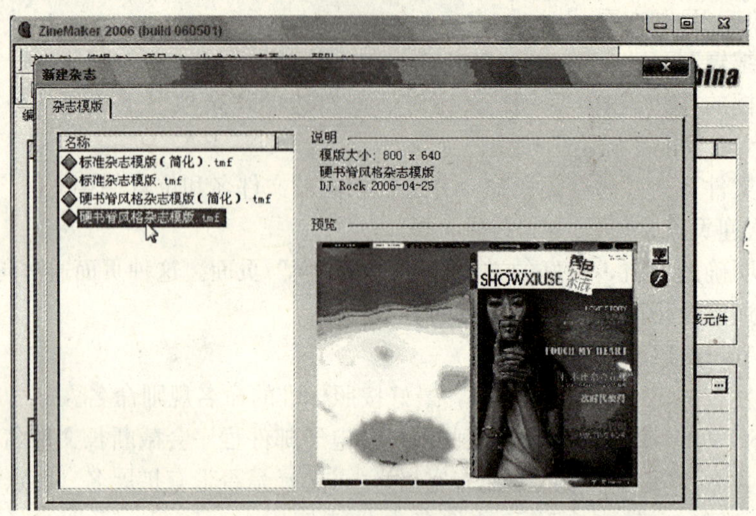

图 2—7 新建电子杂志

2. 编辑电子杂志

（1）替换图片。

替换背景图片：在杂志模板中选中“背景图片”选项，然后单击“替换图片”右边的文件夹图标，从电脑中调用已经准备好的图片。替换封面和封底图片，与“替换背景图片”操作相同。注意背景图片的尺寸，建议符合模板尺寸的要求，否则会影响杂志的效果（见图 2—8）。

图 2—8 替换背景图片

（2）更改变量（见图 2—9）。

- 更改刊号：选中杂志模板的 zine_title 变量，在“设置变量”栏中填入所需的刊号。
- 更改日期：选中杂志模板的 zine_date 变量，在“设置变量”栏中填入所需的日期。
- 更改目录所在页：选中杂志模板的 content_page 变量，在“设置变量”栏中填入目录实际所在的页数。默认目录所在页数为 2。
- 更改初始音量：选中杂志模板的 default_volume 变量，在“设置变量”栏中填入所需的初始音量参数。默认初始音量参数为 70。

- 更改链接：选中杂志模板的 url 变量，在“设置变量”栏中填入所需的连接网址。

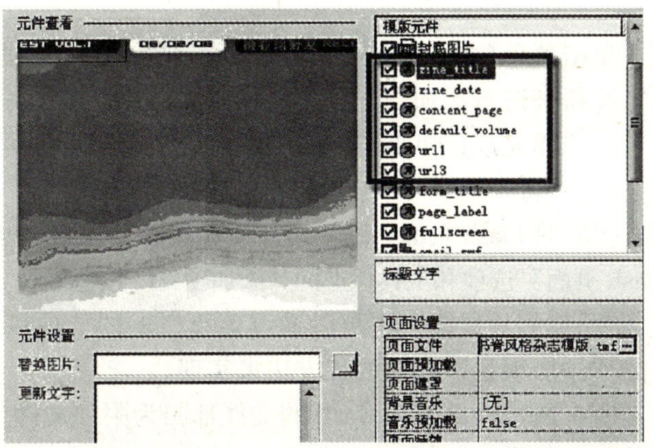

图 2—9　更改变量

- 更改全屏变量：选中杂志模板的 fullscreen 变量，默认打开杂志需要全屏就在“设置变量”栏中填入“true”，否则填入“false”。

- 更改 buttun. swf、email. swf、backinfo. swf。buttun. swf、email. swf、backinfo. swf，三个 swf 是通过载入动画加载到杂志中的，通过修改这三个 swf 文件的源文件就能得到不同按钮风格、不同邮件风格、不同制作信息内容的电子杂志。在安装路径下的desig-ning 文件夹里，分别提供了 backinfo（制作人员信息）、buttun（按钮）、email（推荐 email）的 fla 源文件。可以用 Flash 8. 0 打开分别修改后导出 swf 文件。分别选中杂志模板的 buttun、email、backinfo 变量，在“替换文件”栏里选择所需要的 swf 文件即可。如不需要这几个 swf 文件，只要将文件前方框内的“√”去除即可（见图 2—10）。

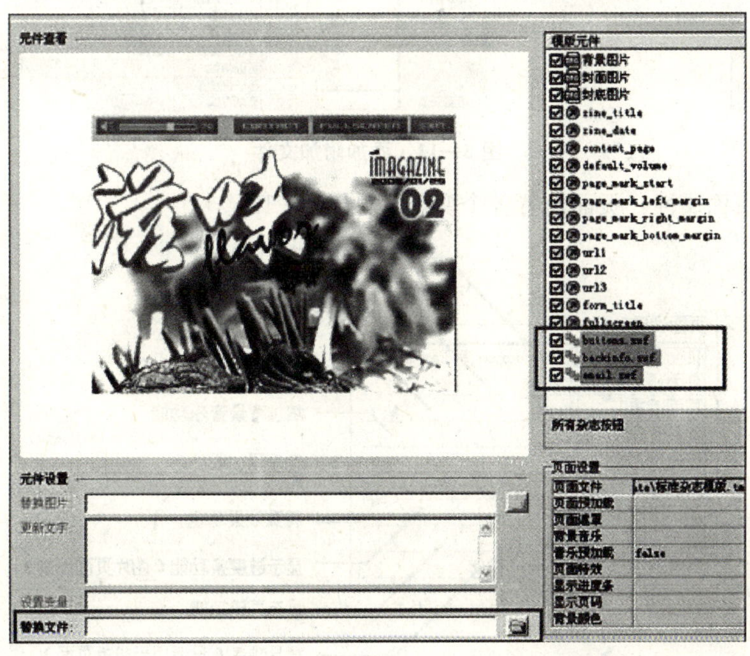

图 2—10　更改 swf

● 更改封面动画。选中模板元件处的“ frontinfo. swf ”，从“替换文件”后面的文件夹中调出需要的动画页面。注意添加的 swf 文件尺寸：750×550 像素，帧频：30f/s。

（3）添加页面。

● 添加模板页面：单击菜单栏上的“项目”选项，选中“添加模板页面”。也可使用工具栏上的“添加项目”按钮来进行添加。选择模板页面后，可通过图片查看方式或动画查看方式，对模板进行查看。选择完成后单击“确定”按钮。注意：每次可选择一个模板，每个模板可多次选择。

● 添加 Flash 页面：“添加 Flash 页面”和“添加模板页面”相同，也是有通过菜单栏上的“项目”中的“添加 Flash 页面”选项和工具栏上的“添加项目”按钮两种方法来实现。

● 添加图片页面：“添加图片页面”也可以通过菜单栏上的“项目”选中“添加图片页面”选项和工具栏上的“添加项目”按钮两种方法来实现。

● 添加附加文件：所有通过外部载入 flash 的文件都归为附加文件。如：通过 loadmovie 载入的 swf 文件、加载视频的 flv 文件等（见图 2—11）。

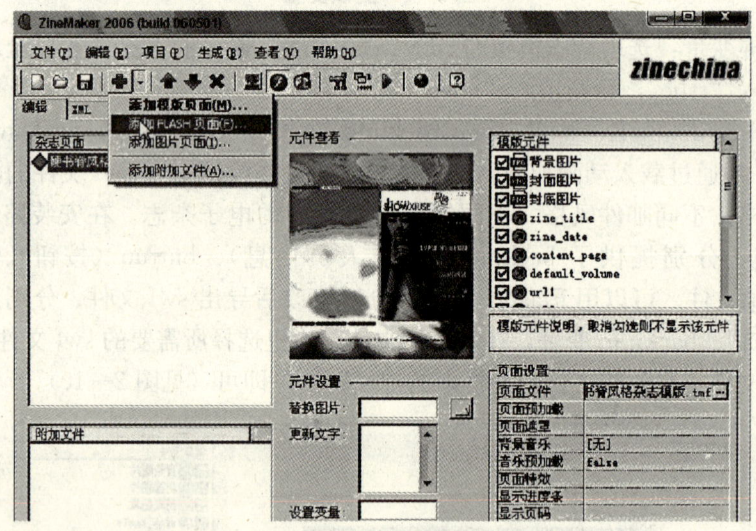

图 2—11　添加附加文件

（4）更改页面属性：页面设置各个变量（见图 2—12）。

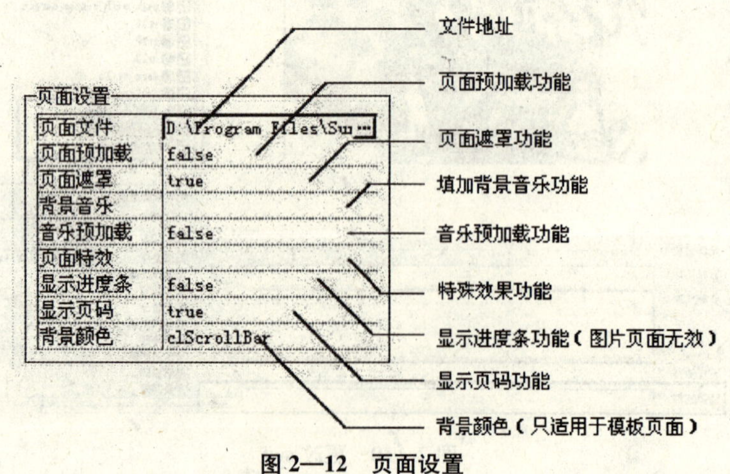

图 2—12　页面设置

● 页面预加载：单击“页面预加载”的下拉框，选择 true 或者 false 来决定是否进行页面预加载。

● 加载页面遮罩：单击“页面遮罩”下拉框，选择 true 或者 false 来决定是否需要页面遮罩。

● 插入页面的背景音乐：单击“背景音乐”的下拉框，选择所需要的音乐文件（见图 2—13)。

● 音乐预加载：单击“音乐预加载”的下拉框，选择 true 或者 false 来决定是否进行音乐预加载。

● 插入页面特效：单击“页面特效”的下拉框，选择所需要的页面特效。

● 显示进度条：单击“显示进度条”的下拉框，选择 true 或者 false 来决定是否显示进度条。

● 显示页码：单击“显示页码”的下拉框，选择 true 或者 false 来决定是否显示页码。注意：显示页码对硬书脊风格杂志模板无效。

● 设置背景颜色：单击“背景颜色”的下拉框，选择所需的颜色。注意：只适用于模板页面。

页面设置

页面文件	D:\Program Files\Sunbi:
页面预加载	
页面遮罩	
背景音乐	对猪弹琴
音乐预加载	[无]
页面特效	多久多少
显示进度条	对猪弹琴
显示页码	
背景颜色	

图 2—13　插入背景音乐

(5) 其他功能。

1) 添加音乐。

选择菜单栏上的“文件”>“导入音乐”选项，打开对话框，选择所需音乐（见图 2—14)。音乐只允许是标准格式的 mp3 文件或者 wav 文件两种。建议使用默认值。

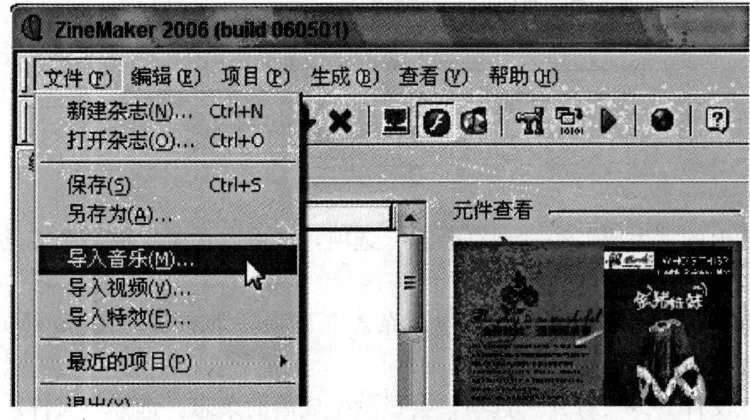

图 2—14　导入音乐

音乐导入后，单击“页面设置”的“背景音乐”下拉框，选择之前导入的音乐。如果每个页面需要播放不同的背景音乐，请重复此步骤。如需整本杂志每页都用同一首歌，可选中“杂志模板”.tmf 文件，添加音乐。这样只要添加一次每页都会有音乐。

2）添加视频。

选择菜单栏上的“文件”>“导入视频”选项，打开对话框，选择需要导入的视频文件。建议使用默认值，导入时会将原来文件自动转换成 flv 视频文件（见图 2—15）。

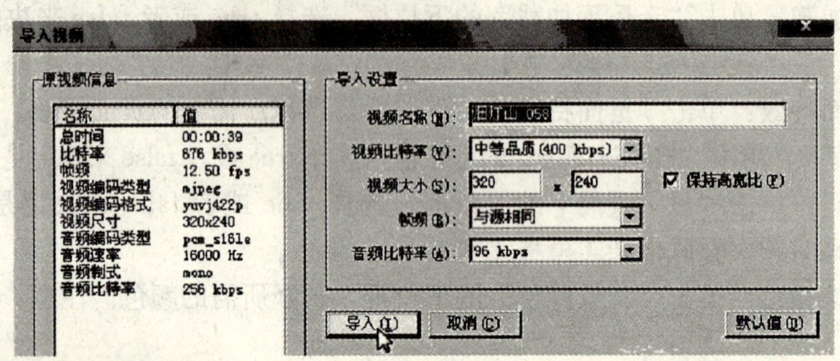

图 2—15　导入视频

导入完成后，选中“杂志页面”下的视频模版，然后单击“模版元件”中的 flv 视频文件，再单击下面的“替换文件”按钮来进行替换。

3）添加特效。

选择菜单栏上的“文件”>“导入特效”选项。选中的特效必须是 swf 或 efc 格式的文件。Flash 尺寸：750×550 像素。单击“页面设置”的“页面特效”下拉框，选择之前添加的特效，或是 ZineMaker 自带的页面特效（见图 2—16）。

页面设置

页面文件	D:\Program Files\Sunbi:
页面预加载	true
页面遮罩	true
背景音乐	[同杂志模版]
音乐预加载	true
页面特效	串动星光
显示进度条	串动星光
显示页码	动感十字
背景颜色	圈圈点点
	小雪
	心树

图 2—16　添加特效

4）预览杂志。

选择菜单栏上的“生成”>“预览杂志”选项，就可以预览生成后杂志的整体效果。

3. 生成杂志

(1) 选择菜单栏上的“生成”>“生成杂志”选项，杂志自动在 ZineMaker 安装路径下的 release 文件夹里生成。

(2) 选择“文件”>“打开”选项，会显示生成后的杂志。选择“文件”>“打开文件夹”选项，会显示生成杂志的文件夹（见图 2—17）。

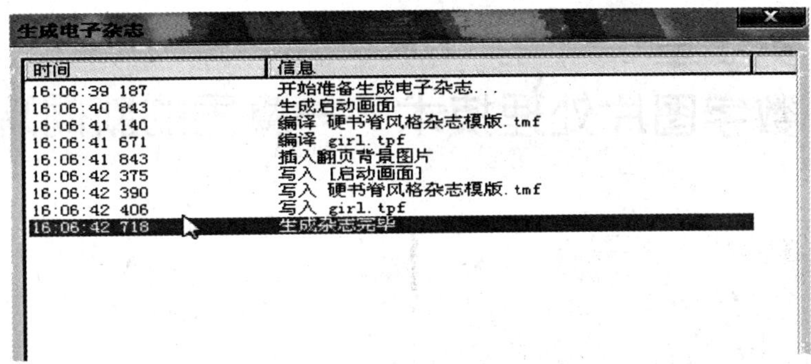

图 2—17　生成电子杂志

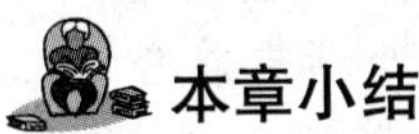

本章小结

本章主要介绍了电子文档、电子文档的关键技术、电子文档的重要应用（电子报纸、电子杂志和电子书），还介绍了电子书的常见格式。最后以 Adobe Acrobat Professional 和 ZineMaker 为例介绍了电子文档的制作过程。

复习题

1. 什么是电子文档?
2. 电子文档的相关技术有哪些?
3. 电子文档的应用有哪些?

课外实践与练习

分别用 Adobe Acrobat Professional 和 ZineMaker 制作电子报纸和电子杂志。

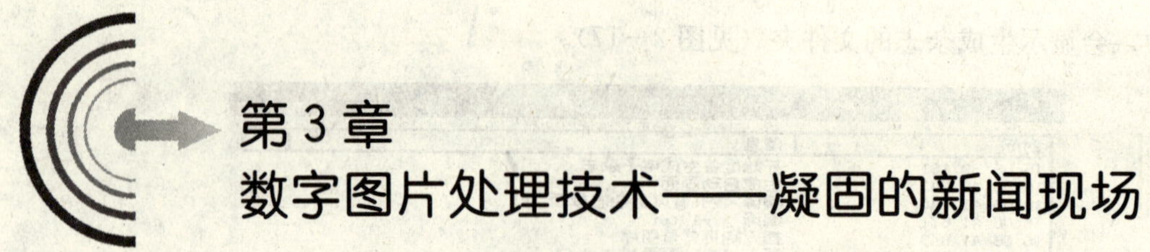

第3章 数字图片处理技术——凝固的新闻现场

随着多媒体计算机的出现，数字图像的应用出现在我们生活的各个领域。研究发现，人类感知客观世界的70%的信息是由视觉获取的，可见，图形图像与人们的生活有着密切的关系。在信息时代的今天，学习使用数字图像技术已经成为人们必须学习的任务之一。本章主要介绍数字图像的基础知识以及学习使用数字图像处理软件Photoshop。

学习目标

通过本章的学习，应该能够：

- 了解位图图像和矢量图形的区别；
- 分清不同的颜色模式和分辨率；
- 说出常见的图像文件格式；
- 学会使用Photoshop软件处理新闻图片。

第1节 数字图像基础知识

一、数字图像的分类

数字图像分为两类：位图和矢量图。习惯上把位图称为图像，把矢量图称为图形。

位图：按图像点阵形式存储各像素的颜色编码或灰度级，由像素组成。像素是图像的最小单位，存储着图像的颜色信息。许许多多的像素构成一幅完整的图像。像素数目越多，图像色彩信息越丰富，图像文件的大小也越大。位图适合表现色彩层次丰富的逼真图像效果。常用的位图绘制软件有Adobe Photoshop、Corel Painter等，常见的文件格式为psd、rif、jpg、bmp、gif等。

矢量图：是由基本的几何图形组成的，例如点、线、矩形、多边形、圆和弧线等，这些几何图形可以由数学公式计算后获得。由于矢量图形是通过公式计算获得的，所以矢量图形的文件比较小。矢量图的最大的优点是任意旋转或缩放而不会影响图形的清晰度和光滑性，这是由于矢量图与分辨率没有直接关系。它的缺点是不能创建过于复杂的图形，无法表现丰富的颜色变化和细腻的色调过渡。矢量图形只能通过软件生成，适用于创建图标、Logo、工程制图等内容。常用的矢量绘制软件有Illustrator、CorelDraw、FreeHand、AutoCAD等，常见的文件格式为ai、eps、cdr、fh、swf、wmf等。

位图和矢量图的最大区别是放大失真与否。位图放大很大倍数的时候，图像边缘会出现锯齿状；矢量图无论怎么放大，都不会失真，不受分辨率影响。如图 3—1 所示，分别是两个圆放大 1 600 倍以后边缘的显示效果。

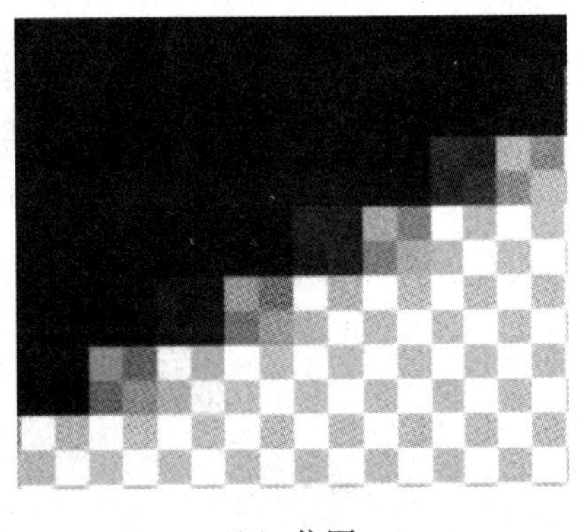

（a）位图

（b）矢量图

图 3—1　放大失真

二、图像颜色基础知识

1. *颜色三要素*

颜色的三要素包括：色相、饱和度和亮度。

（1）色相（Hue）。

色相就是色彩的颜色。在 0°～360°的标准色轮上（见图 3—2），按位置度量色相。在通常的使用中，色相由颜色名称标识，如红色、橙色或绿色。

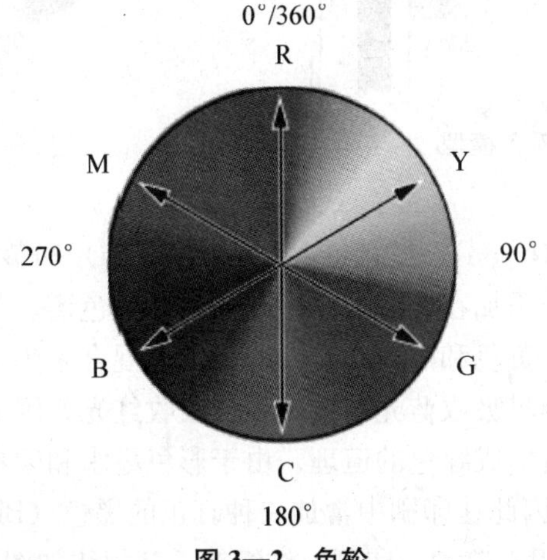

图 3—2　色轮

（2）饱和度（Saturation）。

饱和度就是颜色的强度或纯度（有时称为色度）。饱和度表示色相中灰色分量所占的比例，它使用从 0（灰色）至 100%（完全饱和）的百分比来度量。在标准色轮上，饱和度从中心到边缘递增。

（3）亮度（Brightness）。

亮度是颜色的相对明暗程度，通常使用从 0（黑色）至 100%（白色）的百分比来度量。

HSB 模型以人类对颜色的感觉为基础，描述了颜色的三种基本特性，如图 3—3 所示。

2. *三基色原理*

只有了解了基本的颜色理论，才能够生成一致的结果。三基色是三种相互独立、不能由其他两色混合产生的颜色，并且所有其他的颜色可以由三基色按不同比例组合得到。下面介绍两种基色系统：加色系统和减色系统。

（1）加色系统。

色光的三基色是红（Red）、绿（Green）和蓝（Blue）。加色系统是指三种色光（红色、绿色和蓝色）按照不同的组合添加在一起时，可以生成可见色谱中的所有颜色。添加等量的红色、蓝色和绿色光可以生成白色。完全缺少红色、蓝色和绿色光将生成黑色。加色系统是计算机应用中定义颜色的基本方法。其规律（见图3—4）为：

红＋绿＝黄

红＋蓝＝紫

蓝＋绿＝青

红＋绿＋蓝＝白

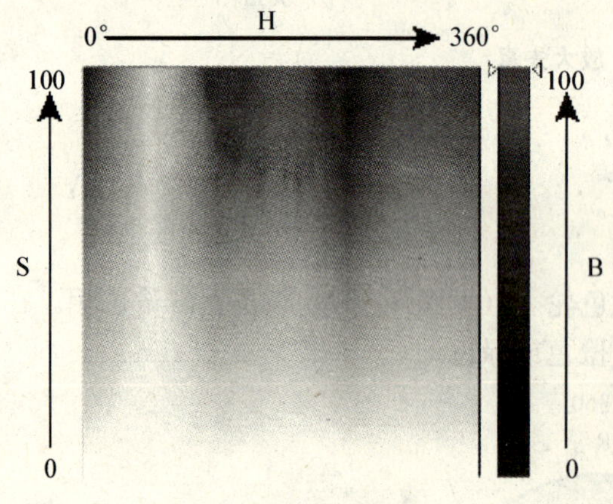

图3—3　HSB颜色模型

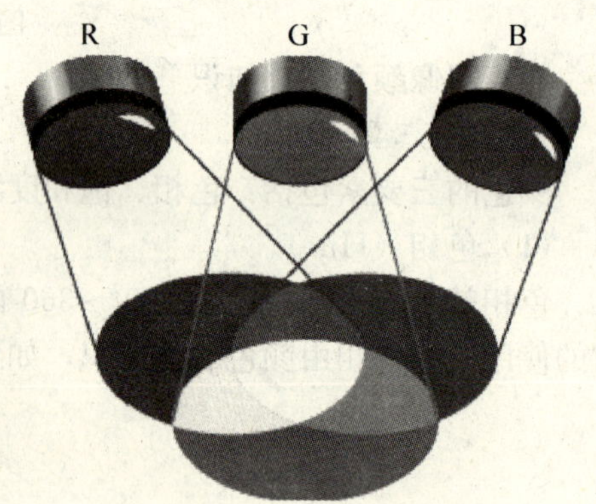

图3—4　加色系统（RGB）

（2）减色系统。

颜料的三基色是青色（Cyan）、紫色或品红（Magenta）和黄色（Yellow）。减色系统是指一些颜料按照不同的组合添加在一起时，可以创建一个色谱。与显示器不同，打印机使用减色系统（青色、洋红色、黄色和黑色颜料）通过减色混合来生成颜色。把黄色颜料和青色颜料混合起来，因为黄色颜料吸收蓝光，青色颜料吸收红光，因此只有绿色光反射出来，这就是黄色颜料加上青色颜料形成绿色的道理。由于彩色墨水和颜料的化学特性，使用等量的CMY得不到真正的黑色，因此在印刷中常加一种真正的黑色（Black Ink），所以CMY又写成CMYK。减色系统主要用于美术、印刷、纺织等。其规律如图3—5所示。

在白光照射下，黄色颜料吸收蓝色而反射黄色，品红颜料吸收绿色而反射品红，青色颜料能吸收红色而反射青色。即：

黄＝白－蓝

紫＝白－绿

青＝白－红

如果把青色和黄色两种颜料混合，在白光照射下，颜料吸收红色和蓝色，而反射绿色。颜料的混合表示如下：

颜料（黄色＋青色）＝白色－红色－蓝色＝绿色

颜料(品红十青色)＝白色－红色－绿色＝蓝色
颜料(黄色十品红)＝白色－绿色－蓝色＝红色

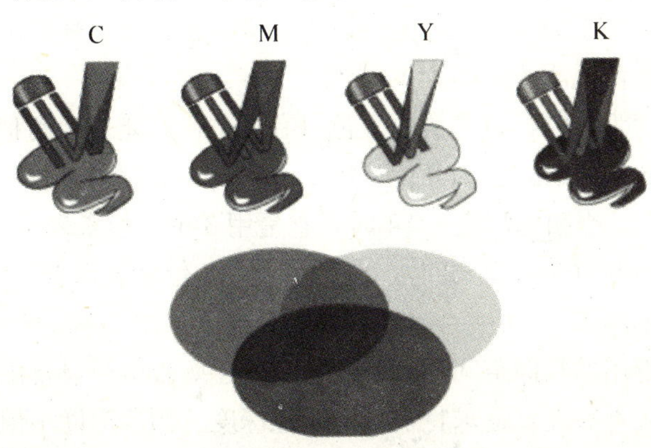

图3—5　减色系统（CMYK）

三、图像的主要参数

1. 分辨率

在数字图像处理过程中，常会涉及分辨率的问题。下面对经常用到的图像分辨率和显示分辨率做简单介绍。

（1）图像分辨率。

图像分辨率是指位图图像中的细节精细度，测量的单位是像素/英寸（p/i）。每英寸的像素越多，分辨率越高。一般来说，图像的分辨率越高，得到的印刷图像的质量就越好。分辨率乘以文档（输出）大小等于像素大小，分辨率与图像的大小关系如图3—6所示。

（2）显示分辨率。

显示分辨率是指屏幕的最大显示区域内，水平与垂直方向的像素个数。如显示分辨率为1 024×768，表示屏幕可以显示768行像素，每行像素个数为1 024个。图像在屏幕上显示的大小取决于下列因素的组合：图像的像素大小、显示器大小和显示器的分辨率设置。图3—7显示了620×400像素的图像在不同显示器和不同显示分辨率下的显示效果。

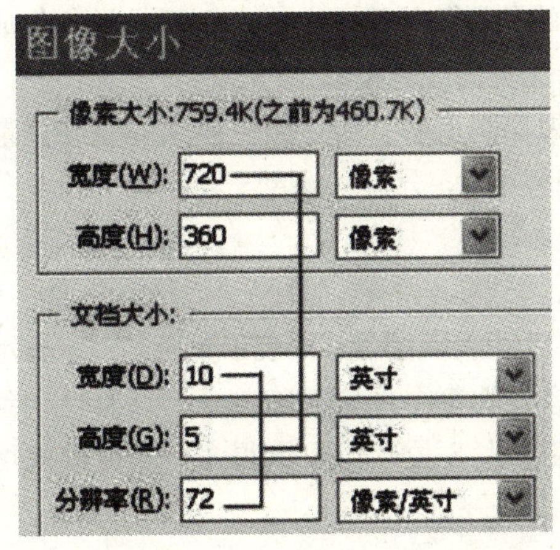

图3—6　分辨率与像素大小的关系

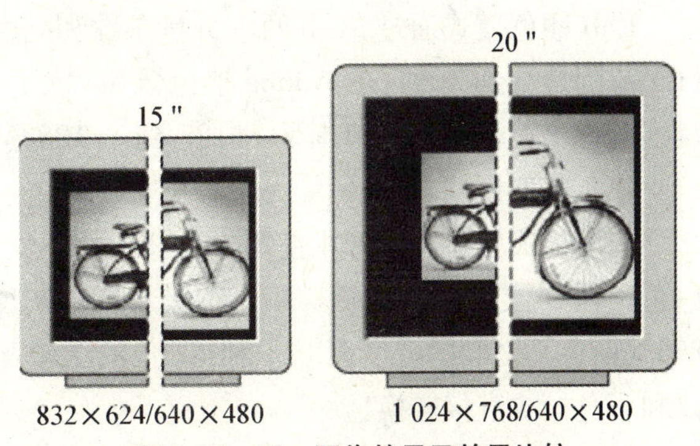

图3—7　同一图像的显示效果比较

2. *颜色深度*

颜色深度是指存储每个像素的所有位数，或者说最多支持多少种颜色。位图是由许许多多的像素组成的，每个像素的颜色信息是用若干二进制数据来描述的。二进制的位数就是位图的颜色深度。下面举例说明这个概念。

例如，当颜色深度为1时，各像素的颜色只有1位，只能表示两种颜色（黑色和白色）。当颜色深度为8时，各像素的颜色为8位，用二进制表示就是从00000000到11111111，可以表示$2^8=256$种颜色。当颜色深度为24时，它是用3个8位来表示R、G、B颜色，这种图像叫真彩色图像。当颜色深度为32时，也是用3个8位来表示R、G、B颜色，另一个8位用来表示图像的其他属性。

颜色深度越深，占用的存储空间越大，图像质量越好。由于设备限制，加上人眼分辨率的限制，一般情况下，不一定要追求特别深的颜色深度。颜色深度不但与显示器和显卡质量有关，还与显示设置有关。在“显示属性”对话框中可以选择不同的颜色深度。

3. *颜色模式*

颜色模式是学习图像处理的一个重要知识点。颜色模式决定了用于显示和打印图像的颜色模型。下面介绍几种常见的颜色模式。

（1）RGB颜色模式。

RGB是标准颜色模型，新建的Photoshop图像的默认模式为RGB，计算机显示器使用RGB模型显示颜色。这意味着在使用非RGB颜色模式（如CMYK）时，Photoshop会将CMYK图像插值处理为RGB，以便在屏幕上显示。

RGB代表红、绿、蓝三个通道的颜色。RGB颜色模式通过对红、绿、蓝三个颜色通道的变化及相互叠加得到各种颜色。

（2）CMYK颜色模式。

该模式主要用于彩色打印和彩色印刷。它通过青（C）、品红（M）、黄（Y）、黑（K）四种颜色变化及相互叠加得到各种颜色。CMYK颜色不如RGB颜色丰富饱满，当RGB颜色模式转换为CMYK颜色模式时，颜色会有部分损失。

（3）Lab颜色模式。

Lab颜色模型是基于人对颜色的感觉。Lab描述的是颜色的显示方式，而不是设备生成颜色所需的特定色料的数量，所以Lab被视为与设备无关的颜色模型。

Lab颜色模式通过a、b两个分量参数和亮度L来控制色彩。Lab颜色模式的亮度分量（L）范围是0到100。在Adobe拾色器和“颜色”调板中，a分量（绿色－红色轴）和b分量（蓝色－黄色轴）的范围是＋127到－128。

（4）灰度模式。

灰度模式就是在图像中使用0到255的不同灰度级来表示图像，0表示黑色，255表示白色。在8位图像中，最多有256级灰度。灰度图像中的每个像素都有一个0（黑色）到255（白色）之间的亮度值。16和32位的图像，其级数比8位图像要大得多。灰度模式可以和彩色模式直接转换。

（5）位图模式。

位图模式就是黑白模式，只能用黑色和白色来表示图像。只有灰度模式才可以转换成位

图模式，所以，一般的彩色模式只有转换成灰度模式后，才能转换为位图模式。

(6) 索引颜色模式。

索引颜色模式使用256种颜色来表示图像。当转换为索引颜色模式时，Photoshop将建立一个256色的色表来储存此图像所用到的颜色，所以索引颜色模式的图像占用空间小，图像质量不高，适用于制作多媒体动画和网页图像。

(7) HSB模式。

HSB模式是利用颜色的三要素来表示颜色的，即色相（H）、饱和度（S）和亮度（B）。它与人眼观察颜色的方式最为接近，用来描述颜色比较自然，只有在编辑色彩时才可以看到这种颜色模式。

四、常见图像文件的格式

不同的图形图像软件，保存的格式可以各不相同。有的文件格式又可以用在很多软件中，如jpg格式。所以，只有了解了每种文件的格式，才能将其保存为恰当的格式，应用在合适的场所。例如，制作网页的Logo，大部分的格式为swf或gif。下面简单介绍一些常见文件的格式。

jpg：该格式是根据JPEG压缩标准压缩的图像文件格式。jpg是一种有损压缩，能够使图像中重复或不重要的资料丢失。当使用很高的压缩比例时，恢复解压缩文件后的图像质量明显降低。这种文件的大小大概是gif文件的三分之一。由于压缩比较大，存储的文件较小，成为其优点，应用非常广泛。这种格式的文件不适合放大观看和印刷。

bmp：利用Windows中自带的绘图软件可以将图像格式存储为bmp格式。它采用RLE的无损压缩方式，因此不会影响图像质量，是Windows系统下的标准格式，压缩比适中，生成的文件较大。它主要用于保存位图文件。

gif：该格式常应用于网页图像中。它能将图像的背景存储为透明，这成为该格式的一大亮点。另一大亮点是该格式能将多幅图像存储为一个文件，形成动画。它采用LZW压缩，有很好的压缩率，但又不影响图像质量。gif支持图像渐进，在网络传输中，可以先看到图像的大致轮廓，再慢慢看清楚图像。gif的缺点是色彩被限制在256色内。

psd：是Photoshop的专用格式Photoshop Document（PSD），是Photoshop生成的源文件，里边保存着图层、蒙版、通道、滤镜等信息，在下次打开该格式的文件后，可以继续修改上次的操作。其优点是存取速度快，不会丢失数据；缺点是文件较大，很少有应用程序支持该格式。

png：便携网络图形png（Portable Network Graphic）是Fireworks软件的默认格式。该格式采用无损压缩方式来减小文件的大小，在网络传输中，显示速度快。它可以将背景设置为透明，能够和网页的背景很和谐地融合在一起。其缺点是不支持动画效果，尚未被广泛应用。

tif（tiff）：该格式最初是出于跨平台存储扫描图像的需要而设计的。它的特点是图像格式复杂、存储信息多。有些文字识别软件要求扫描的图像格式是tif。它主要应用于扫描仪和印刷，能在应用程序之间、各种设备之间交换光栅图像，而普通用户很少用到该格式的文件。

eps：是为 PostScript 打印机传输图像而开发的文件格式，它可以同时包含位图图像和矢量图形，是 Illustrator 和 Photoshop 之间可交换的格式。Illustrator 软件制作出来的图像和图形一般都存储为 eps 格式。

五、图像制作工具

1．矢量图形绘制软件

（1）Fireworks。

Fireworks 是一个全方位的网页图形制作软件，它同时具备了绘图软件（如 Illustrator）、图像处理软件（如 Photoshop）和网页编辑软件（如 Dreamweaver）的性质，兼具了矢量图和位图的特性，以矢量方式为主要操作方式。

（2）Illustrator。

Illustrator 是基于矢量的大型绘图软件，平面设计师和网页设计师可以利用它快速、方便地制作出各种形态逼真、颜色丰富的图形，被广泛应用于产品包装、Web 图形、演示文稿、标志设计、文本处理、插图绘制和工程绘图等方面。

（3）CorelDraw。

CorelDraw 是世界上最流行的矢量绘图软件，它还具有位图图像处理功能，主要应用于平面广告设计、商标设计、写意、艺术图形创作、产品包装设计、漫画创作等。

（4）FreeHand。

FreeHand 是由美国 Macromedia 公司开发的一种功能强大的矢量绘图软件。它是广告业和多媒体制作业广泛使用的一种矢量绘图和图像处理软件。

2．位图图像处理软件

Photoshop 软件是图像处理领域中的一朵奇葩，是目前最优秀的图像处理软件之一，以其强大的功能和直观的操作界面成为平面设计软件中的佼佼者。用户可以利用该软件轻松制作广告、海报和包装等。

在第 2 节中，会着重介绍 Photoshop 软件的基本操作方法，使读者能够进行简单的图像处理。

第 2 节　运用 Photoshop 软件处理数字图片

2009 年，Adobe 公司推出了最新版本的 Photoshop CS4，使其拥有更加强大和完善的功能。学习该软件之前，需要先下载并安装该软件。本节将介绍 Photoshop CS4 的基础知识和相关实例操作。

一、Photoshop CS4 的基础知识

1．Photoshop CS4 的工作界面

Photoshop CS4 的工作界面主要包括标题栏、菜单栏、工具选项栏、工具箱、图像窗口、浮动面板、状态栏七部分，如图 3—8 所示。

在工作界面中，工具箱中各工具如何使用，是需要重点掌握的内容。单击工具箱上的小按钮，在右下方会出现工具的名称。单击右下方有三角的按钮后，在其右方会出现隐藏的工具，如图 3—9 所示。至于常用的工具如何使用，后面通过实例进行讲解。

图 3—8　Photoshop CS4 工作界面

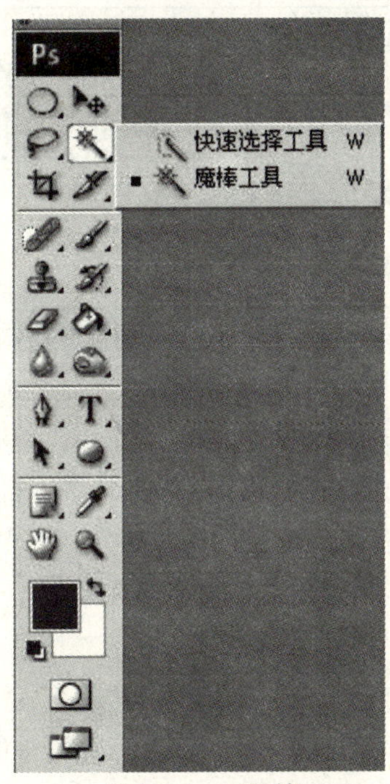

图 3—9　工具箱

2. 文件的新建、打开和保存

(1) 新建文件。

按住 Ctrl 键，单击图像窗口的灰色区域，或者选择菜单中的“文件”>“新建”命令，或者按下 Ctrl+N 快捷键就可以打开新建对话框。在新建对话框中可以设置图像的大小、分辨率、颜色模式、背景内容等。

(2) 打开文件。

直接单击图像窗口的灰色区域，或者选择“文件”菜单下的“打开”命令，或者按下

Ctrl＋O 快捷键就可以打开对话框了，选择需要的文件将其打开。

（3）保存文件。

按 Ctrl＋S 键将处理完成的图像进行保存，或者选择“文件”菜单中的“存储”、“存储为”命令。根据需要可以保存为多种格式，如果下次还需要编辑该图像，可以保存为 PSD 格式。

3. 图层

图层好比一张张透明的胶片，当多个图层叠加在一起时，可以看到最下方的背景层。图层有利于对不同的图层中的图像进行处理而不影响别的图层中的图像。图层既相互联系又相互独立。图层可以合并后输出，也可以单独输出。

图层有 6 种类型：背景、普通、文字、形状、填充和调整图层。背景图层和普通图层只可以存放图像和绘制图像，背景图层是最下面的图层，它是不透明的，一个图像文件只有一个背景层。当输入文字的时候，会自动生成文字图层，文字图层只可以输入文字。形状图层用来绘制形状图形。填充和调整图层主要用来存放图像的色彩等信息。图层面板如图 3—10 所示。最下方一排按钮分别是：链接图层、添加图层样式、添加图层蒙版、创建新的填充或调整图层、创建新组、创建新图层和删除图层。

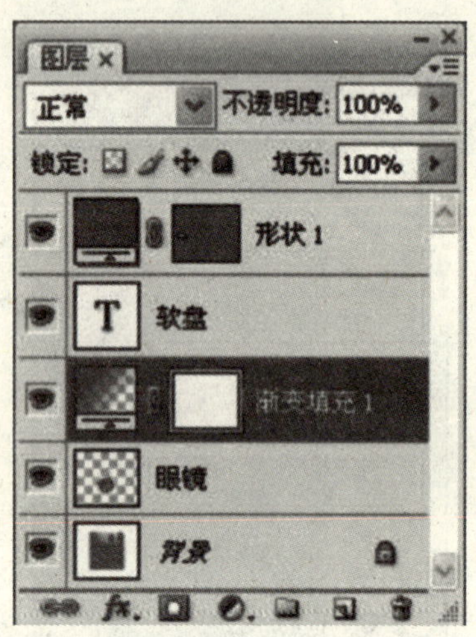

图 3—10　图层面板

4. 实例操作

（1）融合图像实例。

该融合图像实例涉及文件的打开和保存，以及工具箱中的移动工具、橡皮擦工具和放大镜工具的使用。操作步骤如下：

1）在 Photoshop CS4 中，双击图像窗口的灰色区域，打开“白云 .jpg”图片，双击背景层，单击“好”按钮，解锁，生成“图层 0”。

2）双击图像窗口的灰色区域，打开“斜塔 .jpg”图片，用工具箱中的移动工具将斜塔移动到白云图像编辑窗口，生成“图层 1”，将斜塔图像窗口关掉。

3）选择“编辑”＞“自由变换”命令或按 Ctrl＋T 键，调节斜塔图像。按住 Shift 键可等比例调整斜塔图像以覆盖住白云图像，按回车键或双击画面或单击工具选项栏中的对勾按钮，确认变换操作。

4）用橡皮擦工具擦掉建筑以外部分区域。首先，要加大橡皮擦的画笔大小，来擦除建筑外的大部分区域；其次，用工具箱中的放大镜工具放大斜塔，减小橡皮擦的画笔大小，仔细擦除建筑周围的图像，处理结束后选择菜单中的“文件”＞“存储为”命令，保存为“效果图1.jpg”文件，如图3—11所示。

图3—11　斜塔白云

（2）羽化选区实例。

羽化选区实例主要用到椭圆选框工具及其羽化属性。操作步骤如下：

1）分别打开“人.jpg”和“山.jpg”两幅图片。使用移动工具将“山”移到“人”上方，使山顶位于图像窗口中间，关闭“山”图像窗口。

2）使用椭圆选框工具，并在选项栏中设置羽化值为：30像素，在图像中上方拖画一个椭圆选区，如图3—12所示。按键盘上的Delete键删除，再按Ctrl＋D键取消选区，保存效果图为“效果图2.jpg”，如图3—13所示。

图3—12　椭圆选区

图3—13　羽化效果

二、滤镜

1. 滤镜的概念

滤镜是 Photoshop 中最具吸引力的功能，它能够将整幅图像或选区中的图像进行特殊处理，将各像素的色度和位置数值进行随机或预定义的计算，从而改变图像的形状。滤镜能将普通的图像变为非凡的视觉艺术品，而且还可以模拟素描、油画、水彩、水粉等各种绘画效果。Photoshop 提供了 100 多种滤镜，这些滤镜按照不同的功能被划分为不同的组，如图 3—14 所示。

滤镜(T) 分析(A) 视图(V) 窗口(W) 帮助(H)
上次滤镜操作(F) Ctrl+F
转换为智能滤镜
抽出(X)... Alt+Ctrl+X
滤镜库(G)...
液化(L)... Shift+Ctrl+X
图案生成器(P)... Alt+Shift+Ctrl+X
消失点(V)... Alt+Ctrl+V
风格化
画笔描边
模糊
扭曲
锐化
视频
素描
纹理
像素化
渲染
艺术效果
杂色
其它
Digimarc

图 3—14 滤镜菜单

2. 滤镜实例——水中倒影

该实例主要用到了滤镜中的模糊和扭曲命令，还涉及了如何调整画布的大小、图像的亮度和对比度、图像的翻转等。

(1) 在 Photoshop 中，打开“水中倒影 .jpg”图片，选择“图像”>“画布大小”命令，在对话框的定位处，选择第一行中间方块，高度设为原来的 2 倍：13.8 厘米，宽度不变，画布扩展颜色为白色，如图 3—15 所示，单击“确定”按钮。

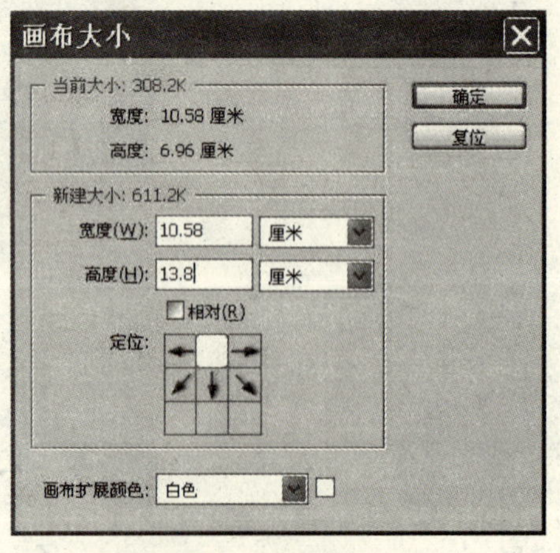

图 3—15 调整画布大小

(2) 使用矩形选框工具，沿着上半部分图像拖画矩形选框，按键盘上的 Ctrl＋C 键复制图像，再按键盘上的 Ctrl＋V 键粘贴图像，图层面板中将复制粘贴的图像设置为图层 1。选中图层 1，选择“编辑”＞“变换”＞“垂直翻转”命令，使用移动工具将图层 1 中的图像向下拖动，使两个图层的上下边缘紧挨着（稍微交叠一些也可以）。

(3) 选中图层 1，选择“滤镜”＞“模糊”＞“高斯模糊”选项，打开“高斯模糊”对话框，设置半径为 2.4 像素，单击“确定”按钮。将倒影调暗些，选择“图像”＞“调整”＞“亮度/对比度”选项，数值调整如图 3—16 所示。

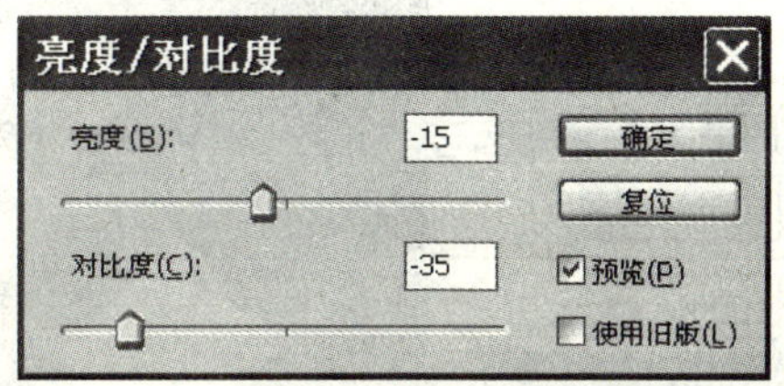

图 3—16　调整亮度和对比度

(4) 下面在倒影中做一个水波，使倒影更加逼真。使用椭圆选框在图层 1 中的图像中画一个椭圆选区，选择“滤镜”＞“扭曲”＞“水波”命令，设置参数为：数量 16，起伏 11，其他默认，单击“确定”按钮，按 Ctrl＋D 键取消选区。

(5) 最后用模糊工具分别在两个图层中，在两个图像交界处涂抹，使交界处变得模糊。保存图像为“效果图 3.jpg”，如图 3—17 所示。

图 3—17　水中倒影效果

三、蒙版

1. 蒙版的概念

通常说的蒙版主要是指图层蒙版。蒙版还有矢量蒙版，矢量蒙版是由钢笔或形状工具创建的，是与分辨率无关的蒙版，它通过路径和矢量图形来控制图像的显示区域。下面详细介绍图层蒙版的原理。

图层蒙版是一张标准的 256 级色阶的灰度图像，它的颜色变化是黑色、白色和灰色。在图层蒙版中，纯白色区域可以显示当前图层的图像，不显示下面图层的图像；纯黑色区域可以显示下面图层的图像，却隐藏了当前图层中的图像；灰色区域根据其灰度值使当前图层中的图像呈现不同的透明度，如图 3—18 和图 3—19 所示。

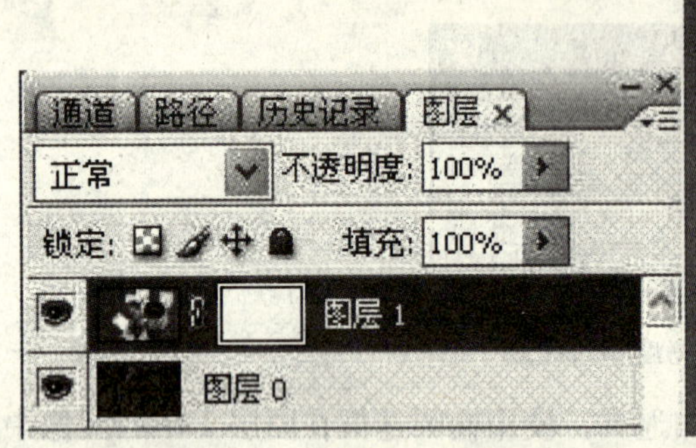

图 3—18　白色蒙版

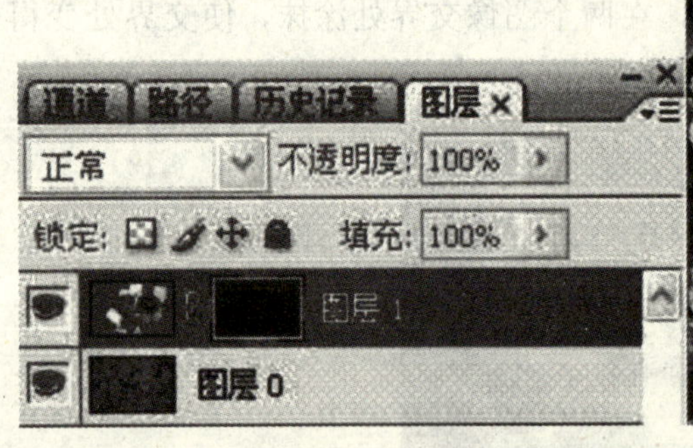

图 3—19　黑色蒙版

2. 蒙版实例

(1) 在 Photoshop 中，打开“早餐.jpg”文件，再打开“苹果.jpg”文件，使用移动工具将苹果图片拖动到早餐图片上，图层会自动生成图层 1。

(2) 以图层 1 为当前操作层，按 Ctrl＋T 键，再按住 Shift 键，等比例缩小图像，将苹果放在盘子中，双击图像或回车即可完成变形；单击图层面板底部的添加图层蒙版按钮添加蒙版。

(3) 设置前景色为黑色，选取工具箱中的画笔工具，设置选项栏如下：

(4) 用画笔在苹果图像周围的白色区域上轻轻涂抹，直到图像边界较自然为止，被涂抹的地方将显示下面的图像。保存图像为“效果图 4.jpg”，如图 3—20 所示。

图 3—20　效果图

四、通道

1. 通道的分类

Photoshop 中的通道是用来存储颜色信息、选区和蒙版的。通道主要有三种：颜色通道、Alpha 通道和专色通道。

（1）颜色通道。

颜色通道是在打开图像时自动生成的通道。每个图像都有一个或多个通道，每个通道中都存储了关于图像颜色的信息。图像中的默认颜色通道数取决于图像的颜色模式。默认情况下，位图、灰度、双色调和索引颜色模式的图像有一个通道；RGB 和 Lab 图像有三个通道；而 CMYK 图像有四个通道。

（2）Alpha 通道。

Alpha 通道是用来保存选区的，它可以将选区存储为灰度图像。Alpha 通道与颜色通道不同，它不会直接影响图像的颜色。在 Alpha 通道中，白色代表了被选择的区域，黑色代表了未被选择的区域，灰色代表了被部分选择的区域。如图 3—21 所示，在新增的 Alpha 通道中，用白色画笔画一个白色的圆圈，按住 Ctrl 键的同时单击 Alpha 通道，即可出现选区，单击 RGB 通道，就会在图像上出现选区。

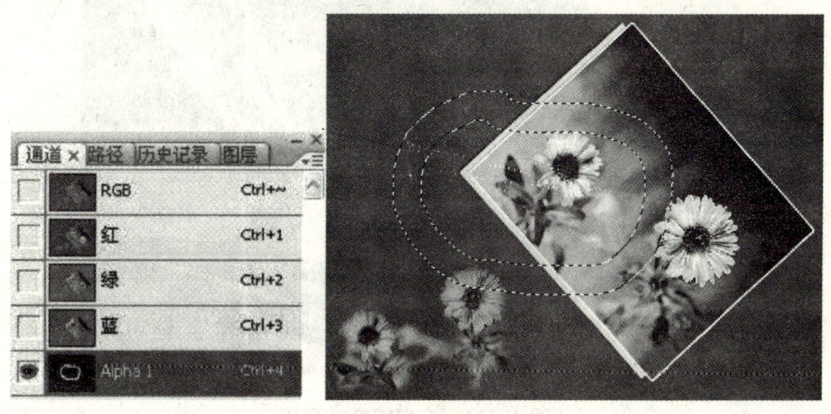

图 3—21　Alpha 通道

(3) 专色通道。

专色通道是指可以保存专色信息的通道，即可以作为一个专色版应用到图像和印刷当中。专色通道具有 Alpha 通道的一切特点：保存选区信息和透明度信息。每个专色通道只以一个灰度图像形式存储相应专色信息，与其在屏幕上的彩色显示无关。

2. 通道实例——应用图像

(1) 在 Photoshop 中，打开“明星 .jpg”文件，再打开“车 .jpg”文件，把车图像拖曳到人图像上，如图 3—22 所示。按 Ctrl+T 快捷键调整车图像大小，覆盖住人图像。

(2) 选中图层 1，选择“图像”>“应用图像”命令，参数设置如图 3—23 所示，即可得到效果图 3—24。

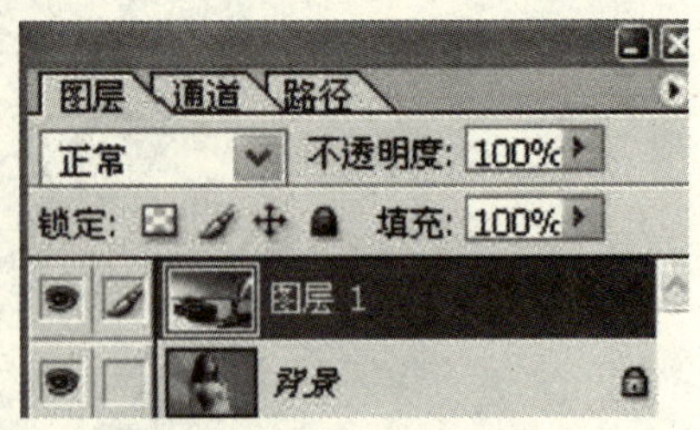

图 3—22

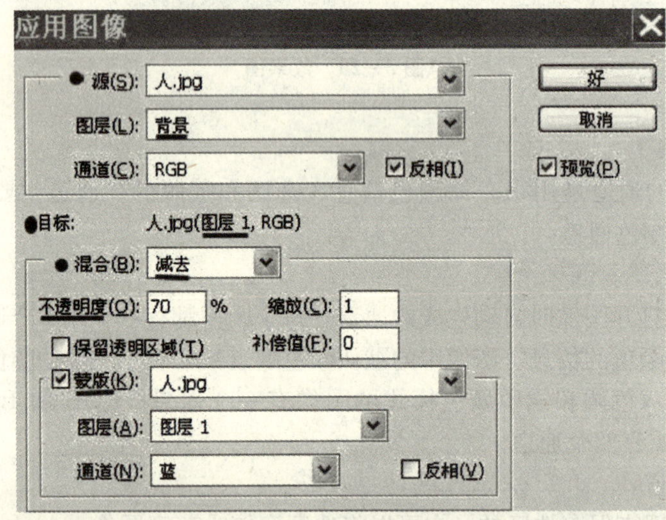

图 3—23　参数设置

图 3—24　应用图像效果图

五、路径

路径是由具有多个锚点的矢量线条构成的图形，通过钢笔工具或形状工具可以创建各种形状的路径。每段路径的端点叫锚点。路径可以是一个点、直线或曲线。路径可以转换为选区，也可以进行填充或描边。

绘制路径的技巧如下：

（1）将直线转换为曲线方法：使用转换点工具拖动锚点，可拖动出两条控制柄，按住 Alt 键，单击锚点，可去掉一条控制柄；使用直接选择工具可移动锚点的位置，转换点工具则不能移动锚点的位置。

（2）画曲线方法：用钢笔工具画出第一个锚点后，按一下 Ctrl 键，接着画第二个锚点，就可以画出曲线。

（3）使用路径选择工具单击路径，出现实心方块，可移动整个路径；直接选择工具单击路径，出现虚心方块，可以单独移动锚点。

六、Photoshop 应用实例

1. 黑脸变白

（1）在 Photoshop 中，打开“黑脸 . jpg”文件，单击新建图层按钮新建图层 1。

（2）选择背景层，单击通道面板，按住 Ctrl 键，单击 RGB 通道，出现高光选区。

（3）单击图层面板，选择图层 1，选择“编辑”>“填充”命令，在对话框中选择白色，单击“确定”按钮，在选区里填充白色，按 Ctrl+D 键取消选区。

（4）图像看上去太白了，调整图层 1 的透明度为 65%即可。保存为“效果图 6. jpg”。如图 3—25 所示，比较原图和效果图。

图 3—25　黑脸变白

2. 去除眼袋

（1）在 Photoshop 中，打开“眼袋 . jpg”文件，选择修复画笔工具，设置画笔直径

为 15 像素，按住 Alt 键，在脸颊白的地方单击，获得取样点。

(2) 用放大镜工具 放大眼部，用修复画笔工具在眼袋弯曲方向上进行涂抹，直到效果满意。最后保存为"效果图 7.jpg"，如图 3—26 所示。

图 3—26　修复眼袋

3. 矫正歪斜图像

(1) 在 Photoshop 中，打开"倾斜.jpg"文件，单击"吸管"工具从中选择"标尺"工具 ，在图像中沿着海平线的位置画线。

(2) 选择"图像" > "旋转画布" > "任意角度"命令，在打开的对话框中会自动显示需要矫正的角度，单击"确定"按钮即可。使用裁剪工具 ，在图像中选择合适的裁切框，按回车键，保存为"效果图 8.jpg"，如图 3—27 所示。

图 3—27　矫正歪斜图像

4. 使用仿制图章工具修补照片

(1) 在 Photoshop 中，打开"仿制图章原图.jpg"，使用放大镜工具放大原图。

(2) 选择仿制图章工具 ，把孩子旁边的人涂抹掉。选择合适的画笔大小，按住 Alt 键，选择要涂抹掉的人的附近的海水为取样点，然后用仿制图章工具在要涂抹掉的人的小腿以上部分涂抹。

(3) 按住 Alt 键，选择要涂抹掉的人的附近的沙滩为取样点，用仿制图章工具在人的小腿以下部分涂抹。

(4) 按住 Alt 键，选择亮色沙滩为取样点，用仿制图章工具在人的影子上涂抹。保存为"效果图 9.jpg"，如图 3—28 所示。

图 3—28　原图和效果图

5. 径向模糊效果

(1) 在 Photoshop 中，打开“黄玫瑰.jpg”文件，使用磁性套索工具，将上边的花朵选中，如图 3—29 所示。选择“图层”＞“新建”＞“通过拷贝的图层”命令，自动生成图层 1。

图 3—29　选区

(2) 选中背景层，选择“滤镜”＞“模糊”＞“径向模糊”命令，设置数量：100；模糊方法：缩放；品质：好。单击“确定”按钮。

(3) 选中图层 1，单击图层面板下方的添加图层蒙版按钮，使用工具箱中的画笔工具，设置合适的画笔大小并降低流量，设置前景色为黑色，在图层 1 中的花朵边缘涂抹，使花朵的边缘不那么清晰。保存为“效果图 8.jpg”，如图 3—30 所示。

6. 砖墙纹理

(1) 在 Photoshop 中，新建宽 300 像素、高 200 像素、分辨率为 72 的 RGB 白色文档。

图 3—30　径向模糊效果图

(2) 设置前景色为砖红色：RGB (190，100，5)，选取矩形选框工具，在选项面板中设置样式为固定大小，宽 40 像素，高 10 像素。注意：羽化值必须是 0 像素。

(3) 在空白文档中单击鼠标左键，就会出现固定大小的矩形选区，用前景色填充为砖红色，按向右的箭头，水平移动选区，继续填充前景色。

(4) 按住向下的箭头，填充。按两次向右箭头，分别填充，取消选区。

(5) 设置矩形选框工具的样式为正常，创建如下的选区。

(6) 选择“编辑”＞“定义图案”命令，将选区中的图像定义为图案，取消选区。

(7) 新建图层 1，选择“编辑”＞“填充”命令，选择刚才自定义的图案，填充结果如图 3—31 所示。

图 3—31　砖墙纹理

7. 冰天雪地文字

(1) 在 Photoshop 中，新建空白文档，宽 800 像素、高 600 像素、分辨率为 72 的 RGB 白色文档。

(2) 双击背景图层，重命名为“图层1”，选取工具箱中的横排文字蒙板工具 ，在画布中输入“冰天雪地”，大小为180点，字体为：Arial Black，单击文字属性栏的 按钮，退出文字编辑模式，得到文字选区。

(3) 设置前景色为黑色，按Alt+Delete键填充选区为黑色。选择“选择”>“存储选区”命令，命名为“新通道1”，按Ctrl+D键取消选区。

(4) 选择“滤镜”>“像素化”>“晶格化”命令，设置单元格大小为7像素，单击“确定”按钮确认操作。选择“选择”>“载入选区”命令，将存储的选区载入，选择“新通道1”。

(5) 选择“滤镜”>“杂色”>“添加杂色”命令，设置数量70%、高斯分布、单色。

(6) 选择“滤镜”>“模糊”>“高斯模糊”命令，设置半径为2像素。

(7) 选择“图像”>“调整”>“曲线”命令，调整曲线如图3—32所示。

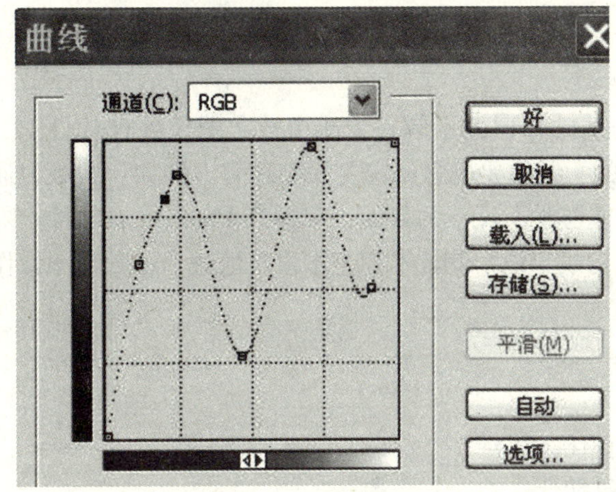

图3—32 调整曲线

(8) 按Ctrl+D键取消选区，选择“图像”>“调整”>“反相”命令；再选择“图像”>“旋转画布90度（逆时针）”命令。

(9) 选择“滤镜”>“风格化”>“风”命令，方法为风，方向为从左。

(10) 选择“图像”>“旋转画布90度（顺时针）”；选择“图像”>“调整”>“色相/饱和度”选项，设置如图3—33所示。

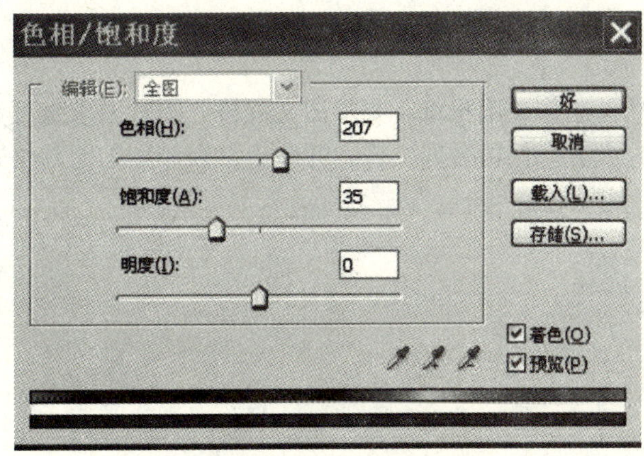

图3—33 色相/饱和度设置

(11) 选择“选择”＞“色彩范围”选项，弹出对话框中，在文字以外的背景部分单击鼠标左键选取背景，单击“确定”按钮，关闭对话框。选择“选择”＞“反选”命令，将选区填充白色，取消选区，即可得到如图 3—34 所示效果。

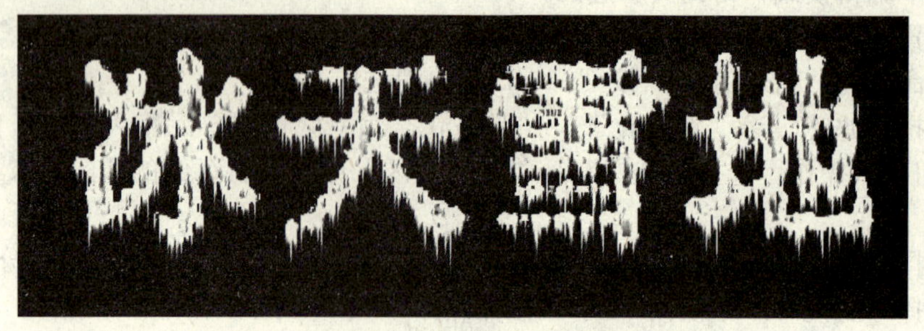

图 3—34　冰天雪地效果图

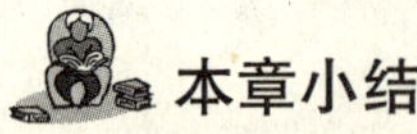

本章小结

通过对数字图像的基础知识的了解，为使用数字图像处理软件 Photoshop 打下初步的基础。对于 Photoshop 中的一些重要概念一定要深刻理解，例如：蒙版、通道、路径等。通过对本章的实例操作，达到能够举一反三的目的。掌握好 Photoshop 软件，除了多练习实例外，还要学习色彩构成和平面构成知识，使技术和艺术很好地融合在数字图像作品中。

复习题

1. 位图和矢量图有什么区别?
2. 颜色的三要素包括什么?
3. 图像分辨率和显示分辨率的关系如何?
4. 简述 RGB 模式和 CMYK 模式的区别。
5. 什么是图层蒙版？举例应用图层蒙版。
6. 什么是通道？举例应用 Alpha 通道。
7. 使用钢笔工具绘制心形路径。

课外实践与练习

使用 Photoshop 软件制作一版报纸，要求图文混排。图片要求灰度和彩色模式都有，文字要求整齐，风格古朴大方。保留分层文件，并输出可以印刷的图片格式文件。

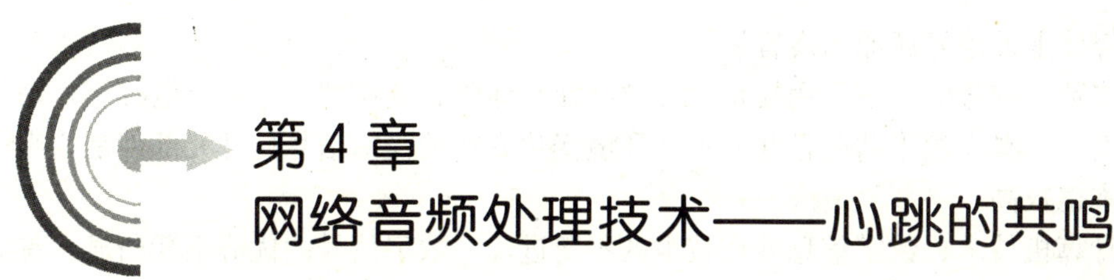

第4章 网络音频处理技术——心跳的共鸣

近几年，多媒体技术不断完善成熟，计算机也越来越多地应用到音频领域之中。我们听到的声音都是模拟信号，怎样才能让计算机也能处理这些声音数据呢？这就涉及音频的数字化。音频数字化以后文件都比较大，因此必须编码压缩，数字音频有很多种格式，有各自的特点和使用的场合。本章主要介绍 MIDI 这种特殊的数字音频的特点和编辑使用方法。

学习目标

通过本章的学习，应该能够：

- 说出什么是音频与数字音频；
- 阐述音频的数字化过程；
- 了解影响音频文件大小的因素；
- 了解数字音频编码方式和音频格式；
- 说出 MIDI 音频及其特点；
- 会用 Audition 软件编辑数字音频。

第1节　音频及其数字化

一、音频与数字音频

声音是机械振动在介质中传播的机械波。机械波都有三个基本指标：

（1）振幅（Amplitude）：波的高低幅度。

（2）周期（Period）：两个相邻波之间的时间长度。

（3）频率（Frequency）：每秒钟振动的次数，单位为 Hz。

振幅与声音的强弱有关，频率与声音的音调有关，人们把频率小于 20Hz 的信号称为次声（Subsonic）；频率范围为 20～20 000Hz 的信号称为音频（Audio），这是人耳所能感受到的声音范围；虽然人的发音器官发出的声音频率是 80～3 400Hz，人说话的信号频率通常为 300～3 000Hz，人们把在这种频率范围的信号称为语音（Speech）；高于 20kHz 的信号称为超声波（Ultrasonic）。超声波具有很强的方向性，可以形成波束，在工业上得到广泛的使用。

音频信号的模拟处理是用话筒把机械振动转换成电信号，以模拟电压的幅度表示声音强弱。模拟声音的录制是将代表声音波形的电信号记录到适当的存储介质上，如磁带或唱片。

播放时将记录在媒体上的信号还原为声音波形。

一直以来大多数电信号的处理是用模拟元部件（如晶体管、变压器、电阻、电容等）来处理的。但是开发一个具有相当精度且几乎不受环境变化影响的模拟信号处理元部件是相当困难的，而且成本也很高。

此外，随着计算机技术、数字信息处理技术的不断进步，数字信号的优势不断凸显。首先，数字信号计算是一种精确的运算，它不受时间和环境变化的影响；其次，表示部件的数学运算不是物理上实现的功能部件，而是仅用数学运算去模拟，其中的数学运算实现也相对容易；此外，可以对数字运算不断进行编程，如欲改变某些功能，还可对数字部件进行再编程。

声音的波形，不仅在时间上是连续的，而且在幅度上也是连续的。在时间上“连续”是指在一个指定的时间范围内声音信号的幅值有无穷多个，在幅度上“连续”是指幅度的数值有无穷多个。把在时间和幅度上都连续的信号称为模拟信号。计算机所能处理的数字都是二进制的，要么是1，要么是0。因此计算机处理的信号都是不连续的、离散的，这就是数字信号。数字化的声音是一个数据序列，它是由模拟的声音经过采样、量化和编码后得到的。

二、音频的数字化过程

音频的数字化过程包括采样和量化这两个步骤。在某些特定的时刻对这种模拟信号进行测量叫做采样（Sampling），在这些特定时刻采样得到的信号称为离散时间信号。

根据奈奎斯特采样定理（Nyquist Theory），只要采样频率高于信号中最高频率的两倍，就可以从采样中完全恢复原始信号的波形。采样定律用公式表示为：$f_s \geqslant 2f$ 或者 $T_s \leqslant T/2$，其中 f 为被采样信号的最高频率。

人耳所能听到的频率范围为20Hz到20kHz，所以实际的采样过程中，为了达到好的效果，就采用44.1kHz作为高质量声音的采样频率。如果达不到这么高的频率，声音恢复的效果就会差一些，例如电话话音的信号频率约为3.4kHz，采样频率就选为8kHz。

量化（Quantization）是将连续幅度离散化，就是把信号的强度划分成一个个小段，如果幅度的划分是等间隔的，就称为线性量化，否则就称为非线性量化。图4—1表示了声音量化的概念。

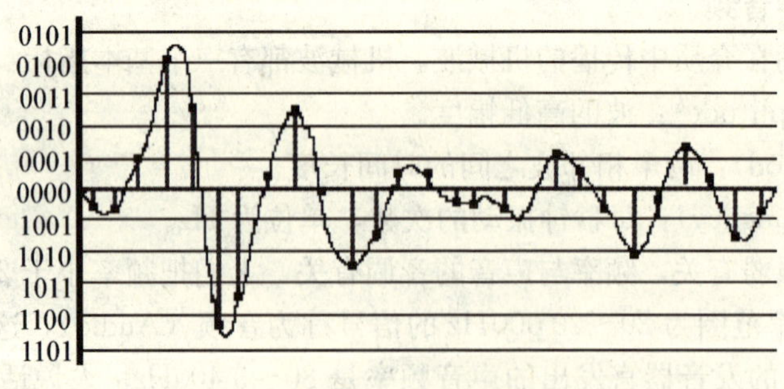

图4—1 声音量化

声音量化需要回答两个问题：一是每秒钟需要采集多少个声音样本，也就是采样频率（f_s）是多少；二是每个声音样本的位数（bit per sample，bps）应该是多少，也就是量化位数或者量化精度，也叫分辨率。

分辨率反映度量声音波形幅度的精度。例如，每个声音样本用16位表示，则测得的声音样本值在0～65 536的范围里，这样可以精确到输入信号的1/65 536。样本位数的大小影响到声音的质量，位数越多，声音的质量越高，而需要的存储空间也越大；反之位数越少，声音的质量越低，需要的存储空间越少。

三、影响数字音频文件大小的因素

（1）采样频率：采样频率与声音的质量关系最为紧密。采样频率越高，声音质量越接近原始声音，所需的存储量便越多。标准的采样频率有三个：44.1kHz、22.05kHz和11.025kHz。

（2）分辨率：存放一个采样点所需的比特数。一般的采样位数为8位或16位，即把声音采集为256等份或65 536等份。

（3）声道数：单声道、双声道和多声道。声道数表明声音记录是只产生一个波形（单声道）还是产生两个波形（双声道立体声）。立体声的声音有空间感，但需要两倍的存储空间。

声音的质量越高，则量化级数和采样频率也越高，为了保存这一段声音的相应的文件也就越大，也就是要求的存储空间越大。表4—1给出了采样频率、分辨率与所要求的存储空间大小的对应关系。

表4—1

采样率	分辨率	声道	1分钟音频数据量
44.1kHz	16位	立体声	10.5MB
44.1kHz	16位	单声道	5.25MB
44.1kHz	8位	立体声	5.25MB
44.1kHz	8位	单声道	2.6MB
22.05kHz	16位	立体声	5.25MB
22.05kHz	16位	单声道	2.5MB
22.05kHz	8位	立体声	2.6MB
22.05kHz	8位	单声道	1.3MB

对于单声道，决定数字录音文件大小的公式为：

$$S=R\times D\times(r/8)\times 1$$

S——文件大小，单位为字节；

R——采样率，单位为Hz；

D——时间，单位为s；

r——分辨率，单位为二进制位（bps）。

公式中的“1”表示单声道，公式中的“/8”是为了把二进制位换算成以字节作为单位。

对于双声道立体声，则公式为：

$$S=R\times D\times(r/8)\times 2$$

例如，如果采样频率为44.1kHz，分辨率为16位，双声道立体声，录音的时间长度为10s，则声音文件的大小S为：

$$S-(44\,100\times 10\times 16/8)\times 2=1\,764(\text{KB})$$

数字化音频，在相同条件下，立体声比单声道占用的空间大，分辨率越高占用的空间越大，采样频率越高占用的空间越大。总之，音频数字化后要占用很大的空间，因此，对音频数字化信号进行编码压缩是十分必要的。

第2节　数字音频编码和常用的数字音频格式

音频编码的目的在于压缩数据。在音频数据的存储和传输中，数据压缩是必须的。通常数据压缩会造成音频质量的下降、计算量的增加。因此，在实施数据压缩时，要在音频质量、数据量和计算复杂度三方面进行综合考虑。

为了实现音频数据压缩，多方面的专家致力于算法的研究，众多的企业致力于芯片和产品的研制，为了实现数据的共享和交流，国际标准化组织也先后推出一系列的标准。高质量、高效率的音频压缩技术被广泛地用于多媒体应用、音像制品、数字广播、数字电视领域。

一、音频编码的分类

（1）基于音频数据的统计特性进行编码，其典型技术是波形编码。其目标是重建语音波形，保持原波形的形状。PCM（脉冲编码调制）是最简单、最基本的编码方法。它直接赋予抽样点一个代码，没有进行压缩，因而所需的存储空间较大。为了减少存储空间，人们寻求压缩编码技术。利用音频抽样的幅度分布规律和相邻值具有相关性的特点，提出了差值量化（DPCM）、自适应量化（APCM）和自适应预测编码（ADNM）等算法，实现了数据的压缩。波形编码适应性强，音频质量好，但压缩比不大，因而数据量仍较大。

（2）基于音频的声学参数，进行参数编码，可进一步降低数据量。其目标是重建音频保持原音频的特性。常用的音频参数有共振峰、线性预测系数、滤波器组等。这种编码技术的优点是数据率低，但还原信号的质量较差。

（3）将上述两种编码算法很好地结合起来，采用混合编码的方法，就能在较低的码率上得到较高的音质，如码本激励线性预测编码（CELP）、多脉冲激励线性预测编码（MPLPC）等。

（4）基于人的听觉特性进行编码：从人的听觉系统出发，利用掩蔽效应，设计心理声学模型，从而实现更高效率的数字音频的压缩。如 MPEG 标准中的高频编码和 DolbyAC-3 编码。

二、常用的音频编码及音频格式

1. PCM 编码

根据采样频率和分辨率的概念可知，相对自然界的信号，音频编码最多只能做到无限接近。相对自然界的信号，任何数字音频编码方案都是有损编码。在计算机应用中，能够达到最高保真水平的就是 PCM 编码，被广泛用于素材保存及音乐欣赏，CD、DVD 以及常见的 WAV 文件中均有应用。PCM 成为无损编码，但并不意味着 PCM 就能够确保信号绝对保真，PCM 也只能做到无限接近，就像用数字去表达圆周率，不管精度多高，也只是无限接近，而不是真正等于圆周率的值。把其他音频编码如 MP3 列入有损音频编码范畴，是相对 PCM 编码而言的。PCM（脉冲编码调制）是 Pulse Code Modulation 的缩写。PCM 编码的最大的优点是音质好，最大的缺点是体积大。常见的 Audio CD 就采用了 PCM 编码，一张光盘的容量只能容纳 72 分钟的音乐信息。

2. WAV

WAV 是由微软开发的，是一种文件格式，所有的 WAV 都有一个文件头，这个文件头是音频流的编码参数。在 Windows 平台下，基于 PCM 编码的 WAV 是被支持得最好的音频格式，所有音频软件都能完美支持。由于 WAV 本身可以达到较高的音质要求，因此，也是音乐编辑创作的首选格式，适合保存音乐素材和音效，用于音频编辑和多媒体开发。

3. MP3 编码

MP3 可以说是目前最为普及的音频压缩格式，各种与 MP3 相关的软件产品层出不穷，而且更多的硬件产品也开始支持 MP3，能够买到的 VCD/DVD 播放机大多都能够支持 MP3。MP3 的发展已经历经很长时间了，它是 MPEG（MPEG：Moving Picture Experts Group）Audio Layer-3 的简称，是 MPEG-1 的衍生编码方案。MP3 可以做到 12∶1 的惊人压缩比并保持基本可听的音质。MP3 编码技术的发布之初其实是非常不完善的，由于缺乏对声音和人耳听觉的研究，早期的 MP3 编码器几乎全是以粗暴方式来编码，音质破坏严重。随着新技术的不断导入，MP3 编码技术被一次次改良。MP3 音质的改良得益于流媒体 VBR 技术和对人听觉心理的研究。现在在中高码率下，编码得当的 MP3 可以非常接近 CD 音质，在不太好的硬件设备支持下，已经没有多少人可以区分两者的差异。

4. WMA 编码

WMA 是 Windows Media Audio 编码后的文件格式，由微软开发，WMA 针对的是网络用户，竞争对手是网络媒体市场中著名的 Real Networks。微软声称，在只有 64Kbit/s 的码率情况下，WMA 可以达到接近 CD 的音质。和以往的编码不同，WMA 支持防复制功能，支持通过 Windows Media Rights Manager 加入保护，可以限制播放时间和播放次数甚至于播放的机器等。WMA 支持流技术，即支持一边读一边播放，因此 WMA 可以很轻松地实现在线广播。另外 Windows 中加入了对 WMA 的支持，在微软的大力推广下，这种格式被越来越多的人所接受。

5. RA 编码

RA 是 RealAudio 格式的缩写，这是网络用户接触较多的一种格式，大部分音乐网站的在线试听都采用了 RealAudio 格式。这种格式完全针对网络上的媒体市场，拥有非常丰富的功能，最大的优点是可以根据听众的带宽来控制自己的码率，在保证流畅的前提下尽可能提高音质。和 WMA 一样，RA 也支持边下载边播放。在各方的大力推广下，RA 和 WMA 成为目前互联网上，用于在线试听最多的音频媒体格式。

三、乐器数字接口（MIDI）

在计算机里除了通过对原有模拟声音进行录制、采样、量化等数字化过程以后获得的数字化声音以外，还有一种合成的声音。它的产生不是对原来模拟声音的数字化过程以后得到的，它是由电子乐器合成的。MIDI 是 Musical Instrument Digital Interface 的缩写，直接翻译过来的意思就是乐器数字化接口，是 20 世纪 80 年代提出来的，是数字音乐的国际标准。可以把 MIDI 理解成是一种协议、一种标准或是一种技术，但不要把它看做是某个硬件设备。

MIDI 信息实际上是一段音乐的描述，本身不能产生音乐，但是它包含有如何产生音乐所需的所有指令，例如用什么乐器、奏什么音符、奏得多快、奏得力度多强等。当MIDI信息通过一个音乐或声音合成器进行播放时，该合成器对一系列的MIDI信息进行解释，然后产生出相应的一段音乐或声音。

记录MIDI信息的标准格式文件是MIDI文件，MIDI文件是一种描述性的“音乐语言”，其中包含音符、定时、多达16个通道的乐器定义、键号、通道号、持续时间、音量和击打键的力度等相关的信息。譬如在某一时刻，使用什么乐器、以什么音符开始、以什么音调结束、加以什么伴奏等，定义和产生乐曲的MIDI信息和数据组都存放在MIDI文件中。

序列器是一种为MIDI作曲而设计的软件或设备，可用来记录、播放及编辑MIDI事件。当演奏MIDI文件时，序列器将MIDI信息从文件中提取出来并送至合成器中。合成器是一种使用数字信号处理器或其他音乐和声音芯片的设备。由合成器将这些信息转换成某种乐器的声音、合成音色及持续时间，再通过生成并修改波形将它们送至声音发生器和扬声器中输出。

MIDI文件是一系列指令的集合，要求的存储空间很小。例如，一个典型的8位、22.05kHz的波形文件，记录1.8s的声音需要316.8KB空间，而一个2min的MIDI文件仅需8KB的空间。

MIDI音乐的特点有：

(1) 文件紧凑，所占空间小，MIDI文件的大小与回放质量完全无关。通常，MIDI文件是CD质量的数字化声音文件大小的1/200到1/1 000，它不占用较多的内存、外存空间和CPU资源。

(2) 在某些情况下，如果所用的MIDI声源较好，MIDI有可能发出比数字化声音质量更好的声音。

(3) MIDI数据是完全可编辑的，可以用多种方法来处理它的每一个细节，而数字化声音则不可以。

(4) 创建MIDI音乐需要掌握许多音乐理论知识，而创建数字化声音则不需要。

第3节　运用Adobe Audition软件编辑数字音频

数字音频的处理，包括降噪、均衡化、剪接、特效处理等。比较常用的音频处理软件有Adobe Audition、Samplitude、GoldWave、Sound Forge等。本节我们将以Adobe Audition为例介绍数字音频的处理技术。

Adobe Audition全面支持音频的录制、编辑、播放和转换，并支持多种格式的音频文件。同时，Adobe Audition中丰富的音频处理特效，能更好地满足音频处理的需要。

一、Adobe Audition的界面

Adobe Audition有三种查看界面：单轨编辑界面、多轨编辑界面和CD查看界面。三种界面的基本构成是相似的，查看按钮、主面板和状态栏的安排都是一致的。

如图4—2所示是多轨编辑界面：A部分是查看按钮（View Buttons）、B部分是菜单栏（Menu Bar）、C部分是工具栏（Tool Bar）、D部分是快捷工具栏（Shortcut Bar）、E部分是主面板（Main Panel）、F部分是其他各种控制面板（Various Other Panels）、G部分是状态栏（Status Bar）。

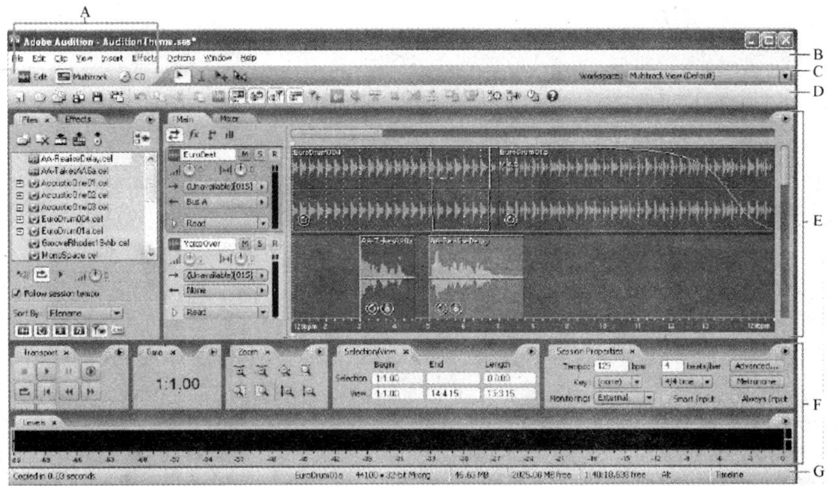

图 4—2　多轨编辑界面

二、运用 Adobe Audition 处理音频

运用 Adobe Audition 处理音频的一般工作流程如图 4—3 所示。

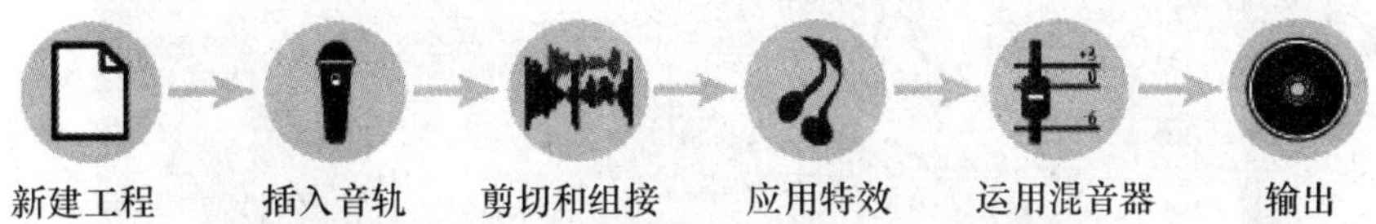

图 4—3　运用 Adobe Audition 处理音频的工作流程

（1）新建工程（Session）。工程是 Adobe Audition 音频处理的源文件，如图 4—4 所示。选择“File”>“New Session”选项，在弹出的“New Session”对话框中根据需要选择采样率，然后单击“OK”按钮。

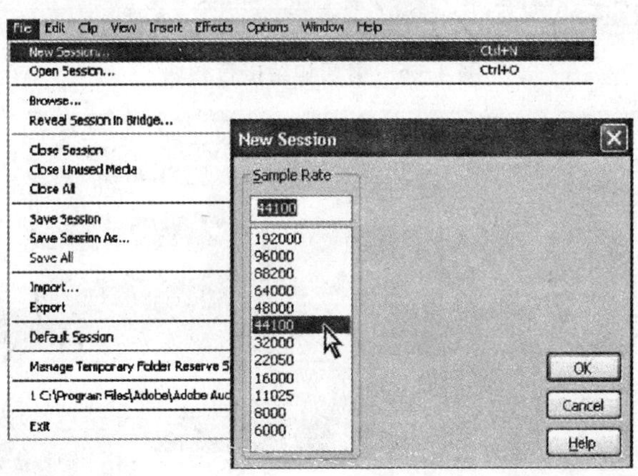

图 4—4　新建工程

（2）将文件面板中的音频插入音轨（见图 4—5）。

（3）在主面板中剪切和重新组接音频块（见图 4—6）。

（4）应用特效（见图 4—7）。

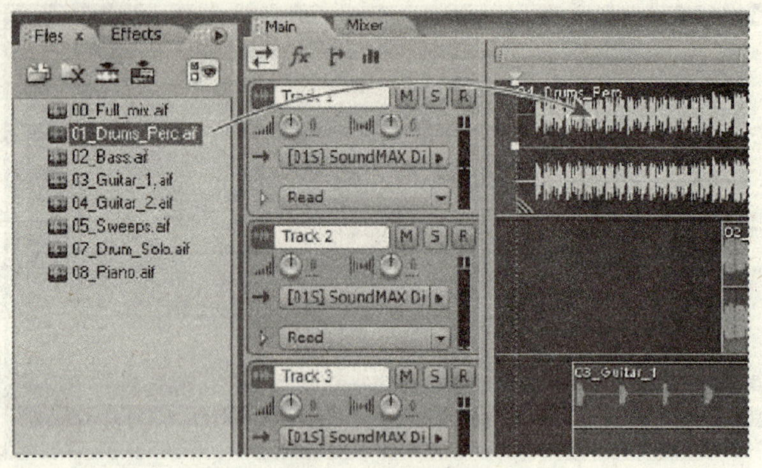

图 4—5　插入音轨

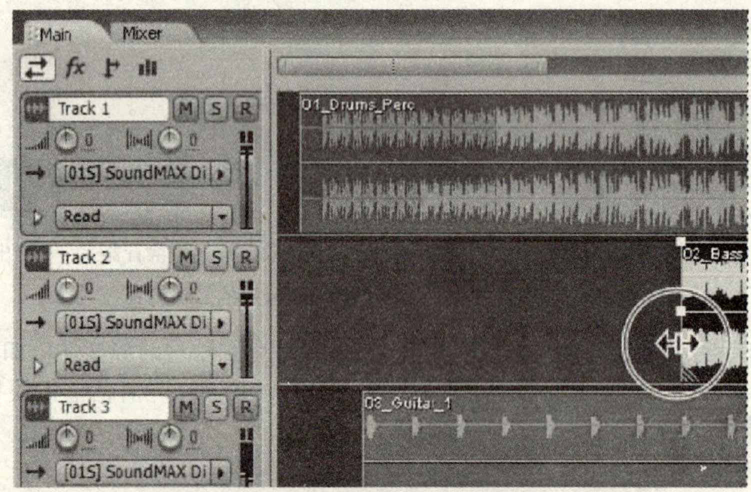

图 4—6　剪切和组接音频块

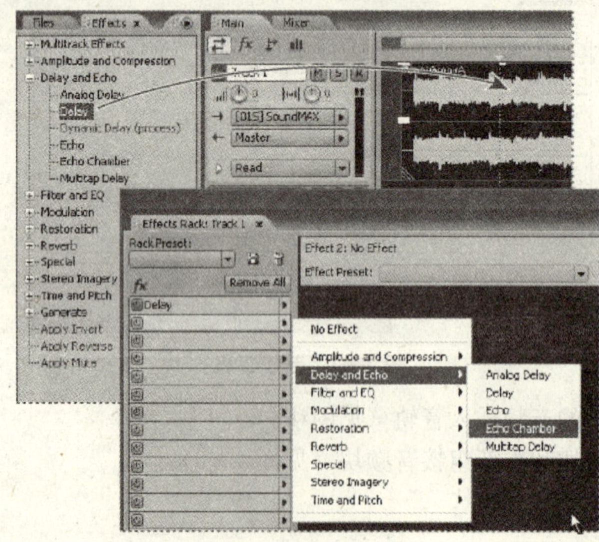

图 4—7　应用特效

（5）运用混音器，调节各音轨混合输出效果（见图 4—8）。

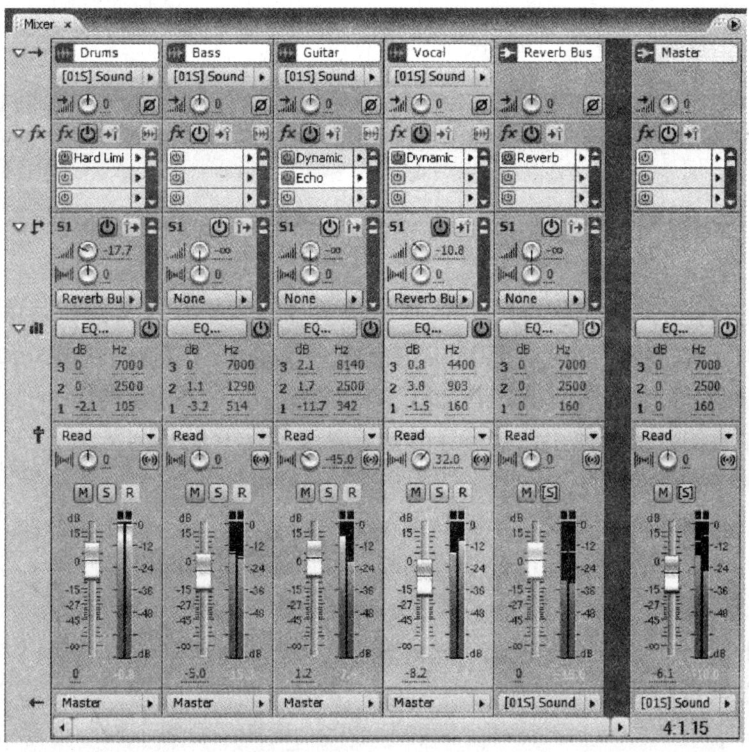

图 4—8　应用混音器

（6）输出为音频文件（见图 4—9）。

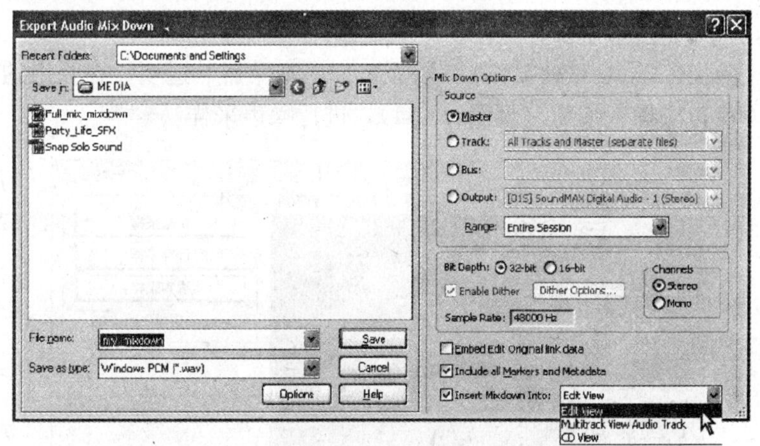

图 4—9　输出音频文件

三、运用 Adobe Audition 编辑数字音频

本部分以实例的形式介绍 Adobe Audition 的操作。

1. 录制音频

在录制音频前，准备好话筒，按照以下步骤录制音频（见图 4—10）。

（1）单击第一音轨的 R 键，使其处于选中状态。

（2）单击控制区域的录制键，即可录制音频。

（3）录制完成后，单击控制区域的停止键，停止录音。录制的音频以波形的形式显示在第一音轨，单击播放键，即可试听其效果。

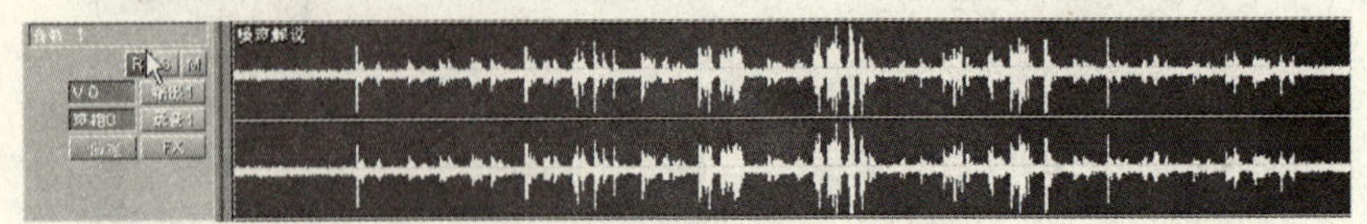

图 4—10　录制音频

（4）单击工具栏中的切换按钮，进入单轨编辑界面，打开“文件”菜单，选择“另存为”命令，在弹出的“保存”对话框中，选择合适的位置，设置文件格式并命名，单击“保存”按钮，将录制好的音频保存为声音文件。

为了提高录音的效果，使用话筒录音时，需要注意以下几点：

- 录音环境要安静，避免录进过多的噪声。
- 录音时，距离话筒不要太远，也不要太近。
- 在录制开始后，先录制一定时间的空白，用于降噪时的噪声采样。

2. 音频降噪

由于条件的限制，录制的音频往往夹杂噪声，影响其播放效果。利用 Cool Edit Pro 提供的“降噪”功能可以消除噪声。

（1）启动 Adobe Audition，打开“文件”菜单，选择“新建工程”选择，在弹出的对话框中设置采样率为 44 100Hz。

（2）进入多轨界面，选择第一音轨，右击鼠标，在弹出的快捷菜单中，选择“插入”>“音频文件”命令，插入录制的音频文件。切换至波形编辑界面，按下鼠标左键，拖动鼠标选择噪声区域，选中的区域呈反色显示。

（3）打开“效果”菜单，选择“噪声消除”>“降噪器”选项，在弹出的“降噪器”对话框中，单击“噪声采样”按钮（见图 4—11），进行噪声采样。

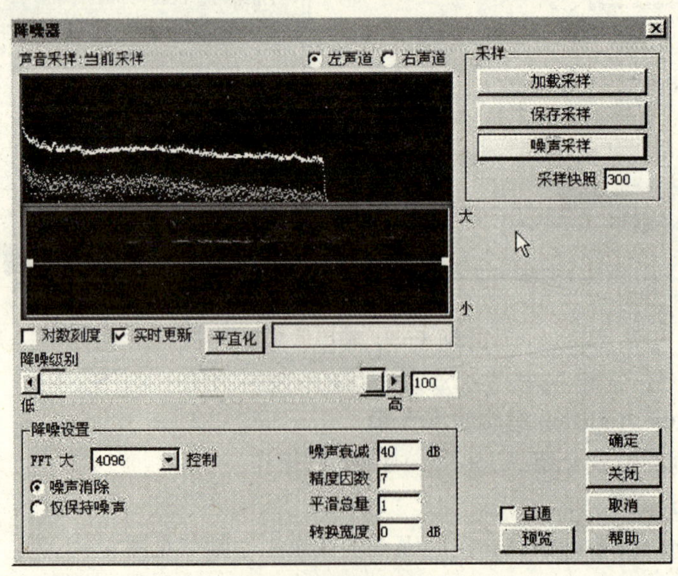

图 4—11　噪声采样

（4）单击“关闭”按钮，完成噪声采样。

（5）选中全部的音频波形，打开“效果”菜单，选择“噪声消除”＞“降噪器”选项，在弹出的“降噪器”对话框中，单击“确定”按钮，即可消除所有的噪声。

经过以上步骤，原有的噪声已基本消除（见图 4—12）。

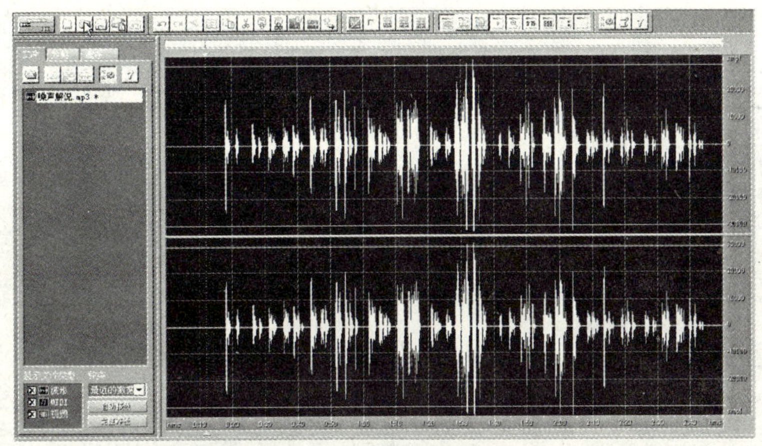

图 4—12　消除噪声后的波形

3. 添加背景音乐

（1）插入背景音乐。

在第二轨中单击右键，在打开快捷菜单中，选择“插入”＞“音频文件”命令，在弹出的对话框中选择背景音乐文件，单击“确定”，即可插入相应的音频文件（见图4—13）。

图 4—13　插入音频文件

（2）调整音乐音量。

在第二轨上单击鼠标右键，选择“调整音频块音量”命令，在弹出的调音面板上，向下拖动滑块至适当位置。

4. 应用淡入淡出效果

对音乐的开始部分做淡入处理，结尾部分做淡出处理。

（1）单击第二轨，切换至“波形编辑界面”。

（2）选中音乐的开始部分，选中部分呈反色显示（见图 4—14）。

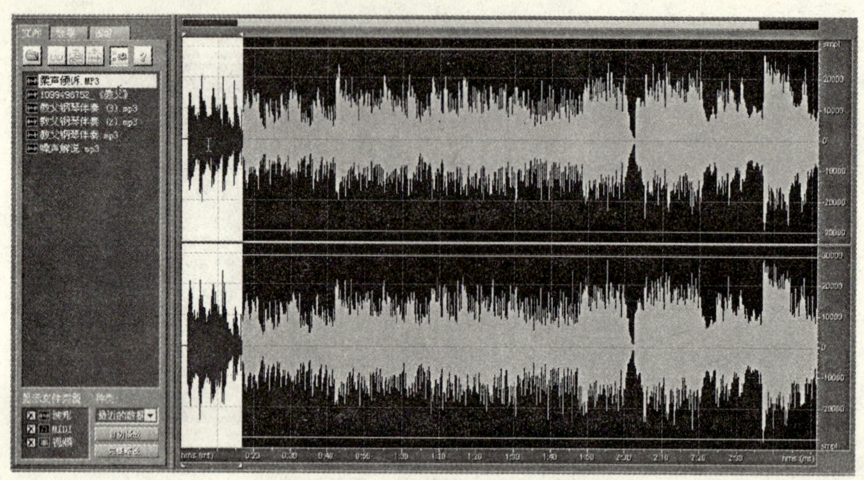

图 4—14 选择音乐的开始部分

（3）打开“效果”菜单，选择“波形振幅”＞“渐变”命令，弹出“波形振幅”对话框，选择预置中的“Fade In”选项，单击“确定”按钮，即可完成音乐的淡入处理（见图 4—15）。

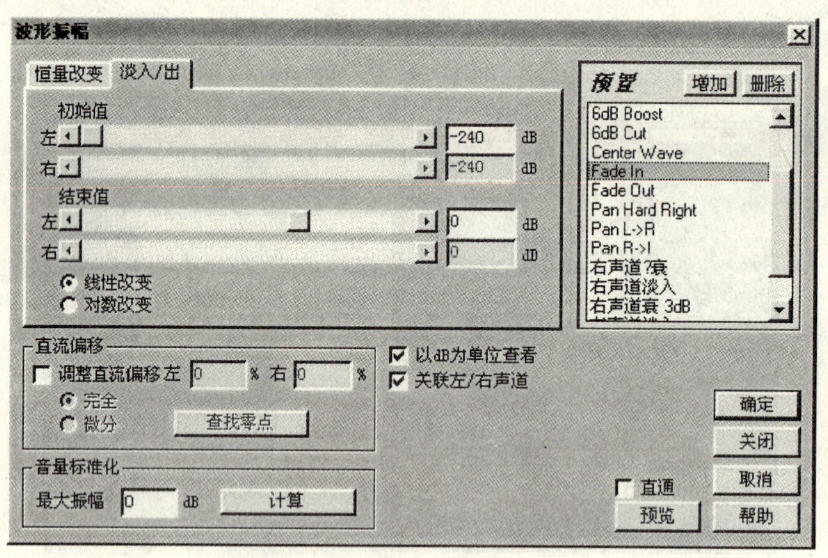

图 4—15 “波形振幅”对话框

（4）淡入处理后的音频波形呈现由小变大的趋势（见图 4—16）。

（5）与淡入处理相似，对结尾部分进行淡出处理。首先选择结尾部分，打开“效果”菜单，选择“波形振幅”＞“渐变”命令，选择预置中的“Fade Out”选项，单击“确定”按钮，即可完成音乐的淡出处理（见图 4—17）。

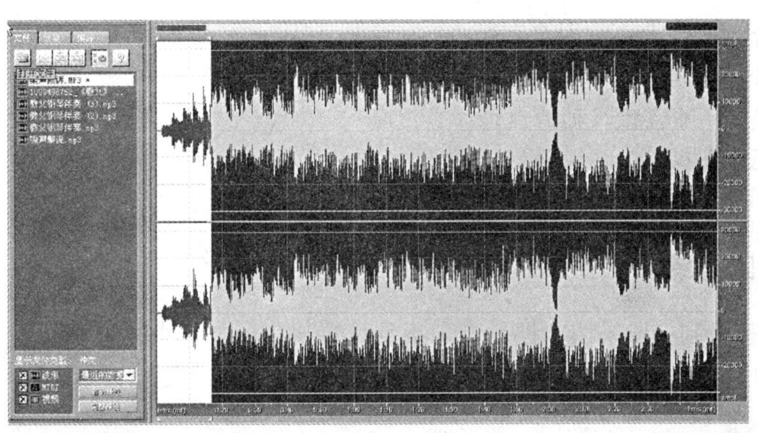

图 4—16　淡入处理后的波形

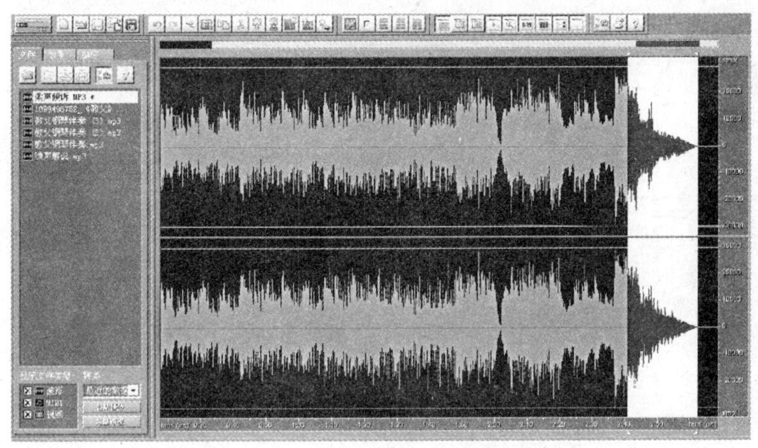

图 4—17　淡出处理后的波形

5. 音频的输出

在对配音和配乐编辑处理之后，将两个音轨的音频混缩输出为一个音频文件，即可完成音频的输出。

（1）返回到多轨界面。

（2）打开“文件”菜单，选择“混缩另存为”命令，在弹出的对话框中选择合适的位置，为文件名命名，单击“保存”按钮，即可输出相应的音频文件。

本章小结

本章介绍了音频与数字音频、音频的数字化过程，还介绍了数字音频的编码和常见的格式、MIDI 数字音频及其特点，最后介绍了运用 Adobe Audition 编辑音频的技术。

复习题

1. 什么是音频与数字音频？
2. 音频的数字化过程是怎样的？

3. 影响音频文件大小的因素有哪些？
4. 数字音频编码方式和音频格式有哪些？
5. 什么是 MIDI 音频，其特点是什么？
6. 运用 Adobe Audition 编辑一段新闻报道的音频。

课外实践与练习

用录音设备录制一段采访，把录音采集到计算机中，用 Adobe Audition 软件编辑制作成一则可以在广播电台使用的消息。

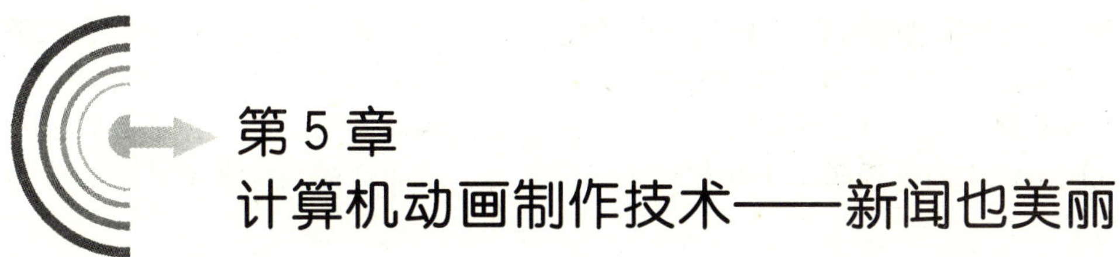

第5章 计算机动画制作技术——新闻也美丽

计算机动画也叫电脑动画，是在传统动画的基础上使用计算机图形技术而迅速发展起来的，它是技术与艺术的结合体。它的出现为动画制作人员提供了新的创作领域和强大的制作手段，它的出现不仅缩短了动画制作周期，而且产生了传统动画所无法比拟的视觉效果。目前，电脑动画技术已经广泛地应用到社会生活的各个方面，无论是在科学计算、模拟仿真、机械设计、教育培训等领域中，还是在电影、电视等传播媒介中，都可看到电脑动画的作用。电脑动画是一门年轻的学科，本章将介绍电脑动画的发展历史、制作过程以及在影视制作中的应用。

学习目标

通过本章的学习，应该能够：

- 阐述动画产生的原理；
- 解释什么是计算机动画；
- 了解计算机动画的发展历史；
- 了解二维动画制作过程；
- 会制作 Flash 动画；
- 了解三维动画的制作过程；
- 会用 3ds Max 制作三维动画。

第1节 计算机动画的产生和发展

一、计算机动画的产生

当人们看到一个物体时，即使物体马上消失了，它在人的视觉中还会停留大约十分之一秒的时间，这就是视觉暂留现象。动画就是利用人的视觉残留的生理现象和动感错觉的心理现象，有次序地在同一视窗中快速更换画面而使该视窗中的对象产生运动的视觉效果的作品。电影是将胶片以每秒 24 格的速度投影在银幕上，电视机是以每秒 30 格或者 25 格的扫描方式在电视屏幕上呈现影像的，它们把每格不同的画面连接起来，使人脑中产生物体在运动的印象。计算机动画是由计算机处理图形图像，运用一定的程序或者软件使画面按照预定的次序连续展示，从而形成活动影像。其中每一帧画面都是对前一帧画面的修改。

计算机技术应用于动画领域，是现代动画的突出特征。计算机的应用对动画产生了深远的影响。计算机动画利用动画制作软件对序列图形、图像进行各种控制或直接运行有关指令产生的动画。无论是动画素材、画面元件，还是元件的动作，都可以由计算机生成。而且由于计算机软硬件技术的进步和计算机网络的发展使得动画的功能和传播方式也发生着变化，动画不仅应用于娱乐，还在教育、广告宣传、工业产品设计制造甚至医疗等领域大显身手。

从动画的形式角度看，动画大体可以分为二维平面动画和三维立体动画；从交互性看又分为有用户参与的交互动画和非交互动画；从传播类型看又有影院动画、电视动画和网络动画等。

现在非常流行的Flash动画就属于二维动画，最有魅力并运用更广的当属三维动画，包括见到的动画制作大片、电视广告片头、建筑设计动画等都要运用三维动画技术。二维动画的制作难度以及对电脑性能的要求都低于三维动画。现在三维动画软件功能越来越强大，操作起来也相对容易，这使得三维动画有了更广泛的运用。

二、计算机动画的发展

1. 第一阶段：起步阶段

早期的计算机动画开始于20世纪60年代中期，这个时候的计算机动画是程序语言编写的，艺术家无法介入，动画效果也很粗糙。1964年，贝尔实验室的肯·克劳尔顿用IBM7094开发了BEFLIX语言，该语言可以直接处理8灰度级3位252×184矩阵，可以使正弦曲线、水行线和垂直线变形产生动画。后来克劳顿又编写了EXPLOR，当时用EXPLOR生产了20多部动画片。其中有3分钟短片《奥运会》。这一时期计算机动画还很粗糙，但是对美好前景的热切期望使很多计算机专家投身于这个新的领域，为计算机动画的技术理论打下了坚实的基础。

2. 第二阶段：飞速发展阶段

20世纪70年代是计算机动画飞速发展时期，计算机图形学的很多成果，包括三维图形算法，开始由理论转化为技术产品，很多应用于电器、机械和建筑的计算机辅助设计(CAD)。1971年，宾夕法尼亚大学开发了著名的二维交互式动画制作系统——Animator。加拿大国家研究院的Burtnyk和Wein发展了关键帧动画技术。彼得·福尔德斯运用他们的开发的系统制作了动画片《饥饿》，此片得到了戛纳电影节评委奖。1978年卢卡斯的《星球大战》让世界的注意力都转向了计算机动画。

20世纪80年代计算机图形处理技术进入普及阶段，三维关键帧动画技术、计算机图形着色技术进入实际动画创作中。《小锡兵》、《红色的梦》、《小玩意儿》等一大批优秀的计算机动画片相继出现。

3. 第三阶段：普及和大量生产阶段

20世纪90年代至今，图形图像技术进入实用化阶段，许多高分辨率的三维彩色活动图形图像广泛应用于广播电视、影视制作和视频点播等多媒体服务领域。动力仿真技术、动作捕捉系统、三维仿真演员系统等相继投入应用。方便操作的图形化界面的动画制作软件也开始进入一般计算机用户的视野。这其中的优秀代表是Flash动画制作软件和3ds Max软件，它们的出现使得计算机动画创作不再是计算机技术专家和电影公司艺术家们的专属。Internet的迅速发展也为它们开拓了除广播电视、影视制作等传统领域以外的广阔的舞台。

1995年《玩具总动员》制作完成，这是第一部全计算机三维动画电影。它标志着一个新的计算机动画和电影时代的开始。从此计算机动画成了影视创作中的一个不可替代的元素。计算机动画已经融入了数字时代人们的生活中，计算机技术创造的视觉奇观已经成为现代广播、电影、电视等的基本画面语言。技术与艺术得到了有机融合。

第 2 节　运用 Flash 制作二维动画

计算机动画从形式上可以分为二维动画和三维动画，本节和下一节将分别学习二维和三维动画的制作技术。

二维动画是在平面二维空间上连续播放画面产生的动画。计算机二维动画是对传统手工动画的一个改进和发展。计算机制作二维动画是通过输入和编辑关键帧、计算和生成中间帧、定义和显示运动路径、给画面上色、产生一些特技效果、控制运动系列等加工处理手段产生的。二维动画制作软件有很多，比较好的制作软件有 Animation Stand、Softimage TOONZ、RETAS PRO 、USAnimation、Flash 等。

Flash 是近年来发展最为强劲的一款二维动画制作软件。Flash 可以用来设计网页及多媒体交互动画，它可以为网页加入漂亮的交互式按钮及矢量动画图案特效，是目前制作网页动画最热门的软件。随着网络的发展，它的影响越来越大。Flash 的动画利用矢量图处理方法，这样图案在网页中放大或缩小时都不会失真，而且可按照颜色或区块做部分的选择来进行编辑，这是与其他绘图软件有所不同的地方。此外，Flash 动画可以添加 mp3 格式的音乐，非常适合网络传播。

一、Flash 动画制作流程

1. 创建电影文件

（1）创建新文件。

第一次启动 Flash 时，会显示一个“开始页”。选择“创建新项目”下的“Flash 文档”选项，即可创建一个普通的 Flash 文件。创建文档之后，可以使用文档的“属性检查器”或“文档属性”对话框设置属性。

（2）使用模板创建电影文件。

在 Flash 中还可以使用模板来创建文件。模板是由 Flash 完成动画的部分设置，用户可以根据需要选择一种模板或自定义模板来简化制作批量动画的工作。用户可以根据实际情况修改该模板，以适合自己的需要。用户也可以将自己制作的动画保存为模板，以便简化批量动画的制作过程。

2. 创建与导入电影资源

（1）创建形状、组合体、文本、元件与实例。

用户在创建以下对象时，必须能够正确区分它们，这些对象决定了用户能否正确设置 Flash 补间动画的类型。

- 形状：就是使用工具箱手工绘制出的没有进行任何类型转换的原始图形。选取形状时，属性检查器中会显示“形状”类型。“分离”命令可使文本及位图转换为形状。
- 组合体：就是在两个以上的对象选取后选择“组合”命令后产生的对象。
- 文本：使用工具箱中的文本工具可以方便地输入文本。
- 元件和实例：元件是用户创建的可以重复利用的电影元素，包括图形、按钮和电影剪辑三种类型，元件创建好后都保存到库面板中，如果元件拖到舞台中则元件就转换为实例。

（2）导入位图、声音与视频对象。

位图、声音与视频对象是Flash电影中的重要资源，要使用它们应使用导入的方式。要导入对象，应选择“导入”命令，然后在“导入”对象框中操作。

（3）使用库面板。

Flash中的库面板是制作动画时管理资源的重要组件，创建的元件、导入的位图、声音、视频等对象将自动添加到库面板中。

3. 制作Flash动画

准备好动画资源后就可以创建Flash动画。动画的基本原理在于：随着时间的推移，位于时间轴不同图层中的帧产生相应变化，帧中的对象在舞台中按照顺序呈现在观众眼前。

（1）创建逐帧动画。

逐帧动画是适合表现细微变化的动画方式，它由若干关键帧组成，而每个关键帧中的内容都需要人工绘制。

（2）创建补间动画。

Flash补间动画又分为形状补间动画和动作补间动画两种。要创建形状补间动画需要满足两个基本条件：一是至少需要两个关键帧；二是关键帧中包含的对象必须是形状。要创建动作补间动画需要满足两个基本条件：一是至少需要两个关键帧；二是关键帧中包含的对象必须是元件、组合体或文本等整体对象。

（3）处理场景。

如果在Flash动画中要按照主题组织内容，那么可以使用场景。例如对于简介、出现的消息以及片头片尾字幕等可以使用单独的场景。

4. 添加交互性

如上所述，Flash动画一般按照场景和时间轴中各个帧的顺序进行播放，如果要进一步对动画中的细节进行控制或使电影中的对象产生交互效果，就需要为该帧或对象添加动作脚本。

5. 测试和发布影片

（1）优化与测试电影。

进行电影优化和测试，是在各种不同的计算机、操作系统和Web浏览器中运行播放，检查在不同平台下的实际运行情况，必要时进行修改。

（2）发布Flash电影。

在Flash中制作的电影源文件默认采用的是fla格式，该格式的文件可以用Flash进行编辑，但无法在播放器中播放，因此需要将其发布为swf格式。

（3）导出Flash电影和制作可执行文件。

除了使用发布命令外，还可以使用导出方式将Flash电影发布为swf格式。为了让没有安装Flash插件的浏览者也能够下载观看，也可将其制作成为可执行文件。

（4）在网页中插入Flash动画。

如果整个网页都是由Flash制作的，那么直接发布即可。如果Flash动画是网页中的一部分，那么就需要首先将Flash动画发布或导出为swf文件，然后在网页编辑软件中插入该动画。

二、用 Flash 制作动画

按照动画的制作方法和生成原理，可以把 Flash 动画分为最基本的两类：一类是逐帧动画，另一类是补间动画。补间动画又可分为形状补间动画和运动补间动画两种。下面通过几个实例介绍用 Flash 制作动画的方法。

1. 逐帧动画的制作

逐帧动画是由一系列连续的画面组合成的一个动态过程，其中的每个画面都是这个动态过程的一个关键步骤。

（1）新建文件。

● 启动 Flash，新建一个文档（见图 5—1）。

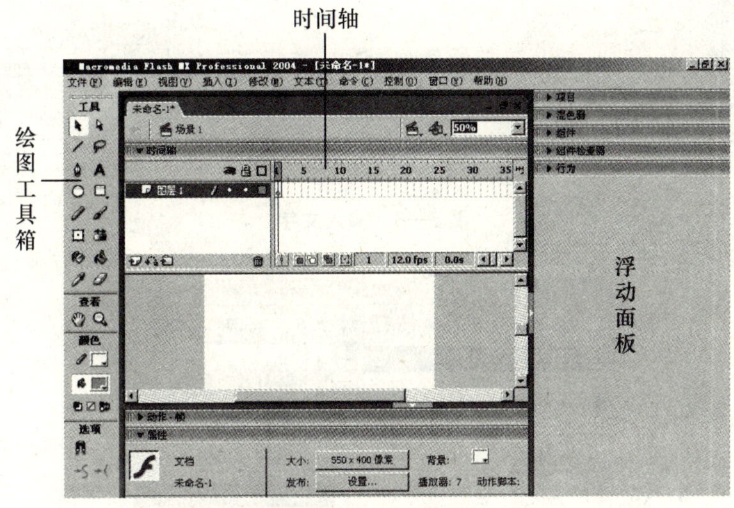

图 5—1　Flash 窗口

● 单击属性面板的“大小”按钮，弹出“文档属性”对话框，根据需要设置影片的属性（见图 5—2）。

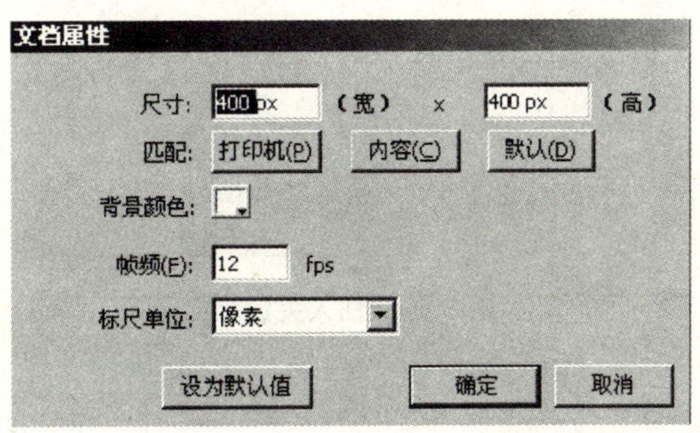

图 5—2　“文档属性”对话框

（2）建立关键帧。

● 选择工具箱中的文本工具A，在属性面板中设置相应的属性，在舞台上输入文字（见图 5—3）。

● 选中时间轴第 2 帧，单击右键，在弹出的快捷菜单中选择“插入关键帧”命令，第 2 帧即设置成一个关键帧。在第 2 帧中，输入需要的文字（见图 5—4）。

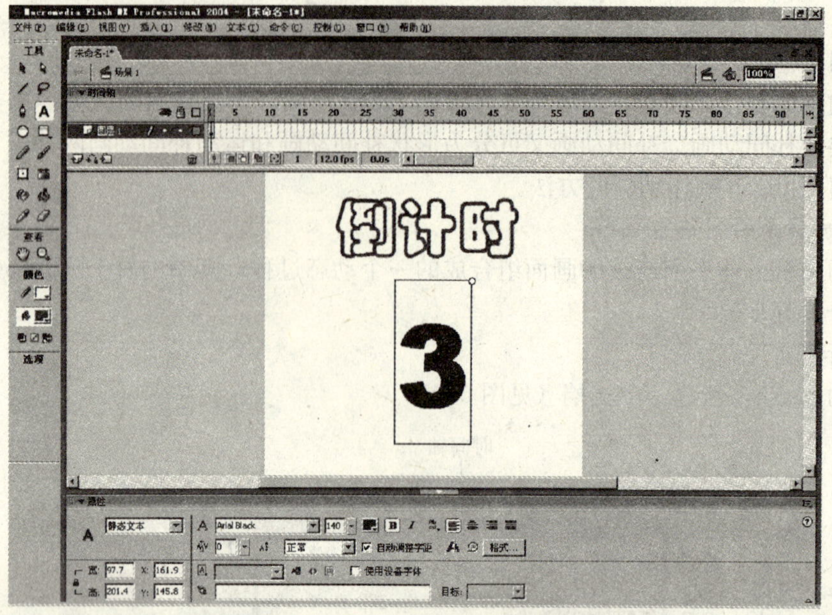

图 5—3 输入文字

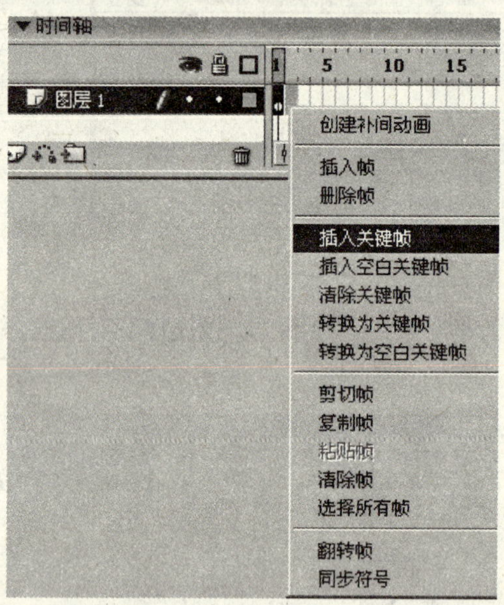

图 5—4 插入关键帧

- 按同样的方法，建立第 3 帧和第 4 帧，完成动画的制作。

(3) 动画的测试与发布。

- 动画的测试：打开“控制”菜单，选择“测试影片”命令即可测试动画。
- 动画的保存：在 Flash 中保存文件的方法与在 Word 中保存文件的方法是相同的。
- 动画的发布：Flash 可以发布多种格式的文件，打开“文件”菜单，选择“发布设置”选项，在弹出的“发布设置”对话框中，根据需要选择文件格式并发布。

2. *形状补间动画*

与逐帧动画不同，补间动画只需要制作者制作动画的开始和结束的关键帧，然后由

Flash 自动计算其间的过渡帧。在 Flash 中可以建立两种类型的补间动画，一种是形状补间动画，另一种是运动补间动画。

（1）绘制图形。

● 新建文件，设置文档属性。

● 选择绘图工具箱中的椭圆工具，如图 5—5 所示，将“笔触颜色”设置成无色，“填充色”设置为黄色。按住 Shift 键，单击鼠标并拖动，在舞台上绘制一个无边框、填充色为黄色的圆（见图 5—6）。

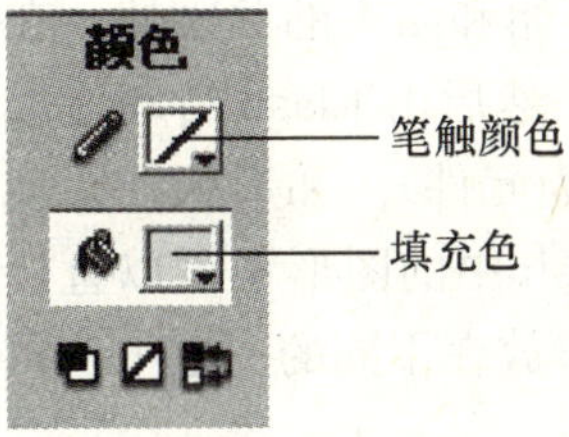

颜色

笔触颜色

填充色

图 5—5　设置“椭圆工具”属性

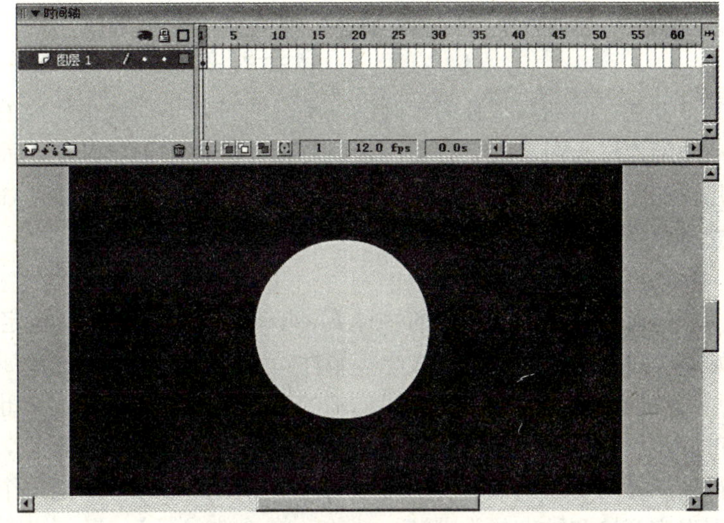

图 5—6　绘制圆

（2）制作关键帧。

● 将鼠标移到第 50 帧的位置，单击鼠标右键，在弹出的快捷菜单中，选择“插入关键帧”命令。

● 再次选择椭圆工具，设置边框色为无色、填充色为红色，在圆上面再绘制一个稍大的圆。

● 切换到选择工具，单击红色的圆，打开“编辑”菜单，选择“剪切”命令，即可画出月牙，如图 5—7 所示。

● 在第一帧上单击鼠标右键，在弹出的快捷菜单中选择“复制帧”命令，然后在第 100 帧上单击鼠标右键，弹出快捷菜单，选择“粘贴帧”，如图 5—8 所示。至此，已在第 1 帧、第 50 帧、第 100 帧建立了 3 个关键帧。

图 5—7　绘制大圆

图 5—8　绘制月牙

（3）建立形状补间动画。

分别在第1帧、第50帧、第100帧的“属性”面板中，将“补间”选项设置为“形状”（见图5—9）。此时，在时间轴的第1帧与第50帧、第50帧与第100帧之间出现了一根浅绿色箭头，此时动画制作即已完成。

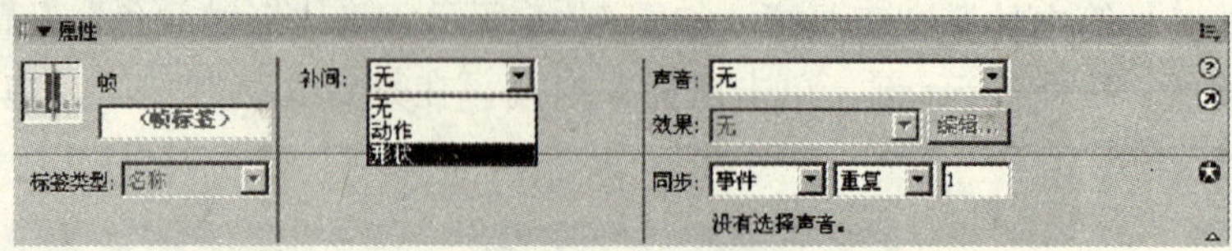

图5—9　帧“属性”面板

形状补间动画是补间动画的一种，它是基于形状来完成的，所以必须保证制作形状补间动画的素材为图形。只有单一块的图形才能使用形状渐变，而不能是组件、群组以及分离成几块的图形和文字。否则必须用“修改”菜单中的“分离”命令（Ctrl＋B）处理后，再建立形状补间动画。

3. 运动补间动画

运动补间动画是常用的一种Flash动画，其原理是：指定好开始和结束的关键帧，在开始帧中设置对象的位置、大小等属性，在结束帧中改变这些属性，然后由Flash自动完成这些属性的渐变过程。运动补间动画的对象是文本或者符号（也称为元件）。和形状补间动画正好相反，运动补间动画只能对群组化处理的对象进行推算，Flash中的图形不可以直接进行运动补间动画。如果要同时移动多个不同的符号，需把每个符号放在不同的图层中，再分别设定开始和结束的关键帧。

（1）制作简单的运动补间动画。制作步骤如下：

- 启动Flash，新建一个文件。
- 使用线条工具绘制图形，作为小球运动的平面（见图5—10）。

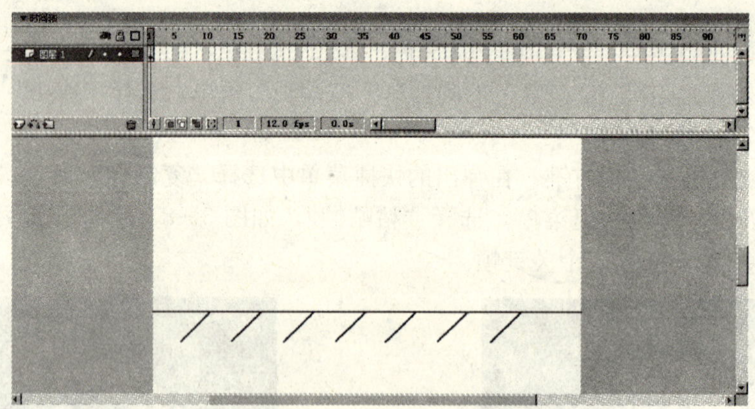

图5—10　绘制小球运动平面

- 锁定图层1，单击“插入图层”按钮，插入图层2（见图5—11）。
- 在图层2的第一帧中，单击绘图工具箱中的椭圆工具，将“笔触颜色”设置成无色，“填充色”设置为白灰径向渐变，然后按住Shift键，拖动鼠标在舞台左侧、平面上方画一正圆（见图5—12）。
- 使用箭头工具，选中圆。打开“修改”菜单，选择“转换为元件”选项，打开“转换为符号”对话框，将圆转换为“图形”符号，并为其命名（见图5—13）。

● 将鼠标移到图层1第30帧的位置，单击鼠标右键，在弹出的快捷菜单中，选择“插入帧”命令，注意观察此时时间轴的变化（见图5—14）。

图5—11 插入新图层

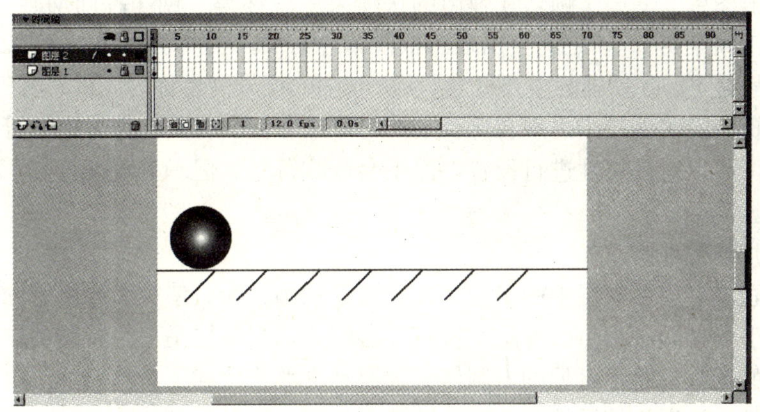

图5—12 绘制小球

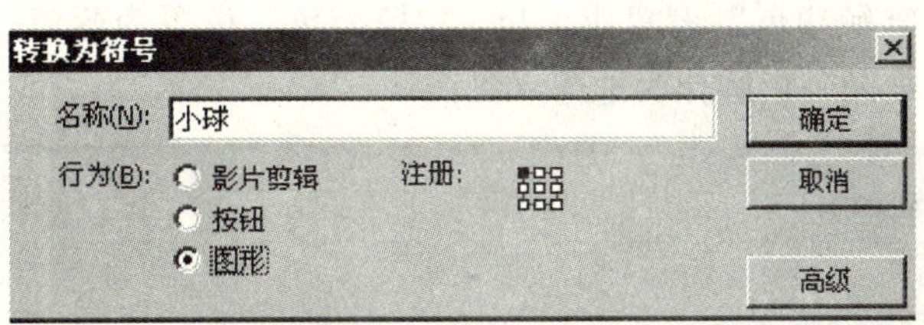

图5—13 “转换为符号”对话框

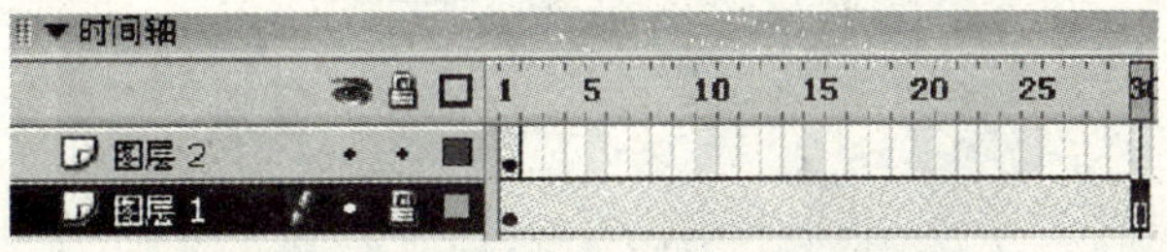

图5—14 时间轴

● 将鼠标移到图层2第30帧的位置，单击鼠标右键，在弹出的快捷菜单中，选择“插入关键帧”命令，单击选中第30帧，将小球移动到舞台的右侧（见图5—15）。

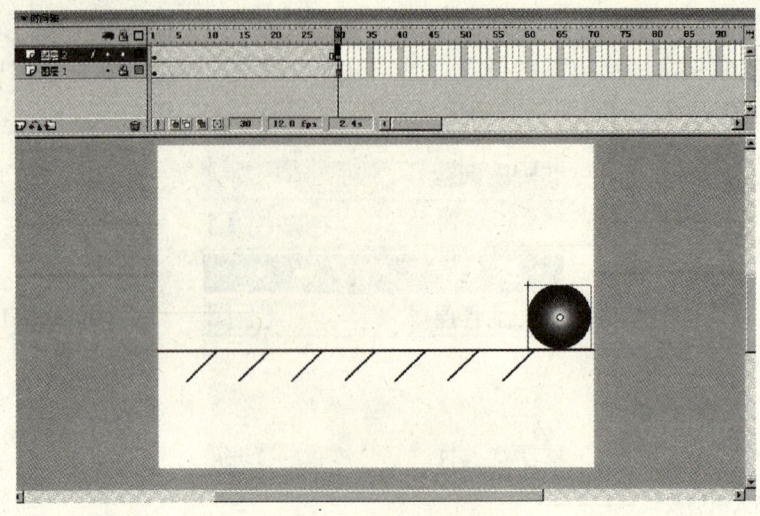

图 5—15 移动小球

● 右键单击图层 2 的第 1 帧，在弹出的快捷菜单中选择“创建补间动画”选项，此时，在时间轴的第 1 帧至第 30 帧之间会出现一根浅紫色箭头，至此动画制作完成。

注意：符号是 Flash 动画的重要概念，Flash 中的符号（也称为元件）有三种，即图形、按钮和影片剪辑。而实例是指出现在舞台上的符号或者嵌套在其他符号中的符号，它具有符号的一切特性，可以对其属性进行设置，而不会影响符号。但一旦改变符号，舞台上的所有实例均会改变。

（2）制作引导层动画。

引导层动画是利用引导层中的引导线建立运动动画路径，使被引导层里的物体能沿着路径运动。一个引导动画必须由引导层和被引导层组成，引导层是一个特殊的图层，其中绘制的路径在实际的动画中是不可见的。制作引导层动画的步骤如下：

● 新建文件，设置文档属性，并导入图片文件作为背景。

● 单击“插入图层”按钮，插入图层 2。在图层 2 的第 1 帧处，单击选中绘图工具箱中的椭圆工具，将“笔触颜色”设置成无色，“填充色”设置为蓝色径向渐变。按住 Shift 键，拖动鼠标在舞台中画一正圆作为地球（见图 5—16）。

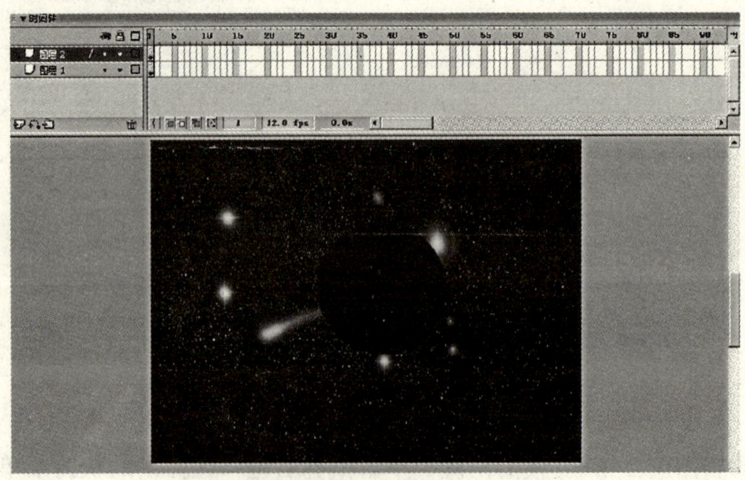

图 5—16 绘制地球

● 单击“插入图层”按钮，插入图层 3。在图层 2 的第 1 帧处绘制月球，将其转换成图形符号，在第 50 帧处插入关键帧，并将图层 1 和图层 2 都延长到第 50 帧（见图 5—17）。

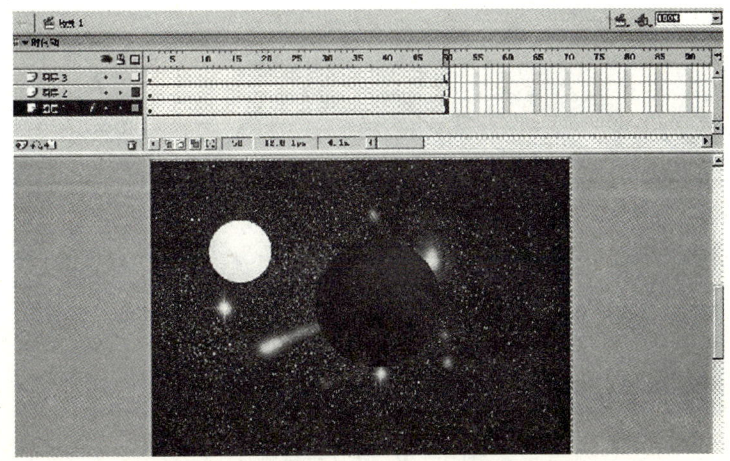

图 5—17　绘制月球并将图层 1 和 2 延长到第 50 帧

● 选中图层 3，单击时间轴上的“插入运动引导层”按钮，在图层 3 上添加新的运动引导层。选中绘图工具箱中的椭圆工具，将“笔触颜色”设置成白色，“填充色”设置成无色，绘制椭圆的路径（见图 5—18）。

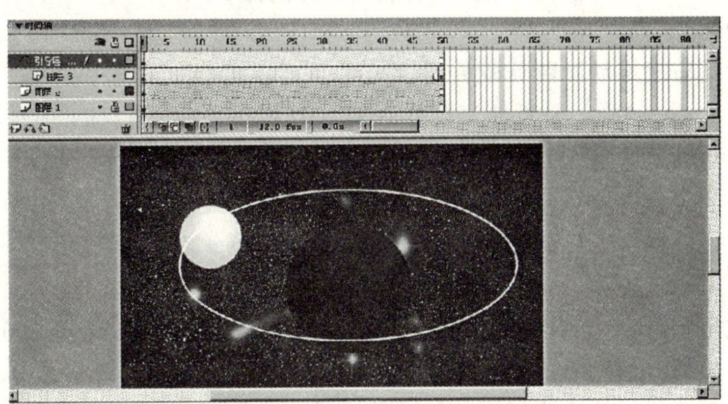

图 5—18　建立引导层并绘制路径

● 选择“橡皮擦工具”，在椭圆上擦一小口，然后锁定引导层，如图 5—19 所示。

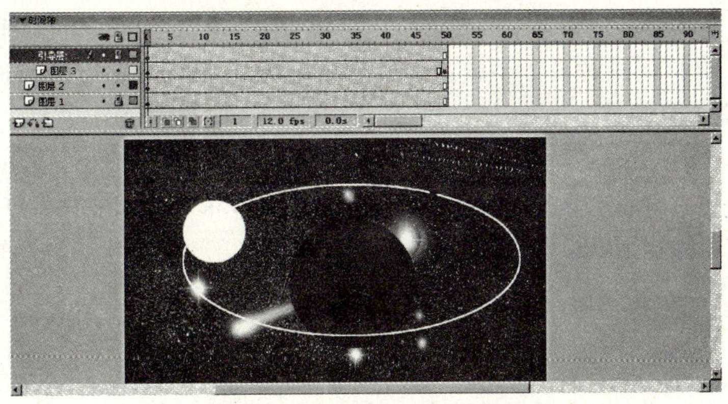

图 5—19　完成引导层的绘制

● 选中图层3的第1帧，用箭头工具将月球拖到椭圆的左缺口，在第50帧将月球拖到椭圆的右缺口（见图5—20）。

图5—20　制作关键帧

● 选中时间轴上第3层的第1帧，在弹出的右键快捷菜单中选择“创建补间动画”选项，建立引导运动动画。至此，动画制作完成。

第3节　三维动画制作技术

一、三维动画与三维动画制作软件

三维动画简称3D动画，是近年来随着计算机技术的发展而产生的一种新兴动画形式。三维动画软件在计算机中首先建立一个虚拟的世界，设计师在这个虚拟的三维世界中按照一定的剧本编排建立模型以及场景，设定模型的运动轨迹、虚拟摄影机的运动等，为模型赋予特定的材质，并打上虚拟的灯光，然后使用计算机渲染场景、添加配音，最后合成输出生动形象的计算机三维动画。

三维动画技术有许多优越性：在虚拟世界里可以真实地模拟现实事物的运动，可以精确地和无限地操作虚拟世界的对象。它被广泛应用于医学、教育、军事、娱乐等诸多领域。在影视广告制作方面，能够给人耳目一新的感觉，受到人们的欢迎。三维动画可以用于广告和电视的制作，如爆炸、烟雾、下雨、光效等，也用于制作各种特技如撞车、变形、虚幻场景或角色等。

另外创作电影是三维动画技术的典型应用。完整的三维动画电影的制作过程相当复杂，不但耗资巨大，用时也比较长，一般都有几年的时间。下面是皮克斯和迪斯尼公司制作《Wall-E》（《机器人总动员》）的制作过程。

阶段1：故事板（Storyboard）

故事部门将剧情由文字意念变成上千张手绘草图。分镜表连同声音进行剪接，帮助确立故事情节、影片节奏和拍摄角度。

阶段2：画面编排（Layout）

画面编排是将故事板用一组镜头表达出来。设计师先用电脑建造场景、角色模型，然后设定虚拟摄影机位置。角色表情在这个阶段被暂时省略，更着重于把握主要动作和出场时间，同时还要留意画面构图和摄影机动作，以传达故事信息。另外，简单灯光效果也会被用作表现当天时间和阴影方向。

阶段3：透镜变形（Lens Distortion）

根据摄影机镜头焦距对画面进行变形处理。这一步是为了模拟现实世界摄影机所拍摄画面的细微弯曲，而边缘位置的曲度会更为明显。透镜变形技术是新技术，它可以让观众有身临其境之感。

阶段4：动画和景深（Animation and Depth of Field）

这个阶段以画面编排设计为基础，开始完善场景时间和关键画格的动作细节。通过导演每天的反馈，动画师着手深化画面表现和动作，直到所有角色细节都达到完美。加入景深后，镜头前景及背景都会弱化，引导观众将视觉焦点放在角色身上。简单干净的渲染有助于导演把注意力集中在动画本身。

阶段5：布景、角色描影（Set and Character Shading）

描影着色过程中，场景、角色也开始在表面增加材质图层，确立各种材料的颜色和质感。每个模型还要设定亮度特性，告知渲染师对灯光会有怎样的反应。

阶段6：视觉效果元素（Effects Elements）

在这一步，每个场景都将加入最终的视觉特效，包括：沙尘飞扬拂过地面；车轮走过，身后留下两条“足迹”并扬起一阵尘土等视觉特效，有助于角色和场景紧密结合以及确立周围环境状态。

阶段7：场景主灯（Master Lighting）

场景出现的所有物体都可以打灯。第一步当然就是设定基本灯光，表现当天时间、阴影方向及镜头氛围。相似地点的镜头会沿用同一场景主灯设定。

阶段8：镜头灯光及渲染（Shot Lighting and Rendering）

最后一个创作阶段是镜头打灯。在场景主灯的基础上，灯光师开始逐格完善灯光效果。额外灯光有助于展现更多画面细节。和镜头编排相似，镜头灯光也是为了让观众将注意力集中在叙事的画面部分。一旦调整效果被认可，就会被传到渲染集群做最终高清化处理输出。

复杂的三维动画电影是由一个个简单的三维动画组成的。好的三维动画是技术与艺术的结合，在掌握好三维动画制作技术的基础上，再加上精妙的创意，就可以创作出吸引人的三维动画了。

三维动画创作软件很多，有 Sumatra、Maya、Lightwave、3ds Max 等。其中 3ds Max 以其优秀的性价比、容易上手的易用性和最多的使用人数在三维动画软件中可以说是一枝独秀。

二、运用 3ds Max 制作三维动画

1. 认识 3ds Max 的工作界面

3ds Max 的工作界面看上去比较复杂，实际上可以分成几个功能区：菜单栏、常用工具栏、工作区、命令面板、动画时间轴线、状态栏和视图控制区等（见图 5—21）。

窗口的最上面是蓝色的标题栏，保存后文件名称会出现在最左边。

标题栏下面是菜单栏（见图 5—22），其中常用的有“文件”菜单中的“重设”、“打开”、“保存”、“另存为”命令，“组”菜单中的“组”和“解散组”命令，“渲染”菜单中的“渲染”命令和“环境”里的“背景色”命令。

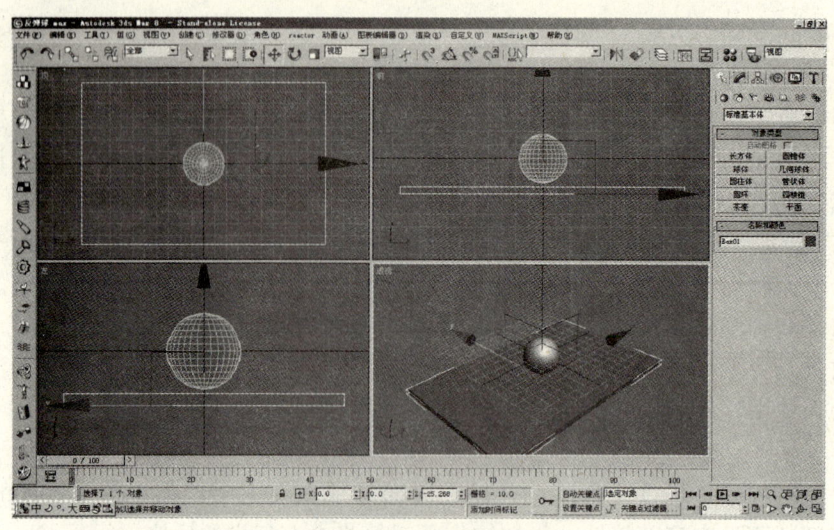

图 5—21　3ds Max 的工作界面

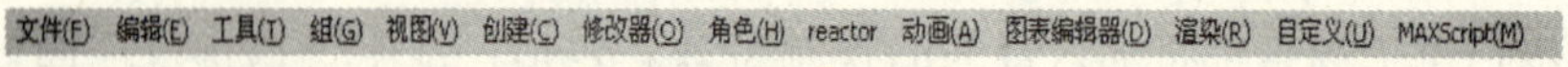

文件(F) 编辑(E) 工具(T) 组(G) 视图(V) 创建(C) 修改器(O) 角色(H) reactor 动画(A) 图表编辑器(D) 渲染(R) 自定义(U) MAXScript(M)

图 5—22　菜单栏

菜单栏下面是工具栏（见图 5—23），工具栏中存放的图标表示的是最常用的菜单命令。

全部
视图

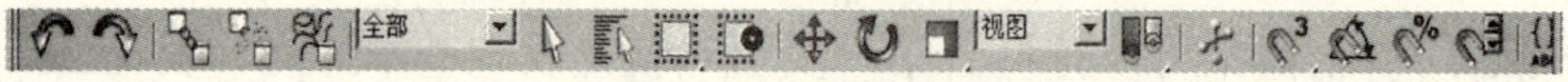

图 5—23　工具栏

工具栏下面是工作区（见图 5—24），默认被分成四个小方块，代表四个视图，分别是顶视图、前视图、左视图和透视图，其中镶着黄边的是当前活动视图。

顶
前
左
透视

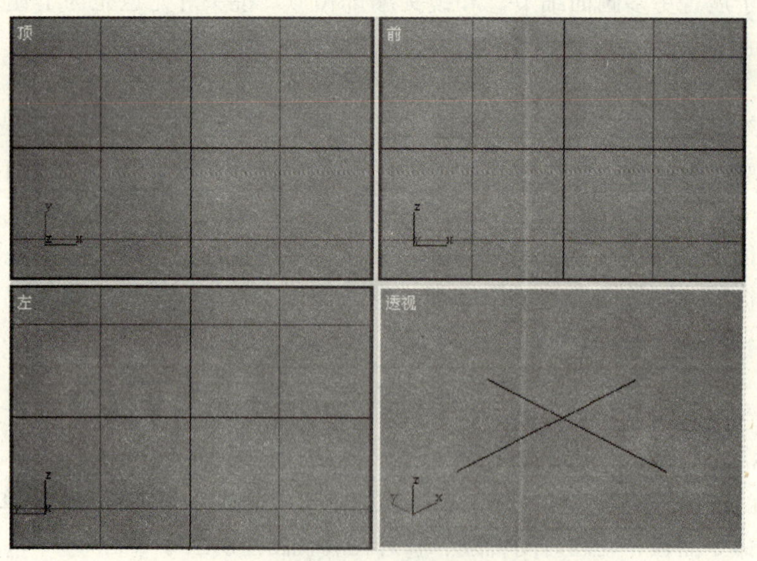

图 5—24　工作区

每个视图代表着从一个方向所看到的物体的面，其中透视图是立体状态图，其他三个视图只看到物体的一个面。

在工作区的右边是命令面板（见图 5—25），上面有六个标签，第一个是“创建”标签，用于创建各种模型。第二个是“修改”标签（见图 5—26），用于对基本形体进行名称、大小、颜色的设定。

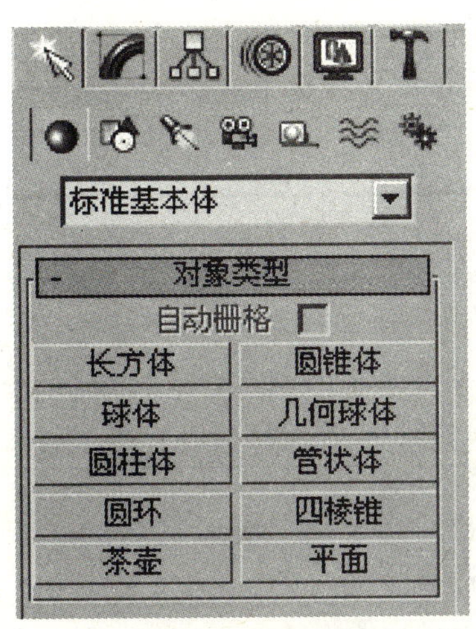

图 5—25　命令面板

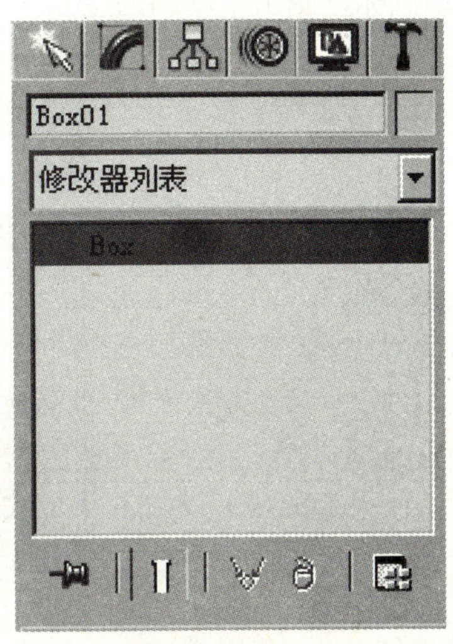

图 5—26　修改标签

视图区下边是时间轴（见图 5—27），上面有许多的小格子，这跟动画有关系，默认一共有 100 帧。

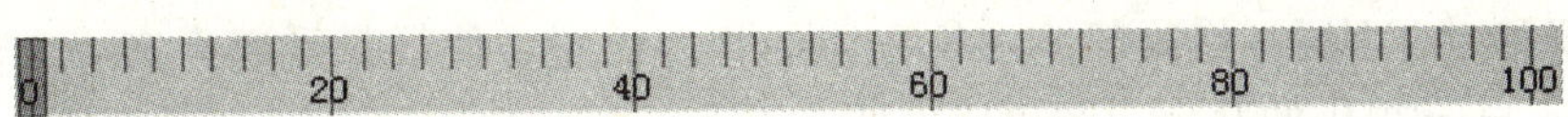

图 5—27　时间轴

窗口的最下方是状态栏（见图 5—28），状态栏中间有一个坐标区，可以指示物体的当前位置。一个物体由三个坐标轴确定，X 是横坐标、Y 是纵坐标、Z 是垂直坐标，也就是三维空间坐标或立体坐标，平面视图中一般只有两个方向。

图 5—28　状态栏

在右下角是视图控制区（见图 5—29），有八个按钮，可以缩放、抓手（移动）、旋转、和全屏切换视图，以便于仔细观察物体的各个面。

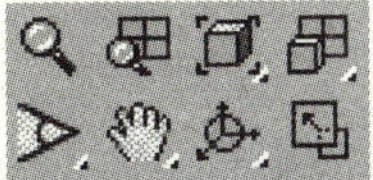

图 5—29　视图控制区

2. 用 3ds Max 制作反弹球动画

下面通过反弹球制作实例介绍 3ds Max 制作三维动画的技术，它是 3ds Max 中用于说明基本动画制作过程的最好实例。

（1）制作动画对象——模型。

1）新建文件：选择“文件”＞“新建”＞“新建全部”选项，单击“确定”按钮，完成新建文件。

2）在顶视图中创建一个球体和长方体，在本实例中分别代表可以反弹的小球和桌子。在工作区右侧的新建控制面板中（见图 5—30），选择几何体标准基本体中的球体，在顶视图中拖动鼠标，画出本动画的主角——球体。用同样的方法画出一个长方体。

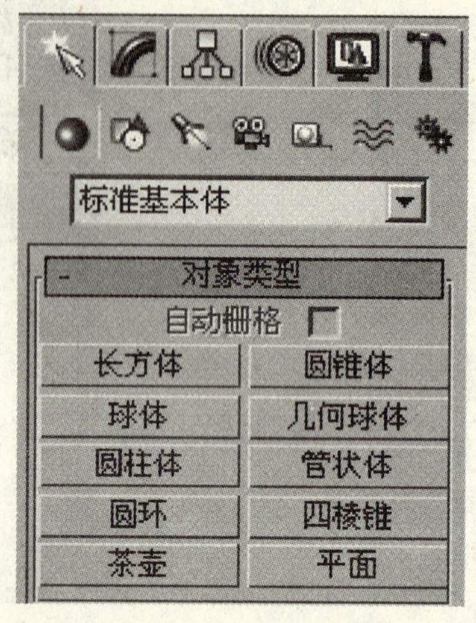

图 5—30　新建控制面板

3）选择对象工具，单击球体，使其处于选中状态，在工作区右侧的修改控制面板中修改它的半径大小。用同样的方法修改长方体的长度和宽度。

4）选择移动工具，修改球体和长方体的相对位置，使场景看起来有一个球体放在长方体上。3ds Max 提供的几个视图可以方便查看和调整场景中各个对象的相对位置。

（2）使用“自动关键点”创建动画。

1）单击“自动关键点”命令，启用此功能（见图5—31）。“自动关键点”按钮和时间滑块背景变成红色，视图的轮廓也变成红色，表示处于动画制作模式中。现在，当移动、旋转或缩放对象时，将自动创建关键帧。

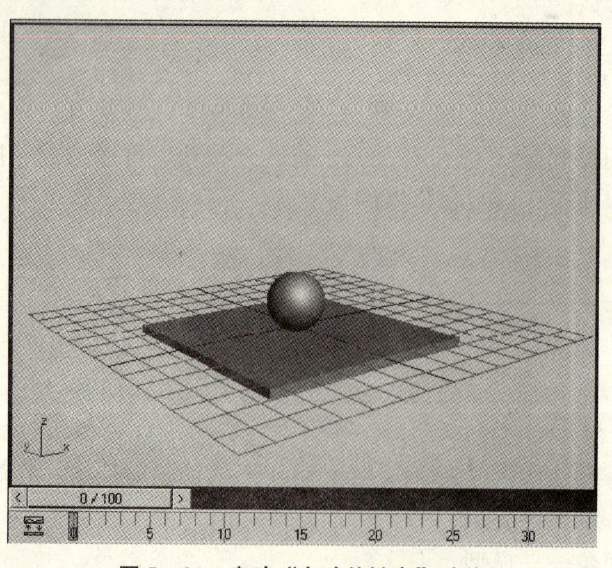

图 5—31　启动“自动关键点”功能

2）在“透视”视图中单击球，当显示为被白色的选择框包围，则表明已被选定。右键单击球体，并从快捷菜单的“变换”选项中选择“移动”命令（见图 5—32）。

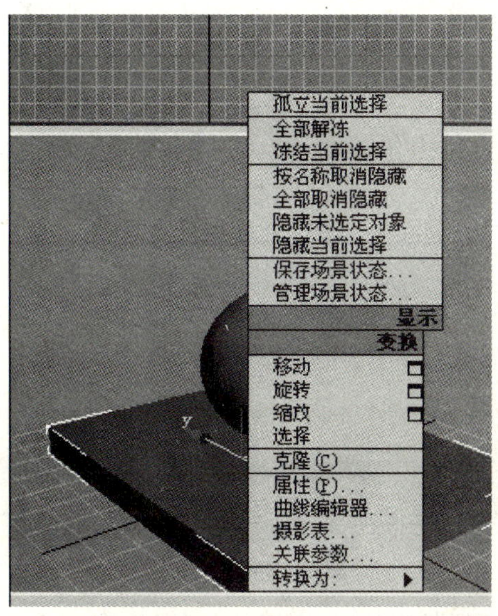

图 5—32 “移动”命令

变换方向轴（Gizmo）出现在视图中。使用变换方向轴可以轻松地执行受约束的移动。当在变换方向轴上移动光标时，不同的轴及其标签会变成黄色（见图 5—33）。

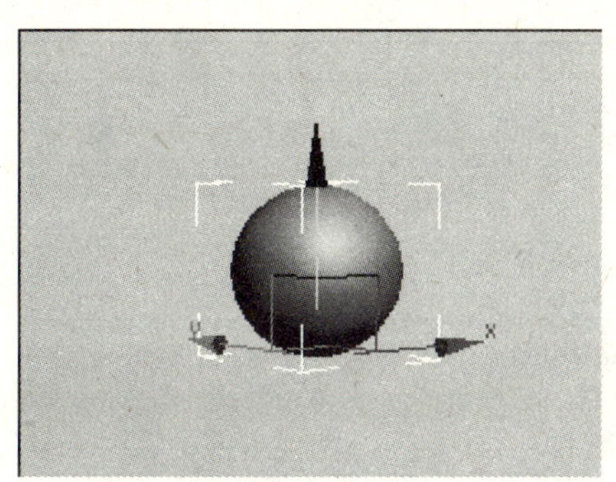

图 5—33 执行“移动”命令

3）将鼠标光标放在 Z 轴上，当其变成黄色后，单击并向上拖动以将球在空中提升起来。当将球在空中向上移动时，下面的 Z 坐标将发生变化。

球在第 0 帧的位置现在已位于长方体的上方。在执行该操作的同时就创建了一个位置关键点，关键点显示在时间轴上。时间轴为视图中任意选定的对象显示关键点（见图 5—34）。

4）将时间滑块移至第 15 帧。

若要将球精确地向下移动到桌子表面，需要借助 Z 坐标的显示。在坐标显示中输入值以获得精确的物体定位（见图 5—35）。

5）使球在第 30 帧时上升到它的原来的位置，使用另一种方法，而不是移动到第 30 帧，然后将球在空中向上移。

将鼠标放在时间滑块的帧指示器上（灰色方框，当前读数 15/100），并单击右键，选择“创建关键点”选项，打开“创建关键点”对话框，将“源时间”更改为 0 并将“目标时间”更改为 30，然后单击“确定”。这样就复制从第 0 帧到第 30 帧的关键点。

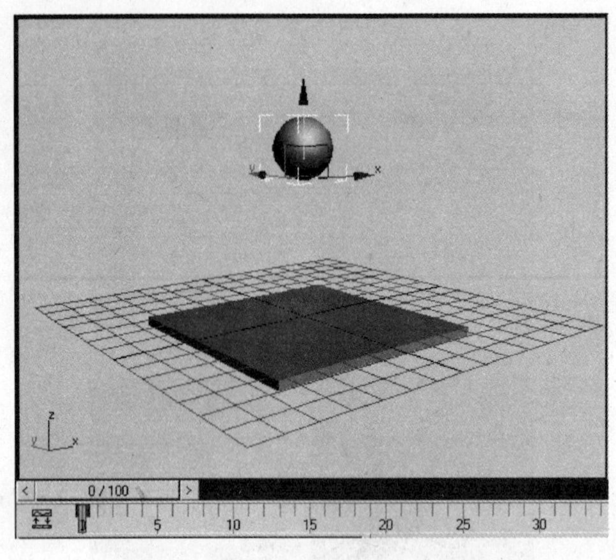

图 5—34　关键点

单击“播放动画”按钮播放动画，或将时间滑块在第 0 帧到第 30 帧之间来回拖动，球即在第 0 帧到第 30 帧之间上下移动，在第 30 帧到第 100 帧之间原位不动。

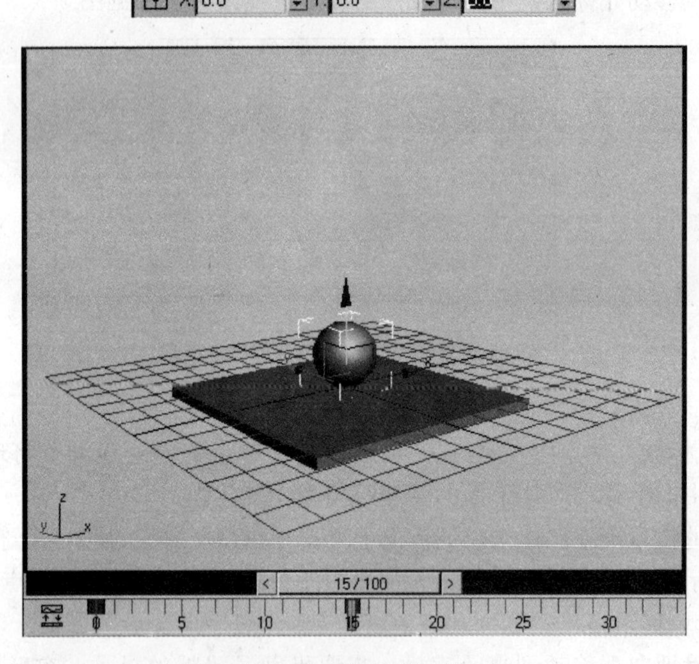

图 5—35　精确定位球体

6）在时间控件中，单击“时间配置”选项。在“时间配置”对话框＞“动画”组中，将“结束时间”设置为 30。不要单击“重缩放时间”按钮。单击“确定”按钮，完成操作。

3ds Max 允许在活动时间段工作，活动时间段是较大动画的一部分。将第 0 帧到第 30 帧作为活动时间段，时间滑块此时只显示这些帧。但其他帧仍然存在，只不过它们此刻不在活动时间段内。

中间帧是由 3ds Max 计算出来的，现在中间帧是均匀分布的，小球没有加速度。它既不加速也不减速，看不出反弹的效果。

（3）制作反弹效果。

模拟重力效果，使球在反弹时减速直到反弹最高处，不落时加速，然后重新弹起。若要实现这种效果，需要使用“曲线编辑器”上的关键点插值曲线，同时，使用“重影”功能，以有助于将插值曲线所执行的操作可视化。

若要使球反弹更真实，需要更改第 15 帧关键点上的插值。使用“曲线编辑器”上的切线控制柄，曲线的切线将确定中间帧的空间位置。使用“重影”命令可以看到中间帧小球的位置。

1）将时间滑块移至第 15 帧。在“视图”菜单中单击“显示重影”命令以启用该功能。重影功能将当前关键帧之前的对象位置显示成浅绿色。

转至“自定义”菜单＞“首选项”＞“视图”选项卡，将“重影帧”设置为 4，并将“显示第 N 帧”设置为 3。单击“确定”按钮退出对话框，视图将显示重影（见图 5—36）。

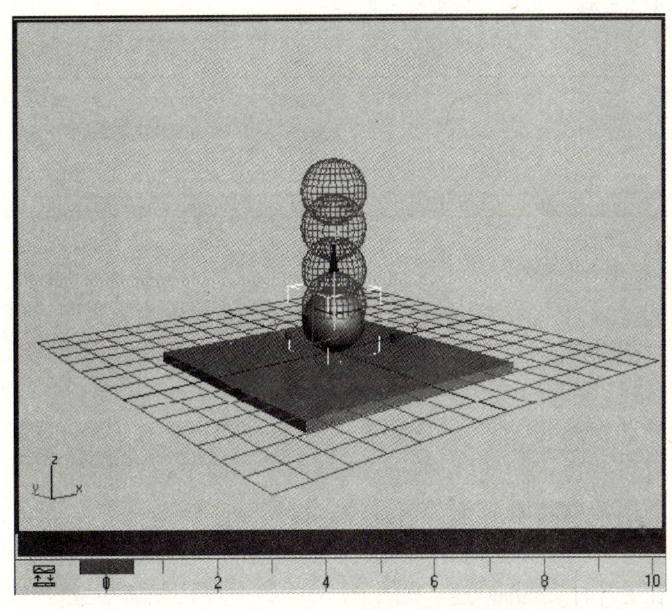

图 5—36　重影显示先前关键帧上的对象位置

2）控制中间帧，在视图中右键单击球并选择“曲线编辑器”选项。“曲线编辑器”由两个窗口组成，左侧的“控制器”窗口用于显示轨迹的名称，右侧的“关键点”窗口用于显示关键点和曲线。在左侧的“控制器”窗口中，单击选择 Z 位置轨迹，此时，“关键点”窗口中显示的唯一曲线就是要操作的曲线——反弹球 Z 位置的功能曲线（见图 5—37）。

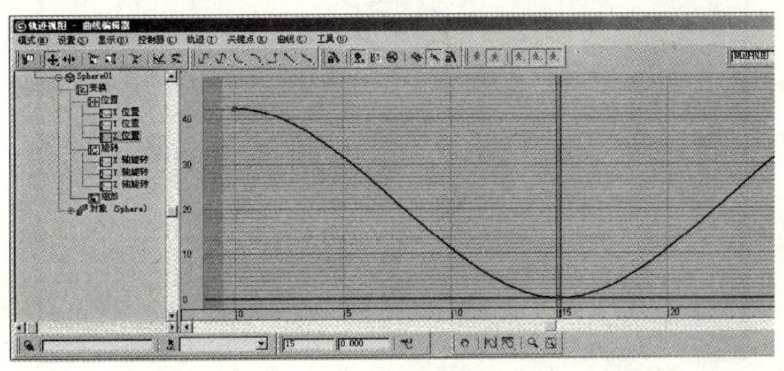

图 5—37　Z 位置功能曲线

- 移动轨迹视图的时间滑块（“关键点”窗口中的浅绿色双线）。当来回移动时间滑块时，动画将在视图中播放。如果仔细观察，会发现在第 15 帧的曲线上有一个黑点。

● 选择黑点（位置关键点），选定的关键点在曲线上变成白色。若要操纵曲线，需要更改切线类型，以便可以使用切线控制柄。

● 在“轨迹视图”工具栏上，单击“将切线设置为自定义”按钮，曲线上出现一对黑色切线控制柄。

● 按住 Shift 键，并在“关键点”窗口中将左侧的左控制柄向上拖动。使用 Shift 键可以单独操纵左控制柄。此时曲线外观如图 5—38 所示。

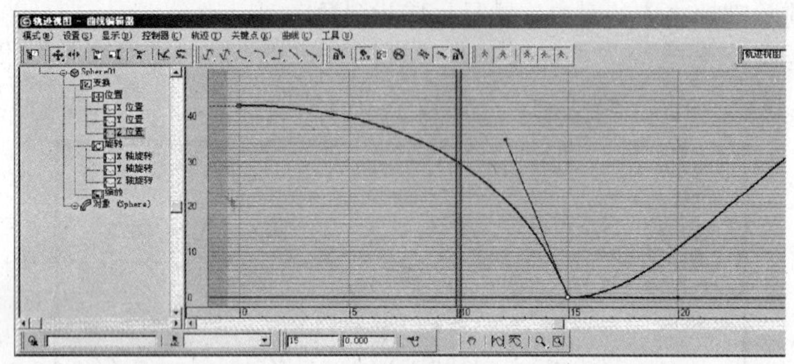

图 5—38 使用控制柄

● 在轨迹视图的“设置”菜单中启用“交互式更新”命令。此时将时间滑块移动到第 15 帧，然后操纵切线控制柄，同时观察重影中的效果，已经可以看到变化。启用“交互式更新”，可以利用非常精细的控制来执行操作。

● 将时间滑块移动到第 30 帧，然后调整右切线控制柄，使其与左控制柄大致相称。通过操纵该控制柄，可以获得不同的效果。球从桌面反弹向上运动时可以看出球的重量感。如果两个控制柄类似的话，球将看起来很有弹性，像网球一样。

● 禁用“显示重影”，当播放动画时，可以进一步调整曲线控制柄，产生更逼真的效果。球一接触到桌面马上弹起，在上升时又逐渐减速（见图 5—39）。此时球具有弹跳运动，如同重力在起作用。

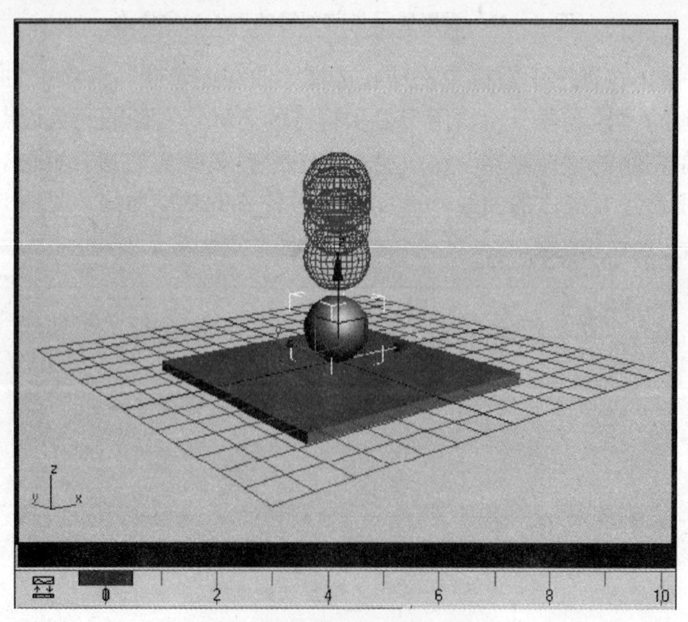

图 3—39 交互式更新和重影

● 将当前的工作保存为“反弹球 . max”文件（见图 5—40）。

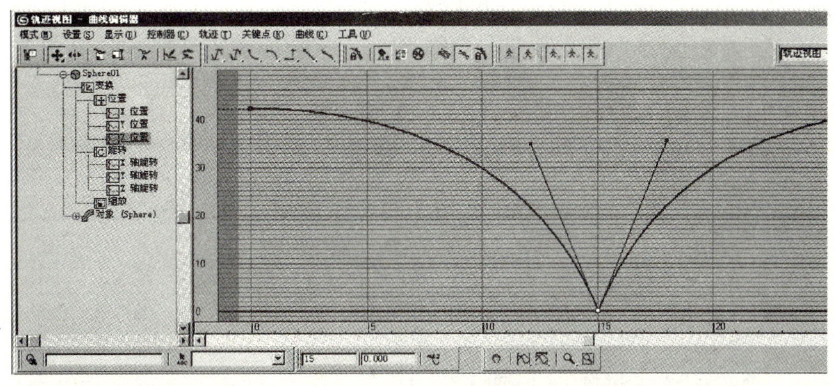

图 5—40　保存文件

3）制作反复反弹效果。

现在的动画只是使球反弹了一次，接下来学习使用“轨迹视图”中的“参数曲线超出范围类型”选项来重复球的反弹。

使用“参数曲线超出范围类型”选项的优点是，当对一组关键点进行更改时，所做的更改会反映到整个动画中。“轨迹视图”中的大多数工具既可以从菜单选项中选择，也可以从工具栏中选择。该功能也位于“控制器”菜单上。

在视图中选择球，右键单击并从四元菜单中选择“曲线编辑器”选项。在“控制器”窗口中，确保仅选择了 Z 位置轨迹。

● 在重复关键帧之前，需要延伸动画的长度。单击“时间配置”按钮，该按钮位于动画播放控件中的“转至结尾”按钮下，动画播放控件位于界面（不是“轨迹视图”）的右下角。将“动画”＞“结束时间”更改为 120。这会在现有的 30 帧基础上添加 90 个空白帧。

● 设置重复关键帧，返回到“轨迹视图”窗口，单击工具栏上的“参数曲线超出范围类型”按钮。单击“周期”图下面的两个框，为“输入”和“输出”选择“周期”方式，单击“确定”按钮（见图 5—41）。

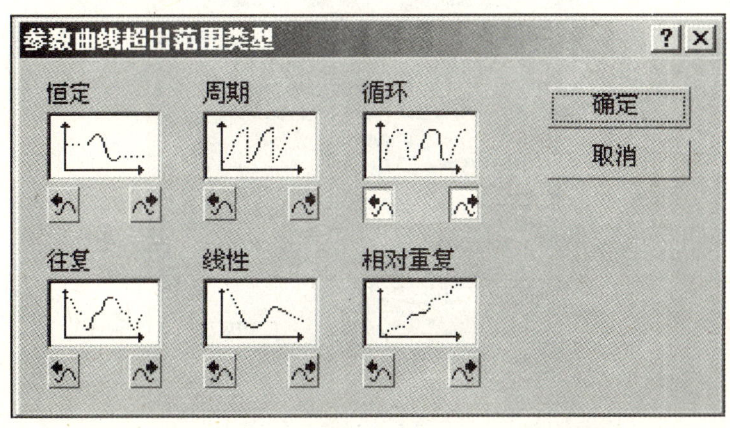

图 5—41　选择参数曲线超出范围类型

● 在“轨迹视图”窗口右下角的“导航：轨迹视图”工具栏上，单击“水平方向最大化显示”按钮，“关键点”窗口将缩小，可以看到整个时间段。参数超出范围曲线显示为虚线（见图 5—42）。超出第 30 帧以外没有关键点，对原始关键点所做的任意更改会反映到循环中。

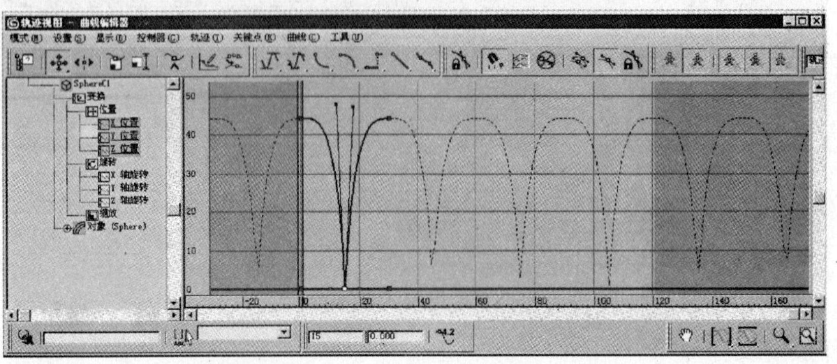

图 5—42　参数超出范围曲线显示为虚线

● 最后，播放动画，球就可以反复反弹了。将文件另存为“反复反弹球.max”。简单的反弹球动画就做好了。

3. 渲染输出动画

单击工具栏上的“渲染场景对话框”按钮，弹出渲染场景对话框（见图 5—43）。

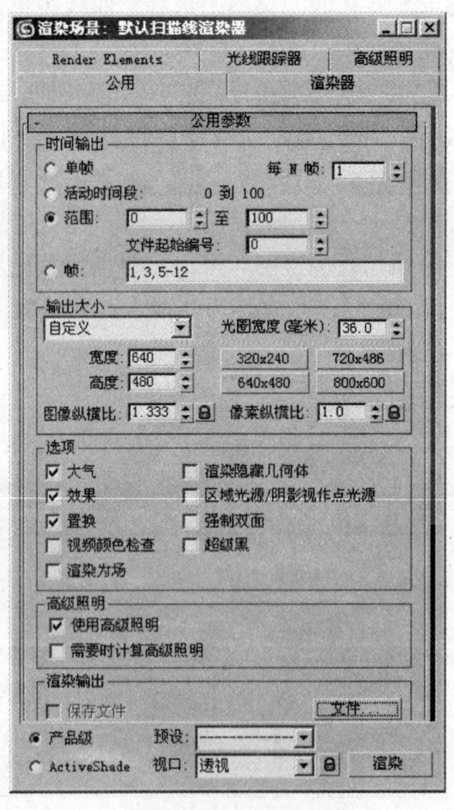

图 5—43　渲染场景对话框

选择渲染的范围（0～120）帧、输出大小（比如 640×480）、输出后的动画文件的名称和保存的位置。单击“渲染”按钮，等渲染完毕就可以欣赏动画了。

本章小结

本章介绍了计算机动画的产生和发展，重点介绍了动画制作技术，分别以二维动画制作软件 Flash 和三维动画制作软件 3ds Max 为例，介绍了二维和三维动画的制作过程。

复习题

1. 动画产生的原理是什么？什么叫计算机动画？
2. 简述计算机动画的发展历史。
3. 二维动画制作软件有哪些？

课外实践与练习

制作一个 Flash 动画作为新闻报道的片头。用 3ds Max 制作一个三维动画作为一个电视节目的片头。

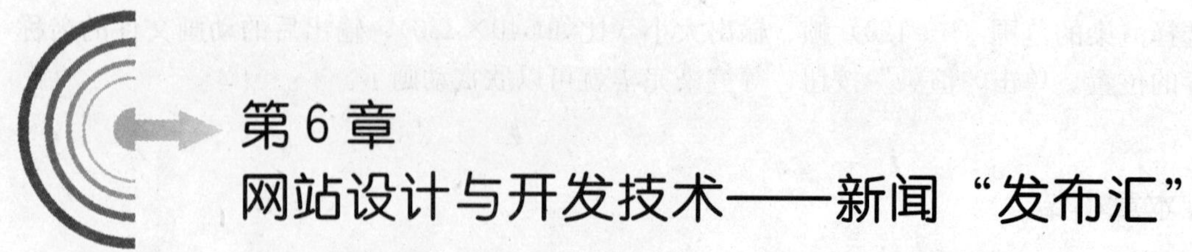

第6章 网站设计与开发技术——新闻“发布汇”

网站（Website）是在因特网上，根据一定的规则用于展示特定内容的相关网页的集合。它就像“发布汇”一样，人们可以通过网站来发布想要公开的信息，或者利用网站来提供相关的网络服务。也可以通过网页浏览器来访问网站，获取自己需要的信息或者享受网络服务。随着WWW技术的发展，网站已经成为发布信息的最好平台。设计开发自己的个性网站成了发布和广播信息的最好手段。

学习目标

通过本章的学习，应该能够：

- 写出HTML基本格式；
- 写出HTML基本标记；
- 会用Dreamweaver设计开发网站；
- 会运用IIS架设网站服务器。

第1节 网页设计基础知识

一、与网页制作相关的术语

1. 网站与网页

当在浏览器中输入一个已知网址后，即可打开一个页面，这个页面就是我们通常所说的网页。浏览一个网站时，通常首先打开的是它的首页（Home Page）或主页，所有的信息都会清楚地整理在这个页面上，目的就是为了让用户通过这个网页时能快速链接到需要的资料。主页既是一个单独的网页，同一般网页一样可以存放各种信息，又是一个特殊的网页，是整个Web站点的起始点和汇总点，是用户开始浏览站点的“入口处”。由首页延伸下去，就是一个个网页。

网页又称Web页面，是网站的基本组成部分，由文字、表格、图片、声音、视频以及各种功能按钮和超链接等组成。所有由首页链接出去的网页集合起来就是网站。在设计时，先明确某个主题，再按所需的栏目、内容规划、设计各个不同的网页和网页组。

2. 服务器（Server）与浏览器（Browser）

服务器管理着网络中的各种资源，它的基本功能是提供网络通信服务、管理和提供网络共享资源以及管理网络流量等。从物理上看，服务器实质是一台配置较高的计算机，但是它要配置网络操作系统和其他针对不同网络服务的服务器软件，要能提供WWW服务功能，必须安装WWW网站服务器软件，如：IIS、Apache等。微软Windows XP Professional操作系统适用服务器软件IIS 5.1。网站上的静态网页和动态的数据，必须要通过网站服务器的服务才能展示给浏览者。

用于浏览Web站点的软件被称为浏览器，是WWW的窗口，通过下载和解释HTML文档来为用户展示丰富多彩的网页内容，可以利用浏览器从一个文档跳转到另一个文档实现对整个网站的浏览。现在浏览器功能越来越强大，可以下载并解释HTML文档中所描述的动画、声音、文本、图形、图像，并能实现电子邮件查看、文件下载、FTP等功能。浏览器有多种版本，很多浏览者使用的Microsoft Internet Explorer（简称IE），就是浏览器的优秀代表。

3. 远程站点（Remote Site）和本地站点（Local Site）

远程站点是指服务器上组成的Web站点。本地站点是指与远程站点上的文件对应的本地磁盘上的站点。

在制作网页时，首先要定义一个本地站点。作为一个网站，里面有很多网页、图片、Flash动画等，如果不进行管理归档，而是分散在硬盘的各个地方，就无法方便地进行网页发布。定义本地站点，就是在硬盘上建立一个文件夹，将所有的网页和相关的文件都放在里面，以便进行网页的制作和管理。一般在设计制作网站之前，先要新建一个文件夹，把它存放在如“我的网页”、“个人网页”等的文件夹里，也可以根据自己的习惯放置文件。

4. 统一资源定位器（URL）

URL即Uniform Resource Locator（统一资源定位器）的缩写，用来指明主机或文件在Internet上的位置，一个URL就是一个资源在Internet上的具体位置。URL由Internet资源类型、服务器地址、端口及路径组成，如：http：//news. cctv. com/01/index. shtml就是一个典型的URL。它的作用在于提供一个标准方法，以便能够在Internet上找到网页和其他网络信息。无论是单一的页面，还是庞大复杂的网站，甚至是一个小小的图片，所有的网络资源都能通过URL系统访问到。

二、HTML基本概念

1. HTML基本格式及特点

HTML语言即超文本标记语言，是英文Hyper Text Markup Language的缩写。它是一种用来制作超文本文档的简单标记语言。用HTML编写的超文本文档称为HTML文档。它能够独立于各种操作系统的平台上（如UNIX，Windows等）。自1990年以来HTML就一直做为WWW上的信息表述语言，用于描述网页的格式设计以及网页与WWW上其他网页的链接信息。

HTML文档（即网页的源文件）通常带有html或htm的文件扩展名。生成一个HTML文档主要有以下三种途径：

（1）手工直接编写（比如用文本编辑器或其他的HTML编辑工具）。

（2）通过一些格式转换工具将现有的其他格式（如Word文档）转换成HTML文档。

（3）借用专用的网页制作工具软件（比如Dreamweaver或者其他的工具）来进行设计

与制作。

从结构上来讲，HTML 语言主要是由元素（Element）组成的。组成 HTML 文件的元素有许多，用于组织文件的内容和指导文件的输出格式。一般我们可以把绝大多数元素看成是“容器”，因为它有起始标记和结尾标记。元素的开始标记叫做起始标记（Start Tag），元素的结束标记叫做结尾标记（End Tag），在起始标记和结尾标记之间的部分是元素体。每一个元素都有名称和可选的属性，元素的名称和属性都在起始标记里标明。

例如：

```
〈body background = background. gif〉
  〈h1〉示例〈/h1〉
这是一个示例〈p〉
〈/body〉
```

例子中，第一行是体元素的起始标记，它表明体元素从此开始。“〈”为起始标记的开始。“body”是元素名称，由于元素和标记一一对应，所以元素也叫标记名。元素名不分大小写。“background”是属性名，属性指明用什么方法填充背景。“〉”为起始标记的结束。

从这个例子可以看出，标记在使用时必须用括号“〈”和“〉”括起来，而且是成对出现，无斜杠的标记表示该标记的作用开始，有斜杠的标记表示该标记的作用结束。在 HTML 中，标记的大小写作用相同，如〈TABLE〉和〈table〉都表示一个表格的开始。

虽然 HTML 语言描述了文档的结构格式，但并不能精确的定义文档信息该如何显示和排列，而只是建议 Web 浏览器应该如何显示和排列这些信息，最终在用户面前的结果取决于 Web 浏览器本身的显示风格以及它对标记的理解能力。这就不难解释为什么同一文档在不同的浏览器里会出现不同的显示效果。

2. HTML 基本语句

（1）html 标记符。

实际上，HTML 文件仅由一个 html 元素组成，即文件的开始〈html〉和文件的结尾〈/html〉。文件的其他部分都是 html 的元素体。〈HTML〉〈/HTML〉这一组标记符是告诉浏览器说：我是一份 HTML 文件，也就是说它是一个网页的格式啦！通常它都出现在网页开始和结束的地方，将所有的原代码都包括起来，也是 HTML 文档里最基本的一个标记。

再来看一个比较完整的例子：

```
〈html〉
    〈head〉
        〈title〉网页制作教学〈/title〉
            〈meta〉
    〈/head〉
    〈body〉
            正文部分
    〈/body〉
〈/html〉
```

这个例子包含了 HTML 中最基本的元素，首先是〈html〉〈/html〉这一组标记符，然后在它里面是标记符的元素体。HTML 元素的元素体由两大部分组成，头元素〈head〉〈/head〉，体元素〈body〉〈/body〉，另外还有一些注释。

在 HTML 里，有的元素只能出现在头元素里，绝大多数元素只能出现在体元素里。在头元素里的元素一般表示的是该 HTML 文件的信息，如文件名等。它们的书写没有顺序可言。但是在体元素里出现的元素就必须按照一定的次序来书写，否则会在 HTML 里改变该文件的输出形式。

（2）“文件头”标记符。

“文件头”标记符也就是通常见到的 meta 标记符。meta 标记符在网页中是看不到的，因为它包含在 HTML 语言的〈head〉与〈/head〉标记符之间，而通常网页内容只有在〈body〉…〈/body〉之间的才可以在文档中显示出来。meta 是文件头标记符中常用的一个标记符，说明与网页有关的信息，如创作工具、文件作者等。这些标记符可以为服务器提供参考信息，如发布日期、刷新设置等。meta 主要是针对网络中的搜索引擎建立的，它的信息被搜索引擎猎取并被提取为所需要的内容。在 meta 中常用的属性有：name、http-equiv 和 content。name 给出特性名；content 给出特性值，告知网页使用的是 HTML 语言，应用 GB/T2312 字符集；http-equiv 属性指定 HTTP 响应名称，通常用于替换 name，HTTP 服务器使用该属性值为 HTTP 响应消息头收集信息。

（3）“文件标题”标记符。

title 元素是文件头里唯一一个必须出现的元素，它也只能出现在文件头里。它的格式如下：

```
〈title〉标题〈/title〉
```

标题表示该 HTML 文件的名称，是对文件的概述。标题对于一个文件来说是非常重要的，我们可以从一个好的标题中判断出该文件的大概内容。不过文件的标题一般不会显示在文本窗口中，而以窗口的名称显示出来。

对于标题来说，虽然它的长度没有受到限制，但一般应在 64 字符以内。下面是一个最简单的 HTML 文件：

```
〈html〉
    〈title〉一个最简单的 HTML 文件〈/title〉
    大家好。
〈/html〉
```

显示如图 6—1 所示。

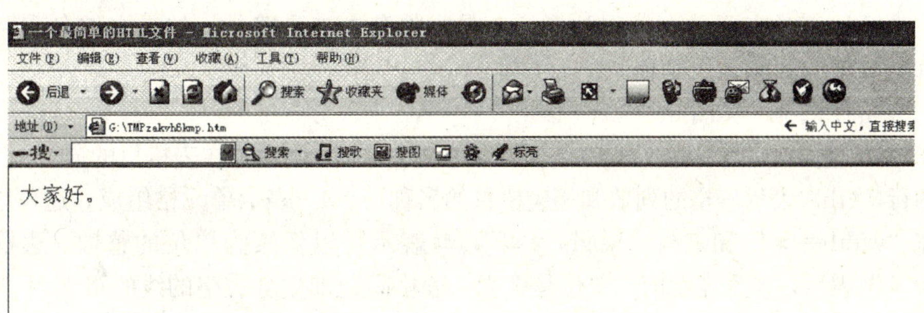

图 6—1　HTML 文件显示

(4)“文件体”标记符。

文件体标记符以〈body〉开始，以〈/body〉结束，它的中间是网页文档的正文部分。在网页中进行的背景颜色的设定、图片的设定或者字体的颜色的设定，都要放在〈body〉这个标记符里。

(5)“标题”标记符。

标题标记符用于显示 HTML 文件的各级标题，格式如下：

〈hn〉标题内容〈/hn〉

其中 n 为 1～6 的数字，数字越大，字越小。也就是说 h1 最大，h6 最小。标题内容用黑体字显示，各行之间自动换行。

在制作网页时，〈h4〉可以用来标记文本正文，由于 h6 字体太小，一般用得很少。

(6) 字体和段落标记符。

1) 网页中字体大小设定标识符。

它的语法是：〈font size=3〉文字内容〈/font〉。它的大小一共有七种，也就是〈font size=1〉(最小) 到〈font size=7〉(最大)。另外，还有一种写法：〈font size=+1〉文字内容〈/font〉，其意思就是说：比预设字大一级。当然也可以是 font size=+2 (比预设字大二级)，或是 font size=-1 (比预设字小一级)，一般而言，预设字体多为 3。

2) 文字的字型设定标记符。

字型是指文字的字体类型，比如说宋体、楷体等。它们在网上用得也十分广泛，唯一的一个限制是：对方也要有该字型，否则看到的仍然还是宋体。另外要说明的是，这个标记符无法保证在每个浏览器上都能正常显现，不过这并没有关系，看不到特殊的字型时，浏览器仍会以宋体来显示。而且，为了保证网页能正确显示不常用字型，一般会把文字转换为图片。

3) 分段标记符。

由于 HTML 不能识别所谓的 Enter 键换行或空格键，所以不管按了多少次的空格或 Enter 键，浏览器都会当作没看见。因此在 HTML 里的分段就必须依赖于强制断行标记符〈br〉和强制分段标记符〈p〉。这些标记能保证浏览器窗口大小更改时也能正确显示换行和段落。

(7) 图像标记符。

在 HTML 里，一般用〈img src=“ ” width=“ ” height=“ ” align=“ ”〉来表示插入的图像。这里，img 为图像的标记符，而属性 src 后面的引号中填写图像路径及文件名，width 后面填写的是图像的宽度，height 后面填写的是图像的高度，align 为图像的对齐方式。在网页设计制作中一般使用的图像格式有两种，gif 和 jpeg，二者的加载方法一样。在使用图像标记符时有两件事值得注意，一是文件名，二是路径。如果文件名和路径不正确，则在网页中的图像无法显示。

(8) 表格标记符 (见图 6—2)。

在 HTML 里，一个表格由〈table〉开始，由〈/table〉结束，在表格里的属性由〈tr〉表示表格的行，〈th〉表示表格的列数和相应栏目的名称，〈td〉表示单元格组成。还可以设置表格的表宽“width=#”和表高“height=#”，#表示是以像素为单位的整数。边框宽度用“border=#”表示，#为宽度值，单位是像素。表格间距即划分表格的线的粗细用“cellspacing=#”来表示。表格颜色用“bgcolor=#”来表示，#是十六进制的 6 位数，格式为 rrggbb，表示红、绿、蓝三色的分量。表格的合并在〈td〉中使用 rowspan 或 colspan 表示。

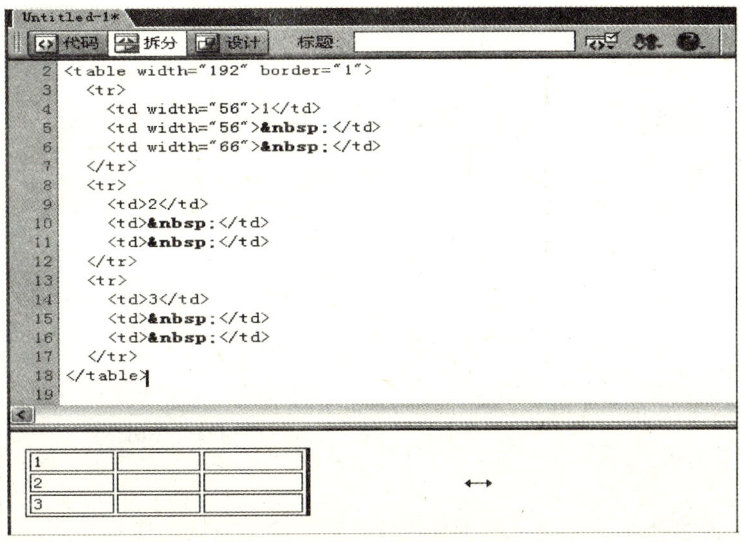

图 6—2　表格标记符

需要注意的是，单元格在网页里是看不到内容的，但是它并非不存在，使用“ ”作为一个占位符。这个占位符必不可少，不过如果在单元格里添加了内容后占位符就会消失。

(9) 框架标记符。

框架的标记符为〈frameset〉，表示一个框架组，可以将框架分为横的部分和竖的部分。比如横向分框用〈frameset coles＝＃〉来设定，纵向分框用〈frameset rows＝＃〉来设定。要分割几个框架，就一定会有几个相对应的 html 文档，而〈frame〉表示单个的框架。此外需要注意的是有的浏览器版本较低，无法显示 frame 的功能，因此可以使用标记符〈noframe〉〈/noframe〉来显示在不支持框架的浏览器窗口中的内容，方便那些不支持框架的用户阅读网页。

使用框架可以将浏览器分成多个区域，每个区域都是相对独立的，可以显示 HTML 文件。它的基本结构如下：

```
〈html〉
    〈head〉
      〈title〉〈/title〉
    〈/head〉
    〈noframe〉〈/noframe〉
      〈frameset〉
      〈/frameset〉
    〈frame src =“ ”〉
    〈/frameset〉
〈html〉
```

(10) 表单标记符。

每一个网站都需要用到表单，表单的作用主要是用来得到用户的反馈信息。表单的标记符为〈form〉。如果要在网页中添加表单，应在文档中添加 form 标记符，如下所示：

```
〈form action="服务器端程序" method="get|post"〉
〈/form〉
```

action：用于处理表单中的数据，其处理程序可以由站点支持的任何程序语言来编写，如CGI、ASP、JSP、PHP。

注意，一个表单中所有表单域对象都必须放在表单标记符之间。这与所有网页源代码必须包含在〈html〉…〈/html〉标记符之间类似。

在HTML里的标记符还有很多，上面只是简单地介绍了一些最常用、最主要的标记符。其他的标记符可以在网页设计与制作的实践中接触到。

第2节　运用Dreamweaver设计开发网站

近些年来，许多公司开发出了图形化的HTML开发工具，使得网页的制作变得非常简单。如Microsoft FrontPage和Dreamweaver等编辑工具，都被称为"所见即所得"的网页制作工具。这些图形化的开发工具可以直接处理网页，而不用书写HTML标记。这使得用户在没有HTML语言基础的情况下，照样可以编写网页。

设计开发网站是一个系统的过程，包括设计网站的结构、收集与加工网站所需素材、开发网站和发布网站等多个步骤。

借助Adobe Dreamweaver软件，可以快速、轻松地完成设计、开发和维护网站。Dreamweaver是为设计人员和开发人员分别构建了两种界面：直观的可视布局界面和简化的编码环境界面。无论是设计人员还是编码开发人员，都能借助Dreamweaver得心应手地进行网页的设计开发工作。

一、运用Dreamweaver设计开发网站的一般步骤

1. 规划和设置站点

确定站点将在哪里发布，调查站点需求、访问者情况以及站点目标。此外，还应考虑诸如用户访问以及浏览器、插件和下载限制等技术要求。只有在组织好这些相关信息并确定网站结构后，才可以有的放矢地设计和开发站点。

2. 组织和管理站点文件

一个网站的文件很多，就媒体类型方面看，就有文字、图形图像、声音、视频和动画等。如果是动态网站还有Web应用程序和数据库等。要开发好的网站，必须对这些文件和素材进行有效组织和管理。Dreamweaver的"文件"面板提供了一个很好的站点文件组织和管理的工具。

设计合理的网页布局，或综合使用Dreamweaver布局选项创建站点的外观。可以使用Dreamweaver AP元素、CSS定位样式或预先设计的CSS布局来创建布局。利用表格工具，可以通过绘制并重新安排页面结构来快速地设计页面。如果希望同时在浏览器中显示多个元素，可以使用框架来设计文档的布局。最后，可以基于Dreamweaver模板创建新的页面，然后在模板更改时自动更新这些页面的布局。

3. 向页面添加内容

添加资源和设计元素，如文本、图像、鼠标经过图像、图像地图、颜色、影片、声音、HTML 链接、跳转菜单等。可以使用内置的页面创建功能将标题和背景等元素在页面中直接键入，或者从其他文档中导入。Dreamweaver 提供了相应的行为以便为响应特定的事件而执行任务，例如在访问者单击“提交”按钮时验证表单，或者在主页加载完毕时打开另一个浏览器窗口。最后，Dreamweaver 还提供了工具来最大限度地提高 Web 站点的性能，并测试页面以确保能够兼容不同的 Web 浏览器。

4. 通过手动编码创建页面

手动编写 Web 页面的代码是创建页面的一种方法。Dreamweaver 提供了易于使用的可视化编辑工具，同时也提供了高级的编码环境；可以采用任一种方法（或同时采用这两种方法）来创建和编辑页面。

5. 针对动态内容设置 Web 应用程序

许多 Web 站点都包含了动态页，动态页使访问者能够查看存储在数据库中的信息，并且一般会允许某些访问者在数据库中添加新信息或编辑信息。若要创建动态页，必须先设置 Web 服务器和应用程序服务器，创建或修改站点，然后连接到数据库。

6. 测试和发布

测试页面是在整个开发周期中进行的一个持续的过程。在网站设计结束后，在服务器上发布该站点。许多开发人员还会安排定期的维护，以确保站点保持最新并且工作正常。

二、运用 Dreamweaver 设计开发网站实例

Dreamweaver 提供了一个将全部元素置于一个窗口的集成布局的界面。在集成的工作区中，全部窗口和面板都被集成到一个更大的应用程序窗口中。这样可以方便查看文档和对象属性，还将许多常用操作放置于工具栏中方便快速更改网页文档。

1. Dreamweaver 界面（见图 6—3）

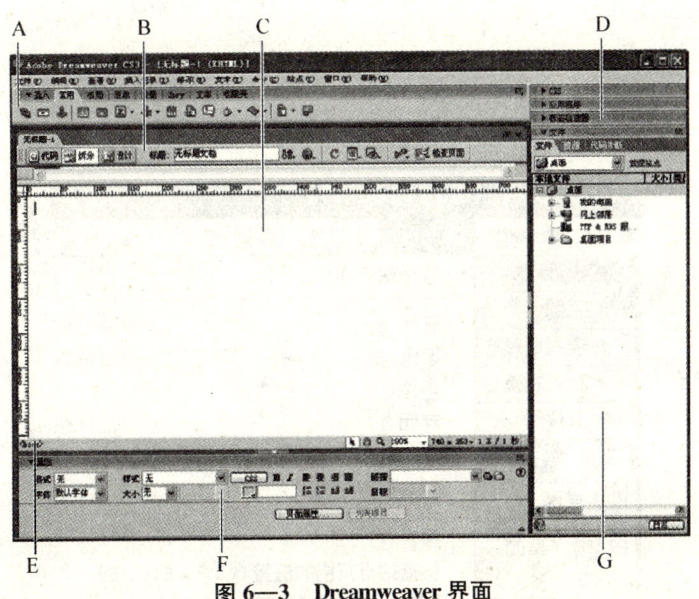

图 6—3　Dreamweaver 界面

A—“插入”栏；B—文档工具栏；C—“文档”窗口；D—面板组；E—标签选择器；F—“属性”检查器；G—“文件”面板

（1）“插入”栏：包含用于将图像、表格和 AP 元素等各种类型的对象插入到文档中的按钮。每个对象都是一段 HTML 代码，允许在插入时设置不同的属性。例如，可以在“插入”栏中单击“表格”按钮，插入一个表格。也可以不用“插入”栏而使用“插入”菜单插入对象。

（2）文档工具栏：包含一些按钮，它们提供各种“文档”窗口视图（如“设计”视图和“代码”视图）的选项、各种查看选项和一些常用操作（如在浏览器中预览）。

（3）“文档”窗口：显示当前文档。提供以下三种选择：

● 设计视图：为用于可视化页面布局、可视化编辑和快速应用程序开发的设计环境。在该视图中，Dreamweaver 显示文档的完全可编辑、可视化视图，类似于在浏览器中查看页面时看到的内容。可以配置设计视图以在处理文档时显示动态内容。

● 代码视图：一个用于编写和编辑 HTML、JavaScript、服务器语言代码（如 PHP 或 ColdFusion 标记语言）以及任何其他类型代码的手工编码环境。

● 代码和设计视图：可以在一个窗口中同时看到同一文档的代码视图和设计视图。

（4）面板组：在一个标题下面的相关面板的集合。若要展开一个面板组，单击组名称左侧的展开箭头即可；若要将面板组从当前停靠位置移开，可以拖动该面板组标题条左边缘的手柄。

（5）“属性”检查器：可以检查和编辑当前选定页面元素（如文本和插入的对象）的最常用属性。“属性”检查器中的内容根据选定的元素会有所不同。例如，选择页面上的一个图像，则“属性”检查器将显示该图像的属性（如图像的文件路径、图像的宽度和高度、图像周围的边框等）。

默认情况下，“属性”检查器位于工作区的底部边缘，但是，也可以将它停靠在工作区的顶部边缘，或者使其成为工作区中的浮动面板。

（6）文件面板：类似于 Windows 的资源管理器，方便管理站点文件。

2. 站点的基本操作

（1）创建本地站点。

1）打开 Dreamweaver，选择菜单栏：“站点”>“管理站点”命令，或者在文件面板中单击“管理站点”按钮，如图 6—4 所示。

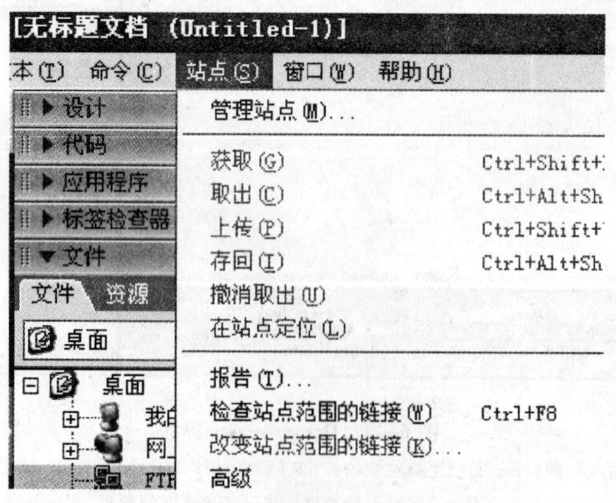

图 6—4 “管理站点”命令

2）在弹出的“管理站点”对话框中，单击“新建”按钮，创建一个站点，如图 6—5 所示。

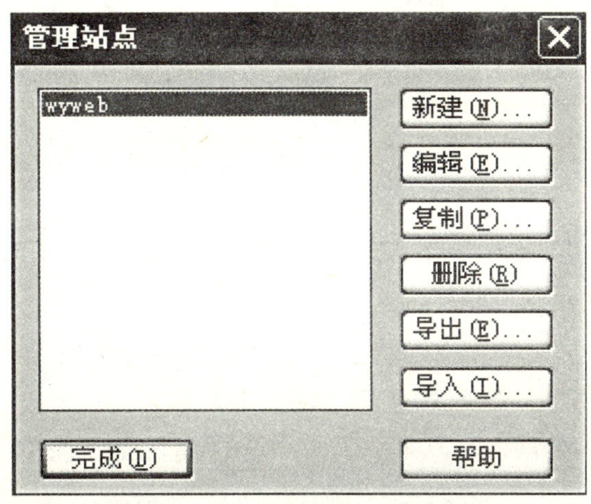

图 6—5　“管理站点”对话框

3）在出现的“…的站点定义为”对话框中进行设置，如图 6—6 所示。

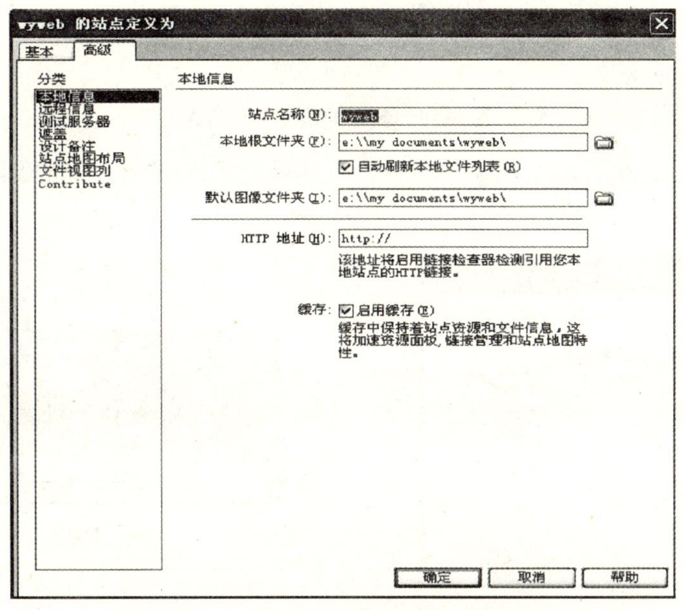

图 6—6　“…的站点定义为”对话框

4）在图 6—6 所示“分类”选项栏中选择“远程信息”，选择用于设置远程站点，如图 6—7 所示。

5）单击“确定”按钮，即可创建一个站点，同时在站点窗口的本地文件列表中显示站点的根目录，如图 6—8 所示。

（2）编辑站点。

在创建站点之后，可以对站点属性进行编辑，具体操作方法如下：

选择菜单栏“站点”＞“管理站点”命令，打开“管理站点”对话框，在“管理站点”对话框中选中要编辑的本地站点，单击“编辑”按钮，在打开的对话框中单击“高级”标签，打开“高级”选项卡，并在窗口的右侧选中“本地信息”项，即可在窗口中设置本地站点信息。

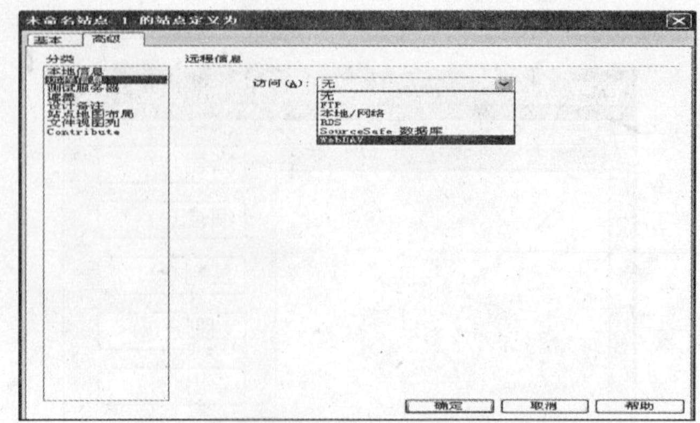

图 6—7　设置“远程信息”

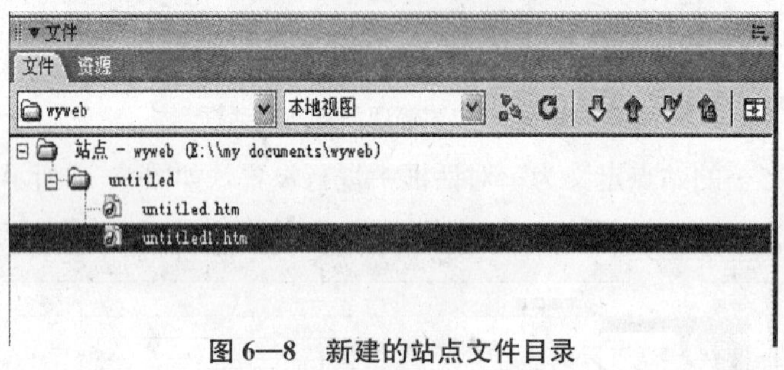

图 6—8　新建的站点文件目录

（3）删除站点。在“管理站点”对话框中选中要删除的站点，单击删除按钮即可（见图 6—9）。

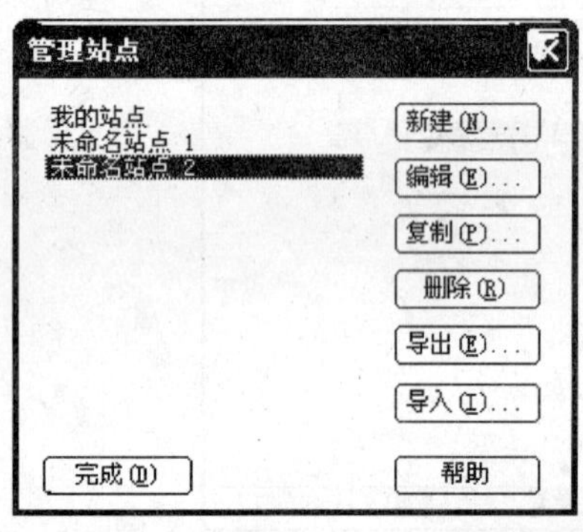

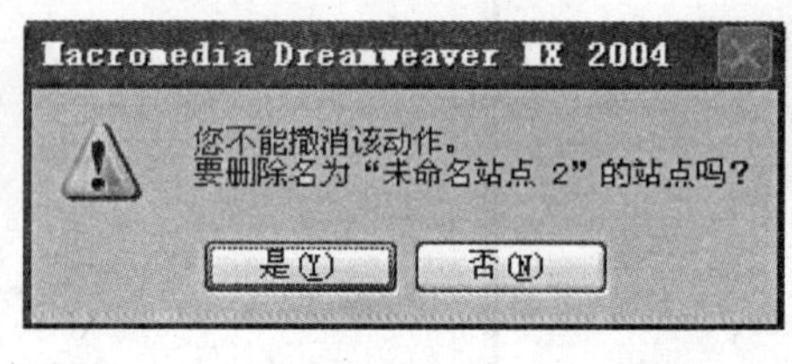

图 6—9　删除站点

3. 应用 Dreamweaver 创建和编辑简单首页

（1）创建和保存网页。

创建页面，可以使用 Dreamweaver 起始页创建新页，或者选择“文件”＞“新建”选项，打开“新建文档”对话框（见图 6—10）。从各种预先设计的页面布局中选择一种，比如，选择“基本页”＋“HTML”，单击“创建”按钮，Dreamweaver 即展开工作区界面（一个空白页）（见图 6—11）。

可以在这个空白页中添加表格和输入文本进行编辑。进行编辑前应先保存这个空白页。选择“文件”＞“另存为”命令，将文件保存到站点本地根文件夹下。

（2）编辑网页。

现在，以一个简单网页为例，介绍一下编辑过程。在开始制作之前，先对页面进行分

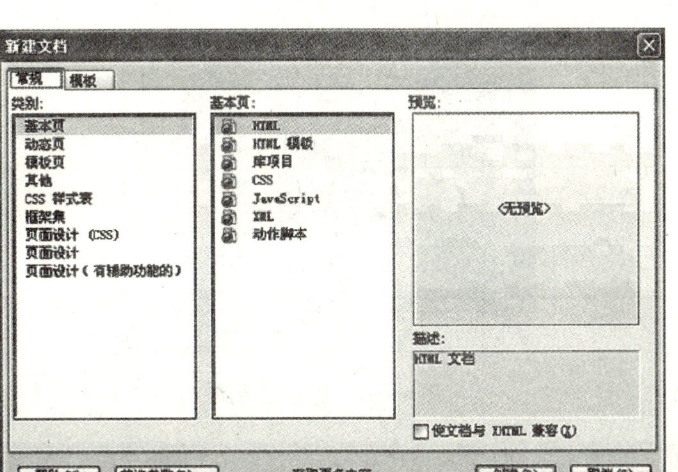

图 6—10　“新建文档”对话框

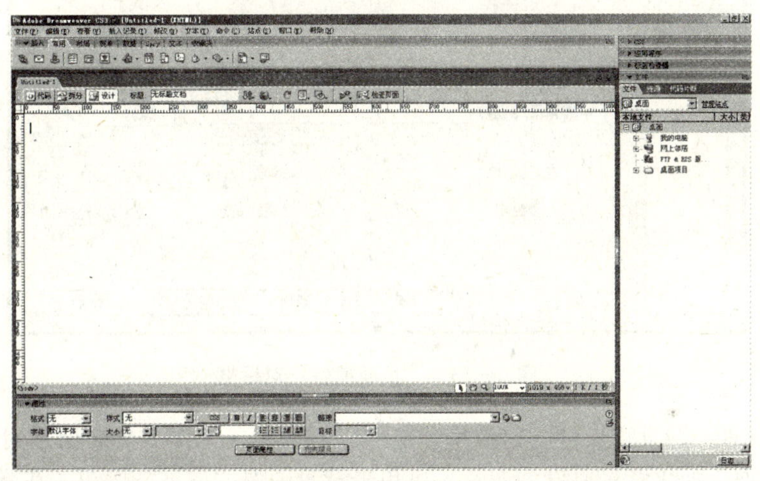

图 6—11　空白页面

析，看看这个页面需要哪些东西。比如：网页顶端是一段文字标题“我的主页”，网页中间是一幅图片，最下端是一段欢迎词，网页背景为深紫红颜色。

首先启动 Dreamweaver 并确保已经用站点管理器建立好了一个网站。为了制作方便，要事先打开资源管理器，把要使用的图片收集到网站目录 images 文件夹内。

1）插入标题文字。进入页面编辑设计视图状态。在一般情况下，编辑器默认左对齐，光标在左上角闪烁，光标位置就是插入点的位置。如果要想让文字居中插入，单击属性面板上的“居中”按钮即可。启动中文输入法输入“我的主页”四个字。

2）设置文字的格式。选中文字，在属性面板中将字体格式设置成默认字体，字号可任意更改，并单击“B”按钮将字体变粗。

3）设置文字的颜色。首先选中文字，在属性面板中，单击颜色选择图标，在弹出的颜色选择器中用滴管选取颜色即可（见图 6—12）。

4）设置网页的标题。选择“修改”＞“页面属性”选项（见图 6—13），系统弹出“页面属性”对话框。选择左侧的“标题”选项，在右侧的标题输入框中填入标题“我的主页”。

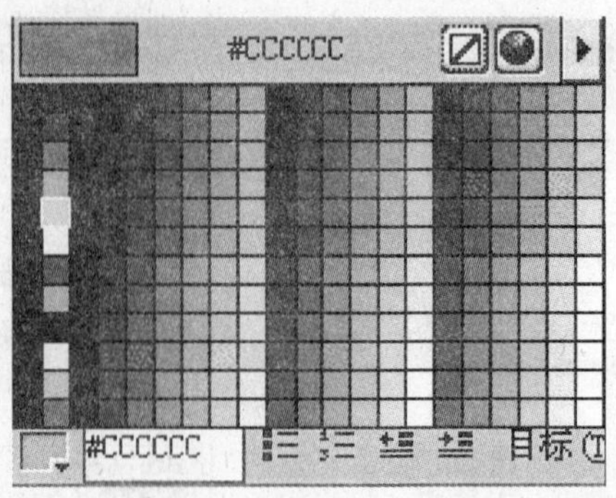

图 6—12 颜色选择器

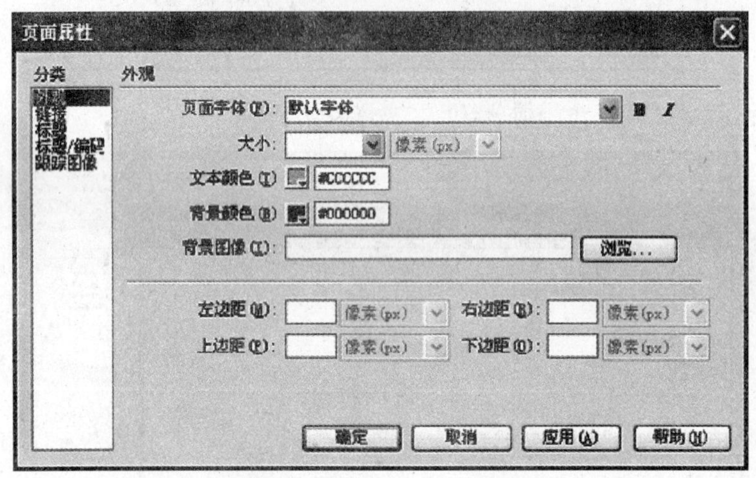

图 6—13 “页面属性”对话框

5）设置背景。网页背景可以是图片，也可以是颜色，如图 6—12 所示可打开背景颜色选择器进行选取。如果背景要设为图片，可单击背景图像“浏览”按钮，在弹出的图片选择对话框中，选中背景图片文件，再单击“确定”按钮。

6）插入图像。在设计视图状态，在标题“我的主页”右边空白处单击鼠标，按回车键换一行，按照以下步骤插入一幅图片，并使这张图片居中。插入图片的方法有三种：

• 使用插入菜单：在“插入”菜单中选择“图像”选项，弹出“选择图像源文件”对话框，选中该图像文件，单击“确定”按钮，如图 6—14 所示。

• 使用“插入”栏（见图 6—15）：单击插入栏对象按钮，打开“选择图像源文件”对话框，其余操作同上。

• 使用面板组“资源”面板（见图 6—16）：单击按钮，展开根目录的图片文件夹，选定文件，用鼠标拖动至工作区合适位置。

注意：为了管理方便，需要把图片放在“images”文件夹内。文件名要用英文命名而且使用小写，不能用汉字命名。

7）输入欢迎文字。在图片右边空白处单击，回车换行。仍然按照上述方法，输入文字“欢迎您……”，然后，利用属性面板对文字进行设置。

最后保存页面，网站中的第一页，也就是首页，通常在存盘时取名为 index. htm。

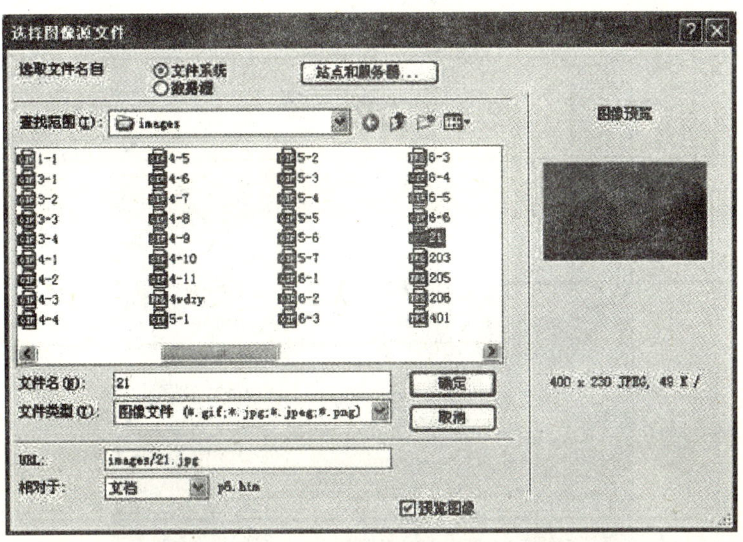

图 6—14　“选择图像源文件”对话框

图 6—15　“插入”栏

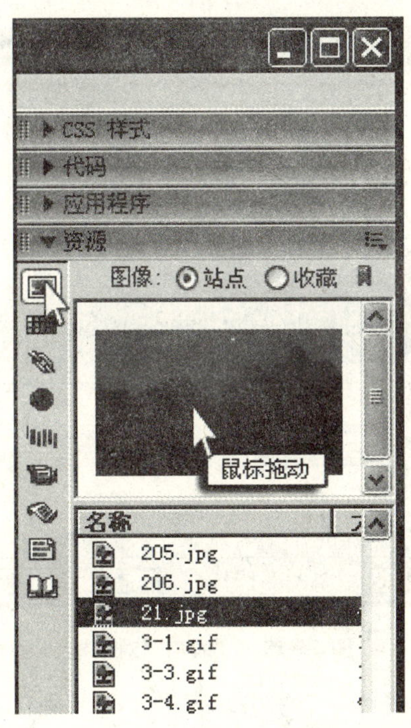

图 6—16　利用“资源”面板插入图片

8）预览网页。在页面编辑器中按 F12 键可预览网页效果。

4. 表格设计

表格是现代网页制作的一个重要组成部分。表格之所以重要是因为表格可以实现网页的精确排版和定位。一张表格横向为行，纵向为列。行列交叉部分为单元格。单元格中的内容和边框之间的距离为边距。单元格和单元格之间的距离为间距。整张表格的边缘为边框。下面以图 6—17 所示的网页为例，介绍表格的一般操作。

图 6—17　表格设计示例

（1）在插入栏中选择按钮或选择“插入”>“表格”选项打开“表格”对话框，如图 6—18 所示。输入行 2、列 2，其余的参数都保留默认值。

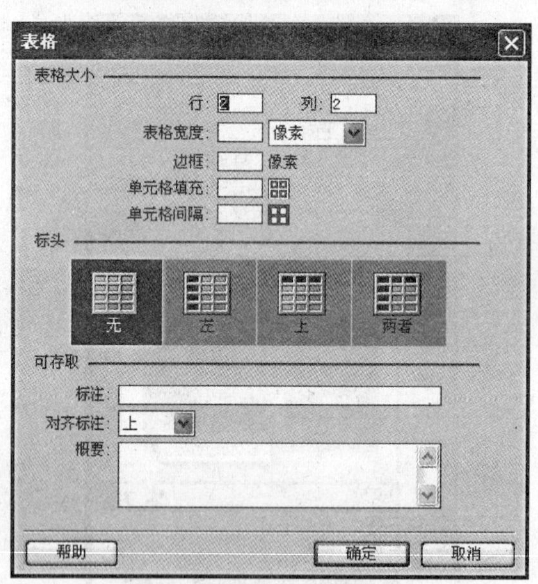

图 6—18　“表格”对话框

（2）在编辑视图界面中生成了一个表格。表格右、下及右下角的黑色点是调整表格的高和宽的调整柄。当光标移到点上就可以分别调整表格的高和宽。移到表格的边框线上也可以调整，如图 6—19 所示。

（3）在表格的第一格按住左键不放，向下拖曳选中两格单元格，如图 6—20 所示。然后在展开的属性面板中选择“合并单元格”按钮（如图 6—21 所示），将表格的单元格合并。如果要分割单元格，则可以用“合并单元格”按钮右边的按钮。合并结果如图 6—22 所示。

（4）用鼠标拖曳表格的边框调整到适当的大小。

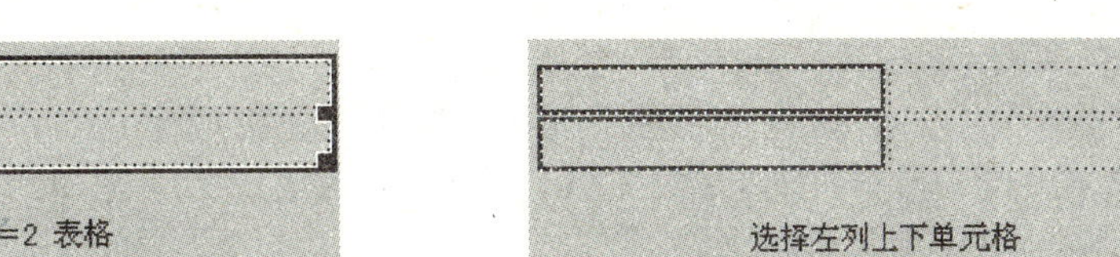

图 6—19　表格调整柄　　**图 6—20　选中两个单元格**

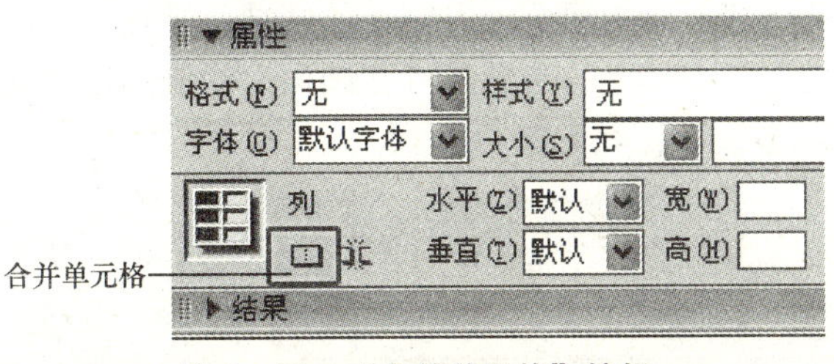

图 6—21　“合并单元格”按钮

图 6—22　合并单元格结果

（5）单击左边的单元格，然后输入文字，并调整大小。

（6）在右边上下单元格内分别插入图片和说明文本。此时，简单的表格页面的基本样子就有了。

（7）将光标移动到表格的边框上并单击，表格周围出现调整框，表示选中整张表格。然后，在“属性”面板中将“边框”值设置为合适的值，如果为 0，边框在编辑状态，为虚线显示，浏览时看不见。

5. 制作超链接

使用超链接可以建立起站内网页之间的联系，还可以链接邮件地址、文件下载地址和其他网站地址等。

（1）页面之间的超链接。

1）在网页中选中要超链接的文字或者图片。

2）在“属性”面板中单击黄色文件夹图标，在弹出的对话框里选中相应的网页文件就完成了（见图 6—23）。

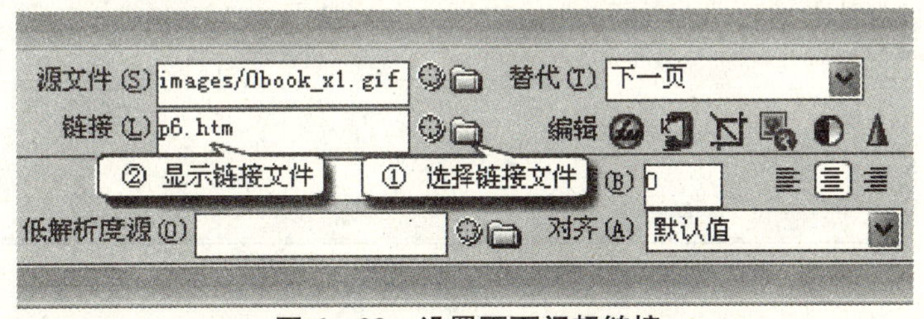

图 6—23　设置页面间超链接

3）按 F12 预览网页。在浏览器里当光标移到超链接的地方就会变成手形。

注意：可以手工在链接输入框中输入地址。给图片加上超链接的方法和文字完全相同，如果超链接指向的不是一个网页文件，而是其他文件例如 zip、exe 文件等，单击链接的时候就会下载文件。

超链接也可以直接指向地址而不是一个文件，那么单击链接将直接跳转到相应的网站。

（2）邮件地址的超链接。

在网页制作中，还经常看到这样的一些超链接，单击了以后，会弹出邮件发送程序，联系人的地址也已经填写好了。这也是一种超链接。

制作方法是：在编辑状态下，先选定要链接的图片或文字（比如：欢迎您来信赐教！），在“插入”栏单击按钮，打开“电子邮件链接”对话框，填入E-mail地址即可。还可以选中图片或者文字，直接在“属性”面板“链接”框中填写“mailto：邮件地址”。

创建完成后，保存页面，按F12键预览网页效果。

（3）制作图片热区超链接。

图片上的热区超链接是指在一张图片上实现多个局部区域指向不同网页的链接。比如一张中国地图的图片，单击不同的省区块可以跳转到不同的网页。有链接的区域就是热区。

首先插入图片。单击图片，用展开的“属性”面板上的绘图工具在画面上绘制热区（见图6—24）。对于复杂的热区图形可以直接选择多边形工具来进行描画。

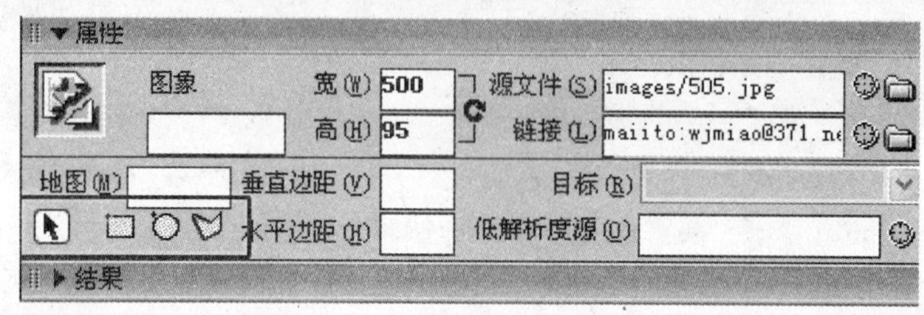

图6—24 “属性”面板上的绘图工具

“属性”面板改换为“热点”面板，如图6—25所示，在“链接”输入框中填入相应的链接，在“替代”框中填入提示文字说明，“目标”框选择默认在新浏览器窗口打开。“替代”框填写了说明文字以后，将光标移上热区就会显示出相应的说明文字。

目标区就是指超链接指向的页面出现在什么目标区域。默认的情况下有以下四个选项：

_ blank：单击链接以后，指向页面出现在新窗口中。

_ parent：用指向页面替换所在的框架结构。

_ self：将连接页面显示在当前框架中。

_ top：跳出所有框架，页面直接出现在浏览器中。

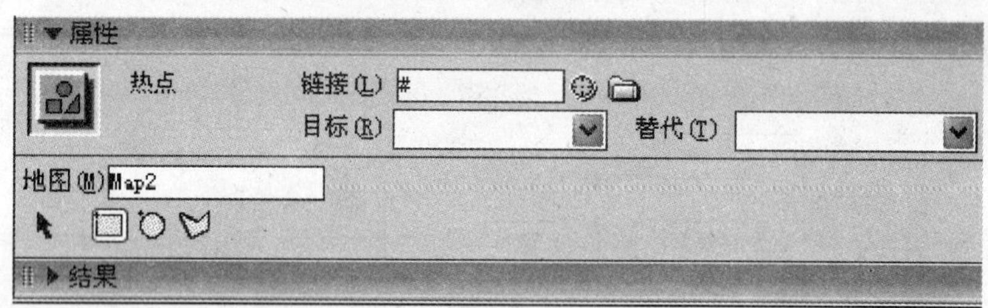

图6—25 “热点”面板

保存页面，按F12键预览，用鼠标在设置的热区检验效果。

6. 创建导航条

导航条是一组链接按钮，供浏览者选择使用。按钮有多种形式，下面介绍鼠标经过时按钮图像发生变化的导航条制作。

“鼠标经过图像”是指当访问者用鼠标指针指向该图像时，该图像发生变化。“鼠标经过图像”由两个图片组成：页面最初载入时显示的原始图像，访问者将鼠标指针移到原始图像上时显示的另一幅图像。

创建导航条的过程如下：

（1）事先要制作好按钮图像，确保每个按钮的图像都具有相同的宽度和高度。

(2) 在“文档”窗口中，将插入点放置在要显示导航条的位置。一般在导航条上边要放置一个横幅图像（Banner），导航条就安排在 Logo 的下边。

(3) 选择“插入”>“图像对象”>“导航条”选项，弹出对话框如图 6—26 所示。

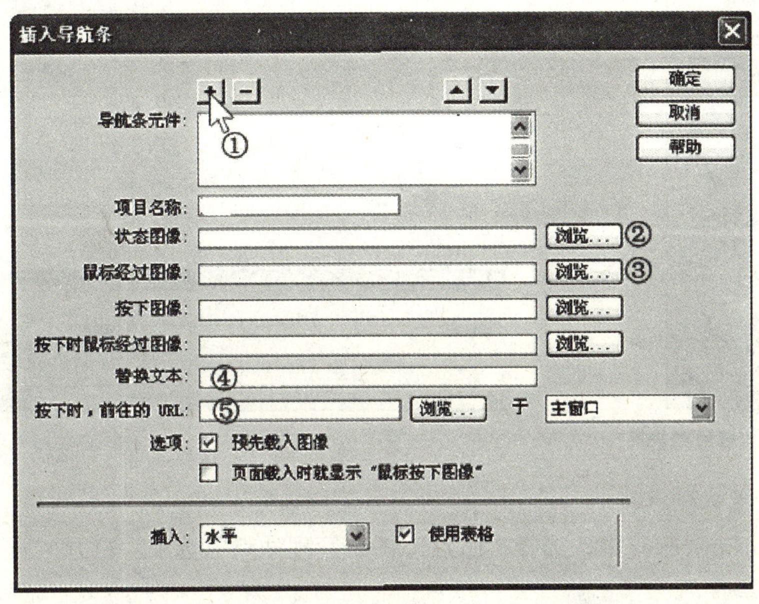

图 6—26　“插入导航条”对话框

(4) 在“插入导航条”对话框中，单击顶部加号“+”按钮，按照图 6—26 所示，在①②③④⑤对应的文本框中，填入相应的文件和文字，即完成了一个按钮的添加。

(5) 单击页面顶部的加号“+”按钮，添加另一个按钮。重复以上步骤，直至所需的按钮添加完毕。

(6) 勾选“预先载入图像”选项，在对话框底部的“插入”框中，选择“水平”选项，勾选“使用表格”选项。

(7) 单击“确定”按钮关闭该对话框，即成功创建了导航条。

(8) 保存页面，按 F12 键，预览导航条。

7. 添加背景音乐

(1) 打开一个网页文档，在文档左下角的“标签选择器”中选择“body”标签（见图 6—27）。

(2) 打开“行为”面板，单击“+”按钮添加行为（见图 6—28）。

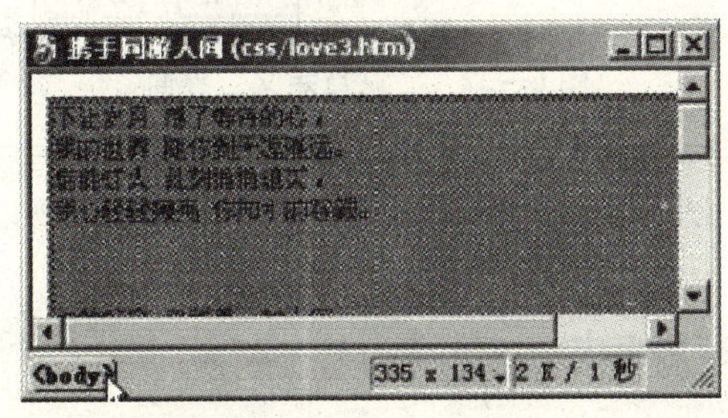

图 6—27　“body”标签

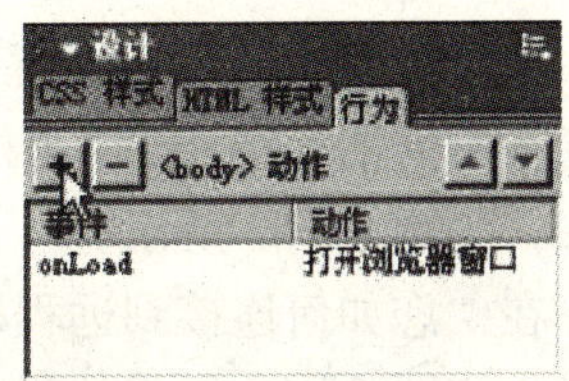

图 6—28　“行为”面板

(3) 单击右键，在打开的快捷菜单中选择“播放声音”选项（见图 6　29）。

(4) 在弹出的“播放声音”对话框中选择声音文件（见图 6—30）。这样一个网页的背景音乐就添加好了。

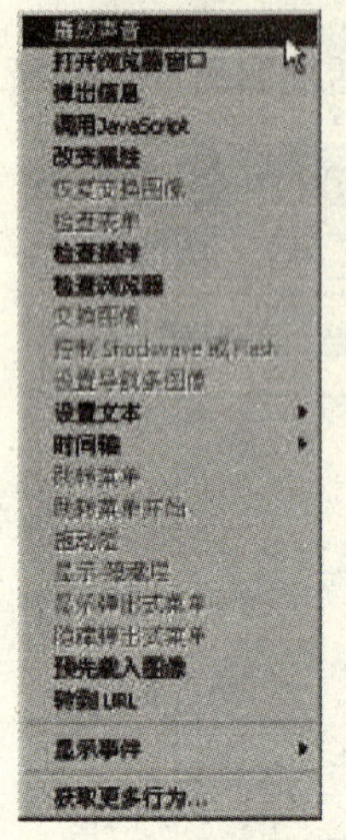

图 6—29　“播放声音”

图 6—30　“播放声音”对话框

8. 发布站点操作

(1) 在 Dreamweaver 中，选择“站点” > “管理站点”选项，打开“管理站点”对话框(见图 6—31)。

(2) 选择一个站点（即本地根文件夹），然后单击“编辑”按钮，打开如图 6—32 所示界面。

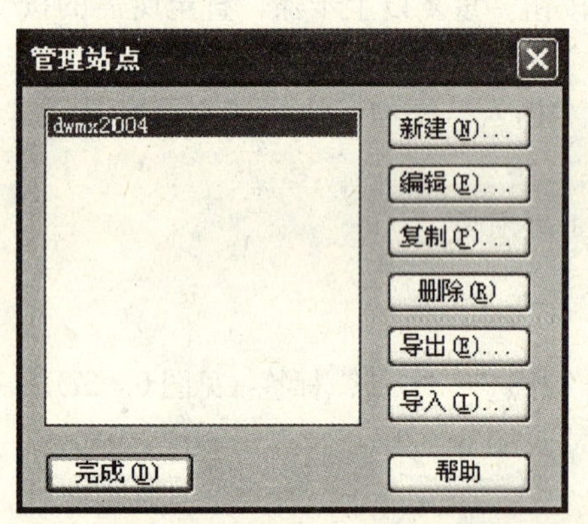

图 6—31　“管理站点”对话框

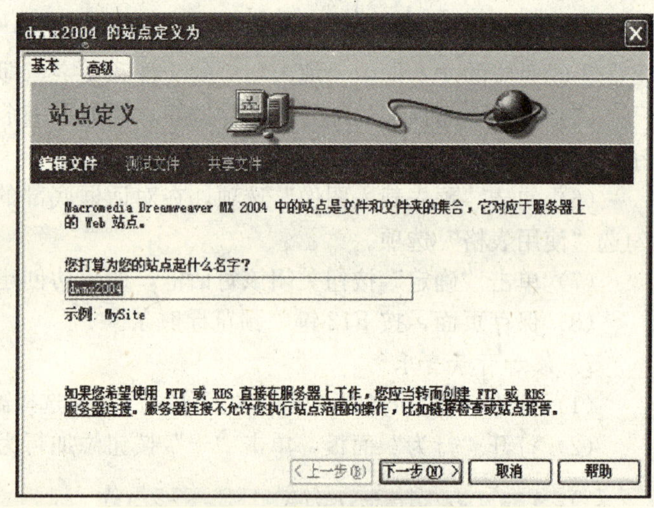

图 6—32　“站点定义”界面

(3) 单击图 6—32 所示界面顶部的“基本”选项卡。在前面设置站点时，已填写了“基本”选项卡中的前几个步骤，因此单击几次“下一步”按钮，直到向导高亮显示“共享文件”步骤，如图 6—33 所示。

(4) 在“您如何连接到远程服务器?”下拉菜单中，选择“FTP”选项。单击“下一步”按钮，进入如图 6—34 所示的界面。

(5) 输入服务器的主机名（必须填）。“您打算将您的文件存储在服务器上的什么文件夹中?”输入框中，可以留空。在相应的文本框中输入用户名和密码。可勾选或不勾选“使用安全 FTP (SFTP)”选项。单击“测试连接”按钮，如果连接不成功，请检查设置或咨询

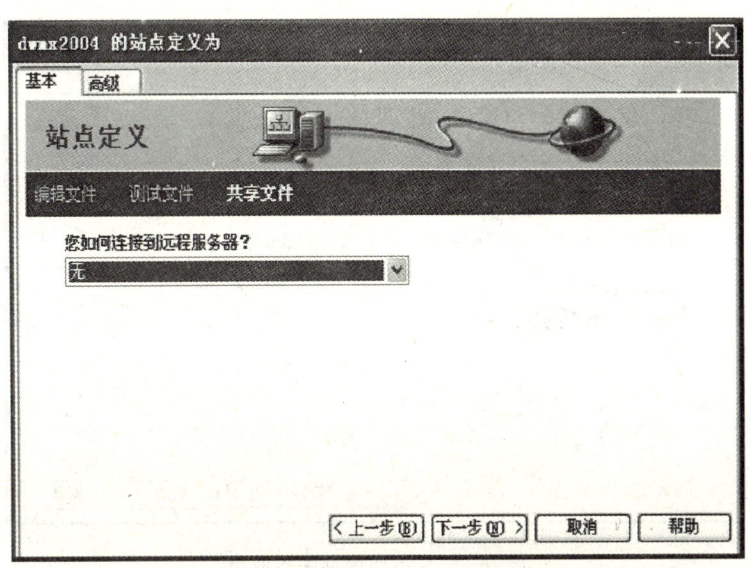

图 6—33　“站点定主”>“共享文件”

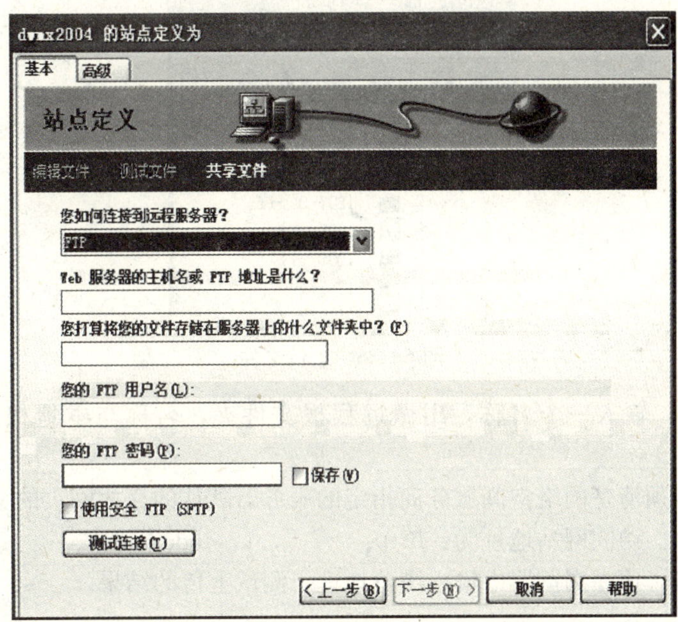

图 6—34　输入站点信息

系统管理员。在输入相应的信息后，单击“下一步”按钮，进入如图 6—35 所示界面。

(6) 选择“否，不启用存回和取出”选项。单击“下一步”按钮并单击“完成”按钮完成远程站点的设置。再次单击“完成”按钮退出“管理站点”对话框。

(7) 在设置了本地文件夹和远程文件夹之后，可以将文件从本地文件夹上传到 Web 服务器。在“文件”面板中，选择站点的本地根文件夹。单击“文件”面板工具栏上的“上传文件”图标 (见图 6—36)，Dreamweaver 会将所有文件复制到服务器默认的远程根文件夹。

多数空间提供商都设置有服务器默认的文件夹，请在此文件夹下创建一个空文件夹，方法是：在“文件”面板中，将“本地视图”转换为“远程视图”。右键单击文件夹，选

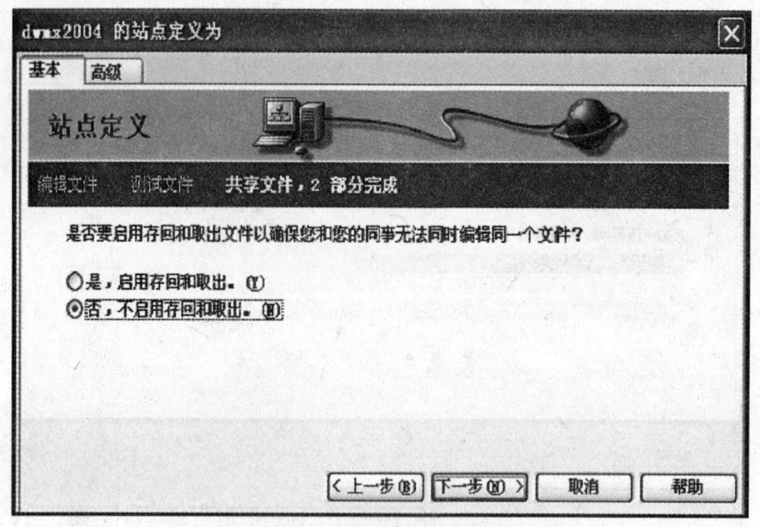

图 6—35　不启用存回和取出

图 6—36　上传文件

择“新建文件夹”，输入一个名称，用做远程根文件夹，名称与本地根文件夹的名称一致，便于操作。

第一次上传必须清楚网络空间服务商指定的服务器默认的存放网页的文件夹，在此文件夹下存放站点文件。访问网站地址为：http：//……/index. htm。

（8）上传完毕，请在浏览器中输入浏览地址，测试上传的结果。

第 3 节　运用 IIS 架设网站服务器

要提供 WWW 服务，必须架设 Web 服务器。目前架设 Web 服务器，最常用的有两种技术：IIS 和 Apache。前者是 Microsoft 的产品，通过它可以架设 IIS＋ASP＋CGI＋PERL 或 PHP＋MYSQL。Apache 技术源自美国国家超级技术计算应用中心（NCSA）的 Web 服务器项目，在 Linux 中应用较多，利用它可以架设 Apache＋MYSQL 的服务器。本节主要介绍运用 IIS 架设 Web 服务器技术。

IIS 是 Internet Information Server 的缩写，它是微软公司主推的 Web 服务器软件。IIS 可与 Window 完全集成在一起，因而用户能够利用 Windows 和 NTFS 内置的安全特性，建立强大、灵活而安全的 Web 站点。IIS 还支持 HTTP 以及 SMTP 协议，通过 CGI 和 ISA-PI，IIS 可以得到高度的扩展。

第一，安装 IIS。

若操作系统中还未安装 IIS 服务器，可打开控制面板，然后选择“添加/删除程序”选项，在弹出的对话框中选择“添加/删除 Windows 组件”选项（见图 6—37）。

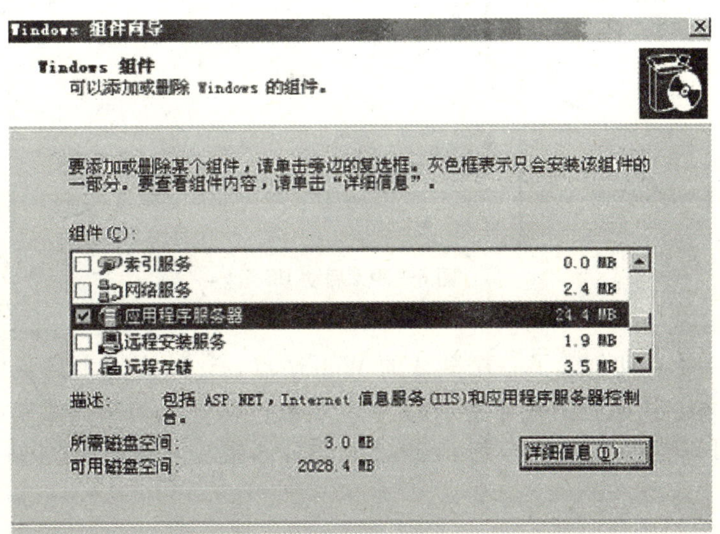

图 6—37　“Windows 组件向导”对话框

在“Windows 组件向导”对话框中勾选“Internet 信息服务（IIS）”选项，然后单击“下一步”按钮，按向导指示完成对 IIS 的安装（见图 6—38）。

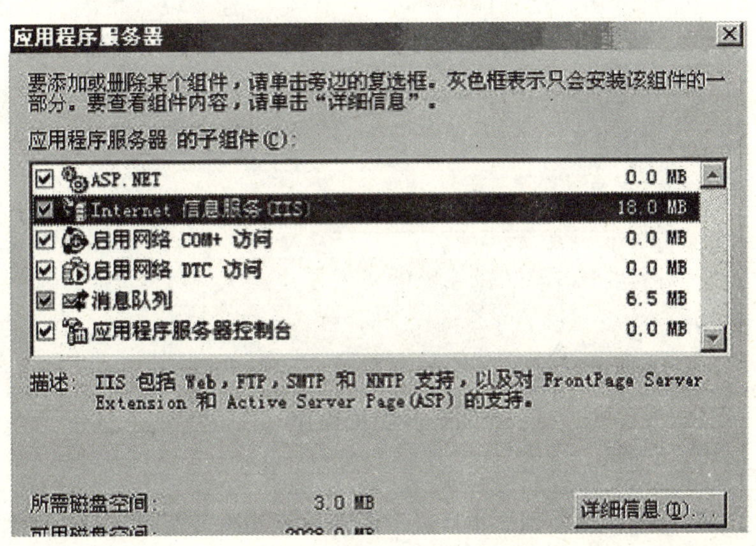

图 6—38　“Internet 信息服务（IIS）”的安装

第二，启动 IIS。

选择 Windows“开始”菜单>“所有程序”>“管理工具”>“Internet 信息服务（IIS）管理器”选项，即可启动 IIS（见图 6—39）。

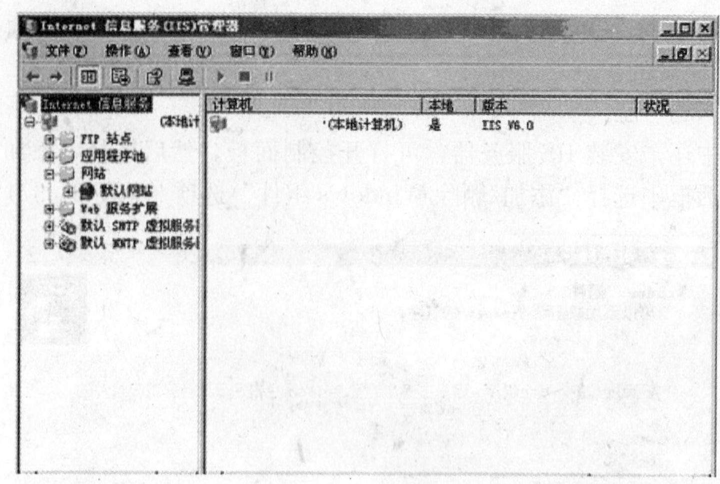

图 6—39 启动 IIS

第三，配置 IIS。

IIS 安装后系统自动创建了一个默认的 Web 站点，该站点的主目录默认为 C：\ Inetpub \ www. root。用鼠标右键单击默认 Web 站点，在弹出的快捷菜单中选择“属性”选项，此时就可以打开“属性”对话框，在该对话框中，可完成对站点的全部配置（见图 6—40）。

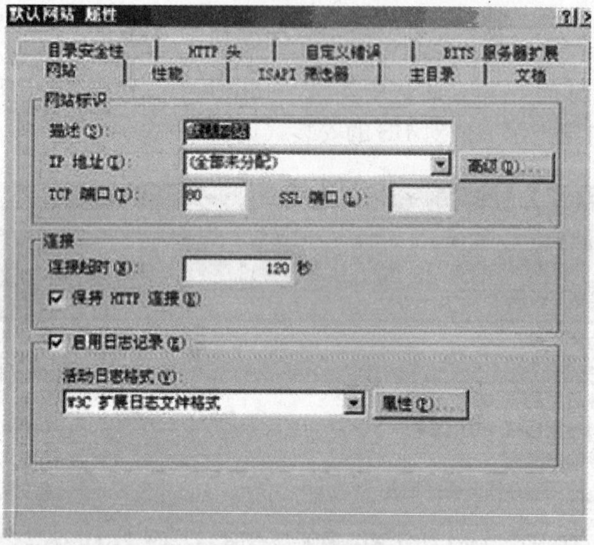

图 6—40 配置 IIS

第四，主目录与启用父路径。

单击“主目录”标签，切换到“主目录”设置页面，该页面可实现对“主目录”的更改或设置（见图 6—41）。注意检查“启用父路径选项”是否勾选，如未勾选将对以后的程序运行有部分的影响（见图 6—42）。

第五，设置主页文档。

单击“文档”标签，可切换到主页文档的设置页面。主页文档是在浏览器中键入网站域名，而未制定所要访问的网页文件时，系统默认访问的页面文件。

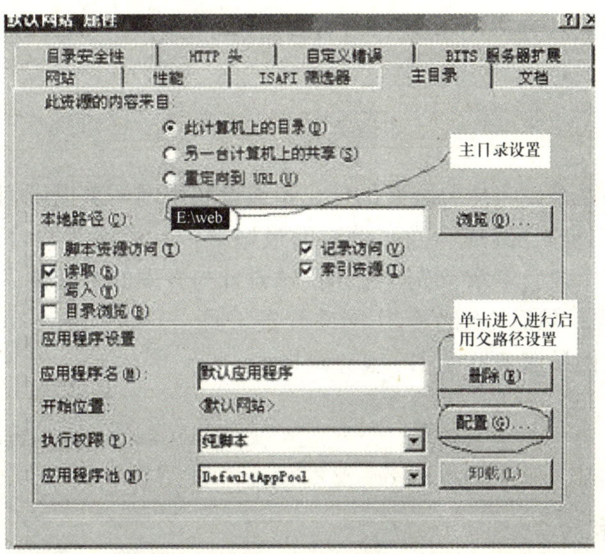

图 6—41　设置“主目录”

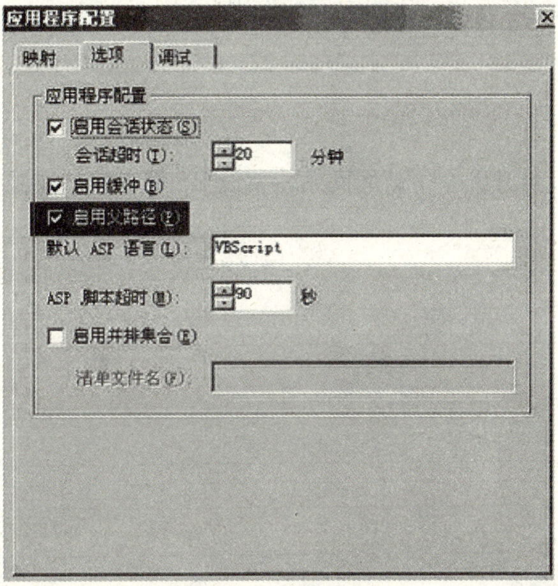

图 6—42　启用父路径

常见的主页文件名有 index. htm、index. html、index. asp、index. php、index. jap、default. htm、default. html、default. asp 等。

IIS 默认的主页文档只有 default. htm 和 default. asp，根据需要，利用添加和删除按钮可为站点设置所能解析的主页文档。

第六，启动与停止 IIS 服务。

在 Internet 信息服务的工具栏中有启动与停止服务的按钮，单击可启动 IIS 服务器，再单击则停止 IIS 服务器。

配置好 Web 服务器，就可以提供 Web 浏览服务了。把制作好的网站文件全部拷贝到主目录下，打开浏览器，在地址栏中输入 http：//127. 0. 0. 1/（127. 0. 0. 1 是回送地址，指向本地计算机，用于测试），按回车键就可以看到制作好的网页了。

本章小结

人们可以通过网站来发布想要公开的信息，或者利用网站来提供相关的网络服务。随着WWW技术的发展，网站已经成为发布信息的最好平台。设计开发自己的个性网站成了发布和广播信息的最好手段。本章首先介绍了网站设计与开发的基础知识：网页、网站、服务器、浏览器和HTML；然后介绍了运用网站开发工具——Dreamweaver设计开发网站的技术；最后介绍了架设网站服务器的IIS服务器技术。

复习题

1. 什么是网页和网站？
2. 什么是URL？
3. HTML基本格式是什么？
4. HTML常用标记有哪些？说明它们的作用。

课外实践与练习

用Dreamweaver设计开发一个新闻网站，架设IIS服务器，在服务器上发布这个新闻网站。

第7章 数字视频处理及其网络传播技术——新闻视点镜头目击

以非线性编辑为代表的数字制作技术正被广泛应用于影视创作上，在音乐电视、影视广告、电视电影、电视节目包装等方面创作出令人震撼的真实感和极具形式感、风格化与意念性的作品。在非线性编辑系统集成化的趋势下，剪辑、合成、图文制作、声音等越来越多的功能被集成到了同一后期制作系统中，为创作者提供了更为强大的创作工具。在电影制作领域，非线性编辑不但改变了影视制作工艺，而且与数字合成手段结合在一起，实现了影视特技质的飞跃，创造了逼真甚至超越现实的视觉效果，使得视觉特效成为影视中重要的表现元素。

视频点播（VOD）技术是一项随着娱乐业的发展而兴起的技术。它利用网络和视频技术的优势，彻底改变了过去收看节目的被动方式，实现了节目的按需收看和任意播放，集动态影视图像、静态图片、声音、文字等信息为一体，为用户提供实时、交互、按需点播服务。视频点播技术的出现，从某种意义上讲，是视频信息技术领域的一场革命，也是对传统收视方式的一个挑战，因此引起了影视界和通信界的高度重视。

网络技术和多媒体技术的飞速发展使网络上的信息不再只是文本、图像和声音文件。越来越多的音频、视频剪辑等多媒体信息，包括电影、新闻剪辑、电台、电视广播、网络游戏甚至虚拟宠物等出现在网民的视野里。想要使用这些多媒体信息，就必须实现视频、音频信息在网络上的传输。未经压缩的视频文件数据量是很大的。以PAL制式电视图像为例，每帧有640×480个像素点，每秒25帧，如采用24位量化，则每秒产生23MB的数据。这样大的数据量连存储都很困难，更不必说在网络上实时传输了。事实上，原始视频数据中存在着大量的数据冗余，通过数据压缩技术可以使数据量大为减少，例如使用MPEG-1标准，可以将每秒钟的数据量压缩到1.5MB左右，大大减少了视频文件的数据冗余。但是即使采用了高效的压缩算法，视频文件的数据量相对于现有的网络带宽来说，还是太大，如果采用传统的下载完毕后再播放的方式，用户将不得不准备大量的磁盘空间，并花大量的时间等待下载完毕。流媒体技术正是突破了这种旧有模式顺应快节奏的现代生活和工作而蓬勃发展起来的。

学习目标

通过本章的学习，应该能够：

- 说出什么是视频与数字视频；
- 阐述数字视频的特点和优势；

- 说出常用的数字视频编码标准和格式；
- 说出非线性编辑系统的构成；
- 会运用非线性编辑软件 Adobe Premiere 编辑视频；
- 说出一般视频点播系统的组成；
- 说出常见的实现视频点播业务的方案；
- 阐述视频点播系统的分类；
- 会搭建视频点播服务器；
- 阐述流媒体的概念；
- 说出流媒体的特点；
- 说出常见流媒体文件格式及相应的播放器；
- 阐述三大主流流媒体技术；
- 会架设流媒体服务器。

第 1 节　视频数字化技术

一、模拟视频

视频（Video）是活动的图像，电影电视都属于它的范畴，它实际上是由一系列的静态图像组成的。每一个静态图像成为一帧（Frame）或者一格，因此，帧是构成视频信息的最小和最基本的单元。同时，作为一个完整的信息还需要同时播放音频信号，这就需要将音频和视频有机结合起来，形成一个统一体。

把任何一幅图像划分成许多大小相等的小单元，这些小单元按一定的顺序排列起来即可构成原来的图像，这种构成视频画面的最小单元称为像素。像素按一定的方式一个个地排列起来，即可成一帧帧的电视画面。像素划分得越细小，也就是说单位面积上分解出的像素越多，最后恢复出来的图像就越清晰，越接近于真实。视频形成的关键在于：第一，把每个静态画面分解成许多像素；第二，把这些明暗不等的像素变换成相应的大小不同的电信号，播放视频时再把这些大小不同的电信号还原成相应的像素，形成一帧帧的画面，按照一定的帧频呈现在显示设备上。

但是，实践证明为了保证一幅恢复后的图像逼真而清晰，至少应分解出几十万个像素，这么庞大的信息量对于处理和传送都是不现实的。光的三基色原理是利用红、绿、蓝三种基本颜色的不同组合混合出自然界无数色彩。根据三基色原理，自然界中千差万别的彩色用不着一一分解，只要分析三基色的信息就行了。

在实际的视频拍摄过程中，利用三基色原理，首先把所摄得景物的彩色光利用分色棱镜分解为红、绿、蓝三种单色光信号，再利用摄像管把单色光信号分别进行光电变换及一定的编码处理之后，合成一路电信号，记录在视频存储介质上，或者通过通信网络，直接发送到用户的视频播放器上。播放时把复合的电信号解码恢复成红、绿、蓝三个单色电信号，并且在彩色显示屏上利用相加混色法和人眼的视觉特性，正确地再现原彩色景物的视频画面。

以前所接触的视频信号大多是模拟视频信号，摄像管根据拍摄景物的明暗等光学特性产生连续的变化电流或者电压，再把这些连续的变化电流或者电压信息记录在存储介质上，或者直接发送到用户的播放器上。记录下来的或者传送的都是连续变化的模拟电信号。利用专业的测试工具比如示波器可以清晰地看到视频信号是由一系列连续的“山峰”和“山谷”组成的波形。

模拟信号的最大缺陷是容易失真。由于存储介质等原因会造成在记录、保存、传输和复制过程中产生失真，经过多代复制之后的视频就没有播放和观看的价值了。为了解决模拟视频信号的精确记录、长期保存、防干扰传输和无损复制，就有必要把模拟信号数字化。将模拟的视频信号数字化，要经过采样、量化、编码和压缩等过程把连续的模拟波形信号转化为离散的数字信号。

二、数字视频

1. 数字视频的特点和优势

(1) 数字信号是一系列的数字脉冲，记录精确，而且传输过程中不容易受到干扰。

(2) 视频信号数字化以后，在编辑和处理视频时只是对存储视频信息的地址和索引进行重新编排，并未处理电子信息本身，因此无论怎样编辑都不会产生对视频本身的画面质量产生影响。复制多次，也不会失真。

(3) 可以运用多种数字视频处理工具，进行非线性编辑，可以处理视频的每一个细节，包括色彩、亮度。

(4) 数字视频可以压缩，可以在 Internet 上传播，是数字视频的最大优势。

2. 数字视频的压缩编码和文件格式

在没有压缩的情况下，一幅宽 640 像素、高 480 像素，分辨率为 72 像素/英寸的 RGB 彩色画面，包含 307 200 个像素，它所占的存储空间需要 1.76MB。而 1 秒钟的 PAL 制视频，所需空间高达 23MB，一张 650MB 的光盘只能存储 28 秒视频。这样做既不经济也没有意义，因此数字视频首先要解决就是压缩编码的问题。

在数字视频压缩编码领域，最有影响就是 MPEG 标准了。MPEG 是活动图像专家组 (Moving Picture Exports Group) 的缩写，于 1988 年成立，是为数字视音频制定压缩标准的专家组。MPEG 组织制定的各个标准都有不同的目标和应用，目前已正式提出 MPEG-1、MPEG-2、MPEG-4 标准。

(1) MPEG-1 标准。

MPEG-1 标准于 1993 年 8 月公布，用于传输 1.5Mbit/s 数据传输率的数字媒体运动图像及其伴音的编码。该标准从颁布的那一刻起，MPEG-1 取得了一系列的成功，如 VCD 和 MP3 的大量使用，Windows 95 以后的版本都带有一个 MPEG-1 软件解码器。

使用 MPEG-1 的压缩算法，可以把一部 120 分钟长的电影压缩到 1.2GB 大小。这种视频格式的文件扩展名可以是：mpg、mlv、mpe、mpeg 以及 VCD 光盘中的 dat 等。

MP3 音频格式也是属于 MPEG-1 标准，全称叫 MPEG Audio Layer3，简称为 MP3。它将音乐以 1∶10 甚至 1∶12 的压缩率，压缩成容量较小的文件，能够在音质损失很小的情况下把文件压缩到很小的程度。MP3 格式音乐几乎成为网上音乐的代名词。

(2) MPEG-2 标准。

MPEG 组织于 1994 年推出 MPEG-2 压缩标准，以实现视/音频服务与应用互操作的可能性。MPEG-2 标准是针对标准数字电视和高清晰度电视在各种应用下的压缩方案和系统层的详细规定，特别适用于广播级的数字电视的编码和传送，被认定为 SDTV (标准清晰度电视) 和 HDTV (数字高清晰度电视) 的编码标准。

这种格式主要应用在 DVD/SVCD 的制作 (压缩) 方面，同时在一些 HDTV 和一些高要求视频编辑、处理上面也有相当的应用。这种视频格式的文件扩展名可以是：mpg、mpe、mpeg、m2v 以及 DVD 光盘上的 vob 等。

（3）MPEG-4 标准。

MPEG 于 1999 年正式公布了 MPEG-4（ISO/IEC14496）标准，于 2000 年正式成为国际标准。MPEG-4 与 MPEG-1 和 MPEG-2 有很大的不同。MPEG-4 不仅仅是具体压缩算法，它是针对数字电视、交互式绘图应用（影音合成内容）、交互式多媒体（WWW、资料撷取与分散）等整合及压缩技术的需求而制定的国际标准。

MPEG-4 的优点是：

- 提供基于内容的交互，如索引、超链接、上下载、删除等。
- 高效的压缩性，同已有的或即将形成的其他标准相比，在相同的比特率下，它基于更高的视觉听觉质量。同时 MPEG-4 还能对同时发生的数据流进行编码，一个场景的多视角或多声道数据流可以高效、同步地合成为最终数据流。这可用于虚拟三维游戏、三维电影、飞行仿真练习等。
- 通用的访问性可满足不同用户的不同需求，支持具有不同带宽、不同存储容量的传输信道和接收端。

MPEG-4 广泛应用于因特网多媒体应用、广播电视、交互式视频游戏、实时可视通信、交互式存储媒体应用、演播室技术及电视后期制作、远程视频监控、通过 ATM 网络进行的远程数据库业务等。这种视频格式的文件扩展名可以是：asf、mov 和 avi 等。

（4）其他压缩编码标准和格式。

RM 和 RMVB 是 RealNetworks 公司开发的主要在互联网上进行多媒体传输的压缩格式。RealNetworks 公司所制定的音频视频压缩规范称为 RealMedia，用户可以使用 RealPlayer 对符合 RealMedia 技术规范的网络音频/视频资源进行实况转播。RealMedia 可以根据不同的网络传输速率制定出不同的压缩比率，从而实现在低速率的网络上进行影像数据实时传送和播放。这种格式的另一个特点是用户使用 RealPlayer 播放器可以在不下载音频/视频内容的条件下实现在线播放。RMVB 格式是由 RM 视频格式升级延伸出的新视频格式，它的先进之处在于在保证静止画面质量的前提下，大幅地提高了运动图像的画面质量，使图像质量和文件大小之间达到了平衡。

WMV 格式：它的英文全称为 Windows Media Video，也是微软公司推出的一种采用独立编码方式并且可以直接在网上实时观看视频节目的文件压缩格式。

AVI 格式：它的英文全称为 Audio Video Interleaved，即音频视频交错格式。它于 1992 年被 Microsoft 公司推出，随 Windows 3.1 一起被人们所认识和熟知。所谓“音频视频交错”，就是可以将视频和音频交织在一起进行同步播放。这种视频格式的优点是图像质量好，可以跨多个平台使用。

DV-AVI 格式：DV 的英文全称是 Digital Video Format，DV-AVI 是由索尼、松下、JVC 等多家厂商联合提出的一种家用数字视频格式。目前的数码摄像机就是使用这种格式记录视频数据的。它可以通过计算机的 IEEE 1394 端口传输视频数据到计算机，也可以将计算机中编辑好的视频数据回录到数码摄像机中。这种视频格式的文件扩展名一般是 avi，所以也叫 DV-AVI 格式。

DivX 格式：这是由 MPEG-4 衍生出的一种视频编码（压缩）标准，也即通常所说的 DVDrip 格式，它采用了 MPEG-4 的压缩算法同时又综合了 MPEG-4 与 MP3 各方面的技术。DivX 的另外一个特点是可以外挂字幕和 AC3 音频源，这样就可以在近似于 DVD 的画面质量的基础上，享受到 DVD 的音效，同时还可以自己选择字幕，给了用户很大的自由度。

FLV 视频格式：FLV 是 Flash Video 的简称，FLV 流媒体格式是一种新的视频格式。FLV 是随着 Flash MX 的推出发展起来的视频格式，目前被众多新一代视频分享网站所采用，是目前增长最快、最为广泛的视频传播格式。目前各在线视频网站均采用此视频格式。如新浪播客、56、土豆、酷 6、YouTube 等。

3. 数字视频的相关概念

（1）帧和场。

帧是构成视频的一个个独立的画面，场是以水平隔线的方式显示帧的内容，在显示时先显示第一个场的交错间隔内容，然后再显示第二个场来填充第一个场留下的缝隙。两场为一帧，先有场后有帧。比如一张照片（就是一帧），假如把它分割为 500 个横条，其中单数的为一个场，双数的为另一个场，在播放的时候可以先扫描 250 个条（奇数场），再扫描后 250 个条（偶数场），这主要是为了适应电视播放需要，这两场的扫描时间是很短的，所以一般看不出来。

（2）隔行扫描与逐行扫描。

电视采用隔行扫描（Interlaced Scanner）的方法是为了减小带宽。隔行扫描的原理是，将一帧画面分为两场扫描，也就是说将扫描线分为两组交叉进行扫描。电子束先扫描一帧的所有奇数行，构成奇数行光栅，称为奇数场（Odd Field）；然后再扫描一帧的所有偶数行，构成偶数行光栅，称为偶数场（Even Field）。两场光栅在重现图像上精确镶嵌，构成一帧画面，这样图像带宽可以减小一半。由于整体画面的重现频率为 50Hz，所以在一定距离上观看整体画面没有闪烁感。隔行扫描优点是可以保证在图像分辨力无太大下降和画面无大面积闪烁的前提下，将图像信号带宽减小一半。逐行扫描是由电子束顺序地一行接着一行连续扫描而形成每一帧图像。

（3）帧速率。

帧速率是指每秒所显示的静止帧的格数，对应显示设备如电视机或计算机显示器每秒钟能够刷新的次数。对于视频来说就是指每秒钟能够播放多少格画面。越高的帧速率可以得到更流畅、更逼真的视频效果。

（4）画幅宽高比。

视频画面宽度与高度的比值。目前最常见的有两种格式：

1.33∶1—4∶3 格式：包括各种标清电视摄像机采用 4∶3 格式拍摄的画面、为 4∶3 电视节目播放剪裁自各种电影胶片的 4∶3 录像节目、为制作电影 DVD 由制作人员重新构图为 4∶3 比例的视频素材。

1.78∶1—16∶9 格式：包括各种标、高清电视摄像机采用 16∶9 格式拍摄的画面，为 16∶9 电视节目播放剪裁自各种电影胶片的 16∶9 录像节目，为制作电影 DVD 由制作人员重新构图为 16∶9 比例的视频素材。

（5）标准清晰度电视与数字高清晰度电视。

标准清晰度电视是指其图像水平清晰度为 200～300 线的电视系统，主要是对应现有 VCD 的分辨率量级，采用的是 4∶3 屏幕格式，简称 SDTV。从拍摄、编辑、制作、播出、传输、接收等电视信号播出和接收的全过程都使用数字技术的电视系统称为数字电视

(DTV)。数字高清晰度电视是数字电视标准中最高级的一种，简称为 HDTV（High Definition TV）。数字高清晰度电视须至少 720 线逐行或 1080 线隔行扫描，屏幕宽高比为 16∶9，但各个国家的标准不同。

（6）电视制式（NTSC 制、PAL 制和 SECAM 制）。

目前彩色电视共有三大制式：

1）正交平衡调幅制——National Television Standard Committee，简称 NTSC 制，NTSC 制电视的供电频率为 60Hz，场频为每秒 60 场，帧频为每秒 30 帧，扫描线为 525 行，图像信号带宽为 6.2MHz。采用这种制式的主要国家有美国、加拿大和日本等。

2）正交平衡调幅逐行倒相制——Phase Alternating Line，简称 PAL 制，PAL 制电视的供电频率为 50Hz，场频为每秒 50 场，帧频为每秒 25 帧，扫描线为 625 行，图像信号带宽分别为 4.2MHz、5.5MHz 和 5.6MHz 等。中国、德国、英国和其他一些西北欧国家采用这种制式。

3）行轮换调频制，简称 SECAM 制。这种制式在信号传输过程中，亮度信号每行都传送，而两个色差信号则是逐行依次传送，即用行错开传输时间的办法来避免同时传输时所产生的串色以及由其造成的彩色失真。SECAM 制色度信号的调制方式与 NTSC 制和 PAL 制的调幅制不同，因此，它不怕干扰，彩色效果好，但其兼容性较差。采用这种制式的有法国和东欧一些国家。

（7）DV。

DV 是英语 Digital Video 的缩写，是数码摄像机的意思，也指由索尼（Sony）、松下（Panasonic）、JVC、夏普（Sharp）、东芝（Toshiba）和佳能（Canon）等多家著名家电巨擘联合制定的一种数码视频格式。在大多数场合 DV 则代表数码摄像机。

（8）HDV。

HDV 是由佳能、夏普、索尼、JVC 四大厂商推出的一种使用在数码摄像机上的高清标准。采用这一标准的数码摄像机能以 720 线的逐行扫描方式或 1 080 线隔行扫描方式进行拍摄。

（9）DVCAM。

索尼公司于 1996 年在 DV 格式的基础上成功开发了基于 1/4 英寸磁带的 DVCAM 专业数字分量记录格式。DVCAM 格式是世界标准 DV 格式的专业扩展。该格式采用 5∶1 的压缩比，4∶2∶0（PAL）取样方式，8bit 数字分量记录，与家用 DV 格式双向兼容，同时更宽的磁迹宽度又可保证专业编辑精度。作为数字设备，DVCAM 系列产品可保证专业视频制作所要求的图像质量、编辑性能及多代复制性能；而通过提供一系列模拟接口，它又可以方便地配置到现有的模拟编辑系统中。

（10）DVCPRO。

DVCPRO 是由日本松下公司在与 DV 兼容的基础上开发的专业级的数字分量标准格式，水平解析度达 700 线。

（11）Betacam-SX。

Betacam-SX 采用了 MPEG-2 压缩方式，可以采用更大的压缩比从而降低数据率，并且填补了 MPEG-2 压缩方式在电视信号处理的全过程中录像编辑制作领域的空白。

（12）数字 Betacam。

数字 Betacam 是日本索尼公司开发的一种广播级数字视频格式，数字 Betacam 格式的推出弥补了能够记录数字分量信号的数字录像机这一环节。数字 Betacam 包括摄录一体机、数字录像机和便携式录像单元，实现了完整的数字分量节目制作过程，并能使电视制作从前期拍摄到节目播出保持同一格式。

（13）复合接口。

复合接口也称 AV 接口，通常都是成对的白色音频接口和黄色的视频接口，它通常采用 RCA（俗称莲花头）进行连接，使用时只需要将带莲花头的标准 AV 线缆与相应接口连接起来即可。AV 接口实现了音频和视频的分离传输，避免了因为音/视频混合干扰而导致的图像质量下降。但由于 AV 接口的传输仍然是一种亮度/色度（Y/C）混合的视频信号，仍然需要显示设备对其进行亮/色分离和色度解码才能成像，这种先混合再分离的过程必然会造成色彩信号的损失，色度信号和亮度信号也会有很大的机会相互干扰从而影响最终输出的图像质量。

（14）S-Video 端口。

S-Video 英文全称叫 Separate Video。为了达到更好的视频效果，人们开始探求一种更快捷优秀、清晰度更高的视频传输方式，这就是 S-Video（也称二分量视频接口），S-Video 的意义就是将 Video 信号分开传送，也就是在 AV 接口的基础上将色度信号 C 和亮度信号 Y 进行分离，再分别以不同的通道进行传输。S-Video 端子出现并发展于 20 世纪 90 年代，通常采用标准的 4 芯（不含音效）或者扩展的 7 芯（含音效）。

（15）1394 接口。

1394 接口是由 Apple 和 TI 公司开发的高速串行接口标准，Apple 称之为 FireWire（火线），Sony 称之为 i. Link，Texas Instruments 称之为 Lynx。尽管各自厂商注册的商标名称不同，但实质都是一项技术，那就是 IEEE1394。IEEE1394 是一种外部串行总线标准，具有 800Mbit/s 的高速。近年来随着成本的下降，1394 接口正迅速普及。也逐渐出现了其他一些相关设备，如数码相机、硬盘、网络摄像机等。1394 接口具有把一个输入信息源传来的数据向多个输出机器广播的功能，特别适用于家庭视听 AV（Audio-Visual）的连接。由于该接口具有等时间的传送功能，可确保视听 AV 设备重播声音和图像数据质量，具有好的重播效果。

（16）SDI 接口。

SDI（Serial Digital Interface）接口也就是串行数字接口。SDI 接口能以 270Mbit/s 的速度传送串行数字分量信号，对于 16∶9 格式图像，能以 360Mbit/s 的速度传送信号。

第2节　数字视频非线性编辑

一、非线性编辑的产生和发展

非线性编辑这一概念的提出，实际上是相对于磁带编辑即带式线性编辑而提出的。它指的是一种可以灵活地改变画面组接顺序，能够在已编辑好的节目中任意增加、删除视音频段落而不影响其他段落的影视节目编辑方式。非线性编辑以视听信号能够随机记录和读取为基础，依托的是盘基记录介质。在非线性编辑时，可以随时任意选取素材，无论是连续的镜头还是一段镜头中的一部分；可以不必按顺序进行编辑，对已编辑好的部分的修改不影响其余部分。

线性编辑是一种依托在磁带这样的一维线性载体上的编辑系统，由于记录着画面、声音的信号在磁带上是以物理空间和时间为序排列的，因此，建立在这种载体上的节目制作系统被称为线性编辑系统。线性编辑的实质是复制，即把源素材带上的信号复制到编辑带上。

线性编辑的缺点是：在制作过程中已编辑好的节目带不便于修改，最大的问题是不能解决在已经编辑好的节目带中加入或删除段落，而这在节目制作中是非常必要的。其次是在复制的过程中信号质量会下降，尤其是在模拟视频时代，近年来随着数字视频格式的应用，复制所带来的质量下降的问题得到了有效解决。另外利用线性编辑系统进行复杂的节目制作，需要动用多种设备，系统构成复杂，可靠性低。

在数字非线性编辑系统诞生之前，为了将电子线性编辑的实用化和非线性编辑方式的优势结合起来，在电视节目制作史上（20 世纪 70 年代）曾经出现过基于录像带的电子非线性编辑系统和基于光盘的电子非线性编辑系统。

电子非线性编辑是利用磁带或者模拟光盘作为视听信息介质进行记录重放，能够迅速对素材进行选取，编辑方法灵活，可以提供多种镜头组接顺序。电子非线性编辑具有电影剪辑的特征，但在性能上更为优越。电子非线性编辑更突出了对素材的随机选用和镜头间的瞬间切换，使编辑人员能够选择多种方案，并立即体验到它们的效果，因而进一步促进了编辑创作。电子非线性编辑虽然没有流行起来，但是对数字非线性编辑的发展起了借鉴作用。

非线性编辑具有两个特征：

（1）在素材的选择上能够做到随机存取，也就是说，不必进行顺序查找就可以瞬间找到素材中的任意片段。

（2）在编辑方式上呈非线性的特点，能够很容易地改变镜头顺序，而这些改动并不影响已编辑好的素材。

二、数字非线性编辑的发展

数字非线性编辑系统出现于 1988 年，早期应用于电视节目的后期制作，并且在 1989—1993 年间获得了长足发展。数字非线性编辑系统通过音视频信号的数字化，使得利用计算机平台来进行后期编辑成为现实。它集电影胶片剪辑方式的灵活和电视的电子编辑方式的快速方便这两者的优势为一体，为影视节目制作者提供了前所未有的、简便高效的后期制作工具。

由于数字视频压缩技术可以压缩信息容量巨大的活动图像，因而可以在微型计算机平台上进行视频处理。不同的数据压缩率具有不同的图像效果，对于脱机编辑方式，可以用较高的压缩率，以尽量节省音视频媒体文件的存储空间；对于输出信号直接用于播出的联机编辑方式则用较小的压缩率。

三、非线性编辑的发展趋势

1. 载体的发展

目前在电视制作领域，摄像机主要是以磁带为记录载体，进行非线性编辑制作时需要将磁带上的素材上载到硬盘中去，这一过程成为影响非线性编辑效率提高的瓶颈。改变这种状况就要以其他载体替代磁带。现在已经实用化的新型载体有硬盘、光盘、P2 卡等，随着性能的提高和成本的下降，会大大提高非线性编辑的制作效率。

2. 数字视频处理技术的发展

发展压缩比大、图像质量高的数字视频压缩技术，就相对增大了存储载体（硬盘、光盘）的存储容量。近年来随着数字视频技术的发展，压缩比更高的压缩算法开始走上前台。

3. 软件的更新

软件的功能越来越强大，以往需要众多昂贵的硬件才能实现的功能现在可以由软件实现，而且软件也越来越开放，为编导人员提供了更为强大的创作手段。

4. 网络化环境中的非线性编辑

非线性编辑系统的优势不仅体现在其单机所具有的多功能集成性上，同时也体现在可以实现多机联网上，这使得计算机网络技术在电视后期制作播放领域的应用成为可能。

目前，网络化的进一步发展，使得在电视台中构建一个全台视听资源共享的媒体资源管理系统成为可能。非线性编辑系统与之配合进行节目素材的入库、管理、编辑、播出，促进数字化、网络化媒体资源管理系统由制播环节向信息发布、互动电视、视频点播和节目资源共享等高端应用方向发展。

以非线性编辑为代表的数字制作技术正被广泛应用于电视创作上，在音乐电视、影视广告、电视电影、电视节目包装等方面创作出令人震撼的真实感和极具形式感、风格化与意念性的作品。在非线性编辑系统集成化的趋势下，剪辑、合成、图文制作、声音等越来越多的功能被集成到了同一后期制作系统中，为创作者提供了更为强大的创作工具。在电影制作领域，非线性编辑不但改变了影视制作工艺，而且与数字合成手段结合在一起，实现了影视特技质的飞跃，创造了逼真甚至超真实的视觉效果，使得视觉特效成为影视中重要的表现元素。

四、非线性编辑系统的构成和非线性编辑的过程

1. 非线性编辑系统的构成

非线性编辑系统最根本的特征就是借助于计算机软、硬件技术，使视音频信号在数字化环境中进行制作合成，因此，计算机软、硬件技术就成为非线性编辑系统的核心。非线性编辑系统实质上是一个扩展的计算机系统。

从硬件看，非线性编辑系统以高性能多媒体计算机作为工作平台，以内置或外置的视频图像压缩解压缩卡采集、输出视频信号，以大容量高速硬盘或硬盘阵列作为视听信息载体，构成了一个非线性编辑系统的基本硬件系统。

从软件上看，非线性编辑系统以非线性编辑软件为主，辅以三维动画制作软件、图像处理软件和音频处理软件等外围软件。随着计算机硬件性能的提高，视频编辑处理对专用器件的依赖越来越小，软件的作用则更加突出。

非线性编辑是以文件为操作基础，所有的画面和声音素材都以文件的形式存储于硬盘中，依靠各种软件和计算机硬件扩展来完成编辑制作，不再需要其他常规电视制作所需的专用设备，从而形成了一种全新的数字式的非线性后期编辑方式。

2. 非线性编辑的过程

任何非线性编辑的工作流程，都可以简单地看成输入、编辑、输出这样三个步骤。当然由于不同系统功能的差异，其具体过程还可以进一步细化。其流程主要分成如下五个步骤：

(1) 素材采集与导入。采集就是利用非线性编辑软件，将模拟视频、音频信号转换成数字信号存储到计算机中，或者将外部的数字视频存储到计算机中，成为可以处理的素材。导入主要是把其他软件处理过的视频、图像、声音、动画等素材，导入到非线性编辑软件的资源管理器中。

(2) 素材编辑。素材编辑就是设置素材的入点与出点，以选择最合适的部分，然后按时

间顺序组接不同素材的过程。

(3) 特技处理。对于视频素材，特技处理包括转场、特效、合成叠加。对于音频素材，特技处理包括转场、特效。而非线性编辑软件功能的强弱，往往也是体现在这些方面。

(4) 字幕制作。字幕是节目中非常重要的部分，它包括文字和图形两个方面。非线性编辑软件中制作字幕很方便，一般还有大量的模板可以选择。

(5) 输出与生成。节目编辑完成后，就可以输出在录像带上或者输出为视频文件，发布到网上或者刻录成 VCD 和 DVD 等。

第 3 节　运用非线性编辑软件 Adobe Premiere 编辑视频

视频编辑软件有很多，Adobe Premiere 是目前比较普及的视频编辑软件，可以制作出复杂的视频效果，制作灵活方便，下面以一个具体的视频片断制作为例，学习运用 Adobe Premiere 进行非线性编辑。

一、建立 Load Project 和导入视频素材

(1) 启动 Adobe Premiere，出现"Load Project（方案预设置）"对话框。每一个新的 Adobe Premiere 方案必须要预设，在预设中需要说明方案的时间基础、电影播放率、压缩类型、预演和输出等。

(2) 从预设表中选择 PAL Video for Windows 选项，单击"OK"按钮，打开 Adobe Premiere 主界面。主界面包括五个窗口：项目窗口、时间标尺窗口、信息窗口、转场特效窗口和预演窗口。

(3) 双击"Project（项目）"窗口的空白处，弹出"Import（导入）"对话框选择需要的视频和音频素材，单击"OK"按钮，如图 7—1 所示。

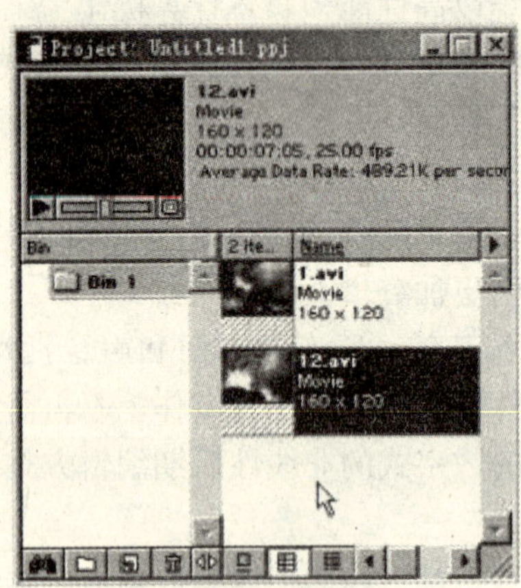

图 7—1　项目窗口

二、截取素材

双击"Project（项目）"窗口中的视频素材，弹出素材预览窗口，单击播放按钮，当播放到认为是影片开头的位置时单击停止按钮，再单击"Mark In"按钮，标记入点。在播放到认为是这段视频素材结束的位置上单击"Mark Out"按钮，标记出点（见图 7—2）。

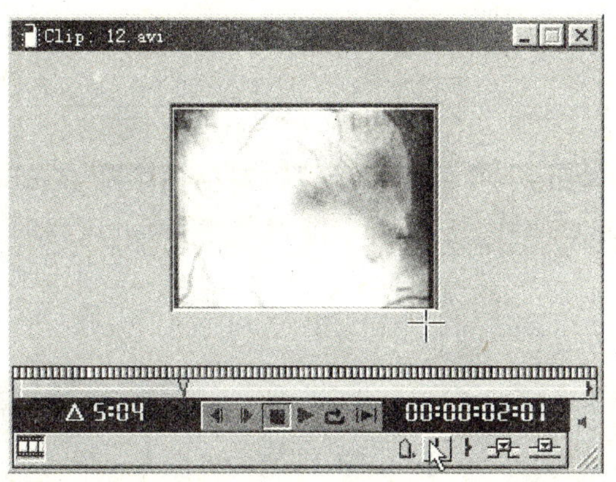

图 7—2　标记入出点

三、在“时间标尺”窗口进行剪辑制作

使用“时间标尺（Timeline）”窗口可以把各种素材编辑组合成一个完整的视频。制作窗口包括多个轨道，用来放置图像和声音，Video 轨道是视频的画面轨道，T 轨道是转场过渡效果轨道，Audio 轨道是声音轨道，轨道的左侧是的控制栏（见图 7—3）。

将打好入、出点的视频的一段拖动到 Video 1A 上，在将其他视频到 Video 1B 上，设定好视频的长度并调整它们的位置，拖动 Video 1B 中的视频到 Video 1A 中使它们部分重叠。

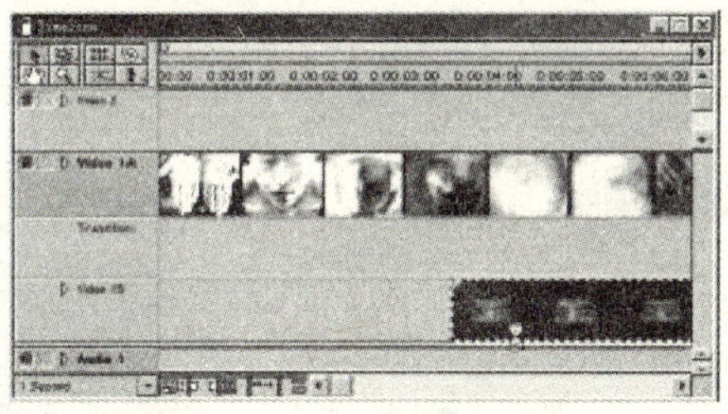

图 7—3　“时间标尺”窗口

四、应用转场特效

为了使两段视频素材衔接自然，可以使用各种转场特效，Adobe Premiere 提供了多种转场方式，如：滑入、渐入、扩散、翻页、镶嵌等。

选择“Window \ Show Transitions”选项，弹出“Transitions（转场）设置”对话框，如图 7—4 所示。点选一种转场特效，拖曳所选转场特效到 T 轨道中两个视频轨重叠部分处，软件会自动确定转场效果长度以适合重叠部分（见图 7—5）。

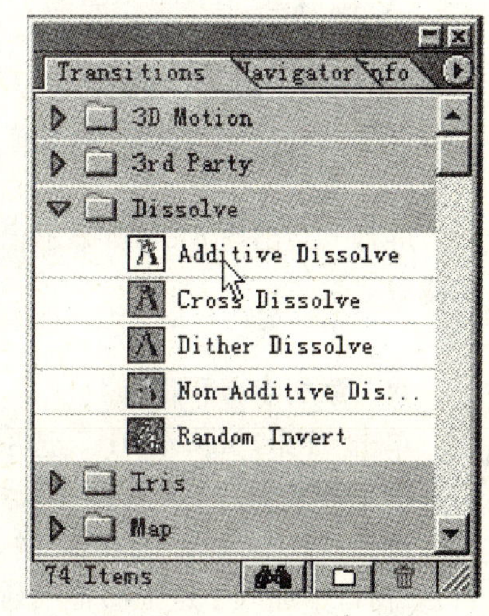

图 7—4　“转场设置”对话框

五、应用滤镜特效

在电影制作过程中，利用过滤器对图像进行特殊处理是使画面产生逼真而奇妙的特技效果的重要方式之一。Adobe Premiere 提供了多种电影和静态图像滤镜及 21 种

声音滤镜，比如：模糊、波纹、镜子、风、幻影等多种效果的滤镜，并可根据需要自己定制滤镜。

选择“Window \ Show Video Effect”选项，弹出“Effect（效果）设置”对话框，如图 7—6（a）所示。单击“Effect（效果）设置”对话框中的“Adjust”项目扩展标志，选择“Brightness & Contrast（对比与亮度）”滤镜到“Timeline（时间标尺）”窗口中的其中一个视频上，再选择“Window \ Show Effect Controls”选项，弹出“Effect Controls（效果控制）”对话框进行对比与亮度的调整，如图 7—6（b）所示。

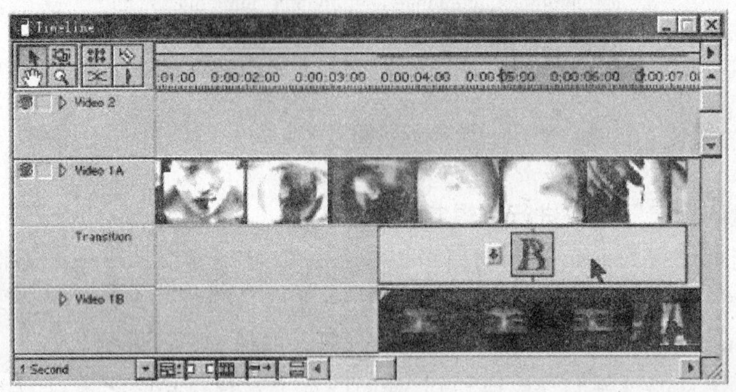

图 7—5　设置转场特效

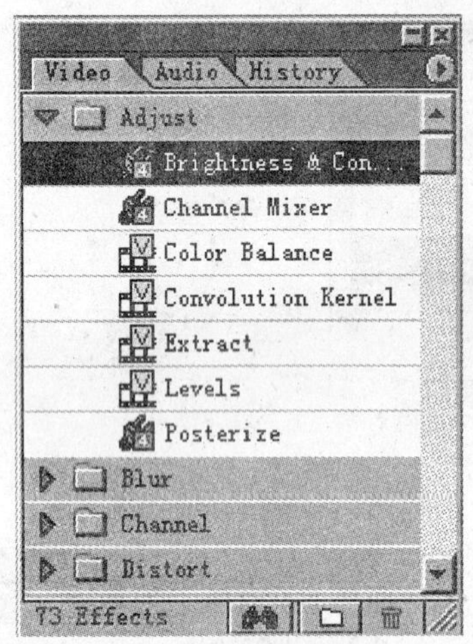

（a）“效果设置”对话框

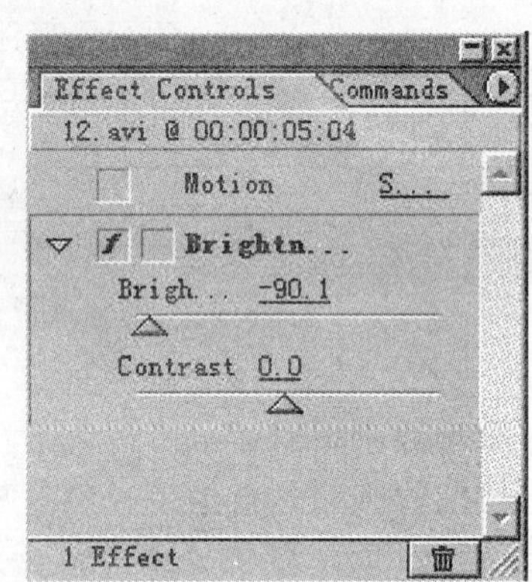

（b）“效果控制”对话框

图 7—6　滤镜特效设置

屏幕上会出现 Motion 显示窗口可以观看到调整的效果。在一个视频素材上可以施加几个滤镜效果。

六、添加字幕和配音

单击“File/New/Title”选项弹出文字编辑器。选择 T 形按钮，在空白处单击，可输入需要的字幕文字，如图 7—7 所示。

选择“File/Save”选项，输入文件名，单击“OK”按钮保存文件。在“Project（项目）”窗口中加入了这个字幕项后，将其拖动到“时间标尺”窗口中的 Video 2 轨道，将鼠标放在字幕的后边缘，当鼠标箭头变为反 E 形时，拖动其长度至需要的长度。

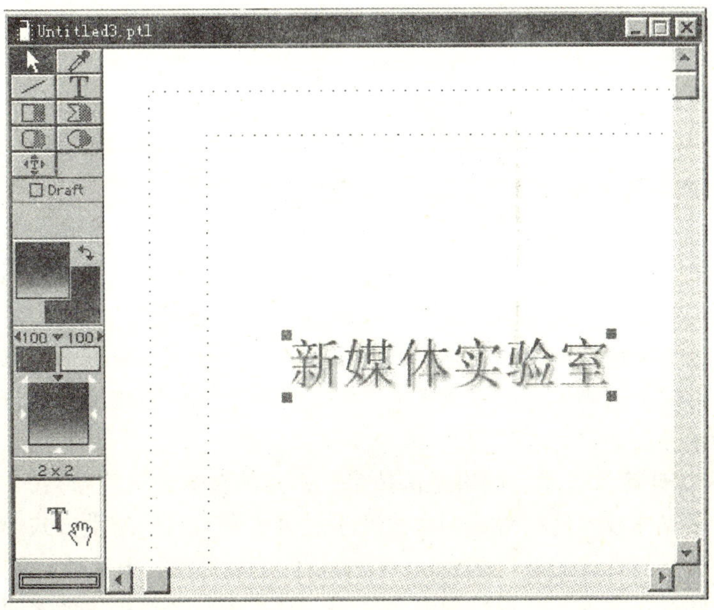

图 7—7　添加字幕

添加配音的方法是：双击“Project（项目）”窗口中的空白处选择一段音乐文件，并拖动到 Audio 1 轨道如图 7—8 所示即可。

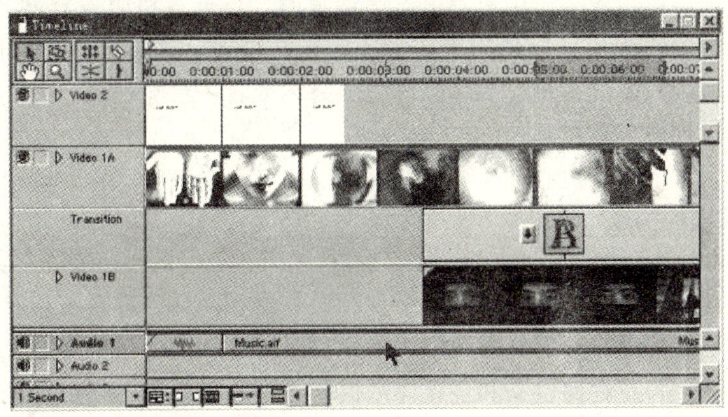

图 7—8　添加配音

选择“File/Export Timeline/Movie”选项输出编辑好的作品，根据需要设置输出的视频参数。这样运用非线性编辑软件 Adobe Premiere 就编辑好了一段视频。

第 4 节　视频点播技术——按需播放的电视

视频点播（Video on Demand，VOD）是 20 世纪 90 年代随着娱乐业的发展而兴起的技术。它利用网络和视频技术的优势，彻底改变了过去收看节目的被动方式，实现了节目的按需收看和任意播放，集动态影视图像、静态图片、声音、文字等信息为一体，为用户提供实时、交互、按需点播服务。视频点播技术的出现，从某种意义上讲，是视频信息技术领域的一场革命，也是对传统收视方式的一个挑战，因此引起了有线影视界和通信界的高度重视。

VOD 也称为交互式电视点播系统，意即根据用户的需要播放相应的视频节目，从根本上改变了用户过去被动式看电视的不足。用户打开电视，可以不看广告，不用为某个节目赶时间，可以随时直接点播希望收看的内容。

一、VOD 的产生和发展

VOD 出现的最初动力是人们对广播电视的不满，在现行的广播电视中，收看者完全是被动的，电视台放什么节目，观众就只能看什么节目，节目时间也是固定不变的。尽管电视台可以提供很多的节目，但要想真正完整地收看到一个自己满意的节目，对于许多人来讲也是不太容易的，因为在快节奏的现代社会中，许多人不可能为了看某一个电视节目而预先安排自己的时间。习惯了这种被动收看方式的人们，对于有朝一日能够按照自己的需要自由地点播节目，充满了美好而迫切的憧憬。

VOD 是综合了计算机技术、网络通信技术、多媒体技术而迅速新兴的一门综合性技术。它利用了网络和多媒体技术的优势，彻底改变了过去收看节目的被动方式，实现了节目的按需收看和任意播放。与传统的电视相比，VOD 除了可以实现“想看什么就看什么，想什么时候看就什么时候看”之外，还提供观看者之间，观看者与节目提供者之间的直接互动，如在播出进程中留言、发表评论等，增加了用户与节目提供者之间的交流。

VOD 是 20 世纪 90 年代在国外发展起来的。目前我国一些城市在小范围内已有试验性的 VOD 系统。VOD 系统主要由控制中心的大型计算机服务器、传输及交换网络、用户端的接收机顶盒或计算机组成。当用户发出点播请求时，该计算机服务器就会根据点播信息，将存放在节目库中的影视信息检索出来，合成视频数据流，通过高速传输网络送到用户家中。对于用户而言，只需配备相应的多媒体电脑终端或者一台电视机、一个机顶盒和一个视频点播遥控器即可观看节目。

二、VOD 系统的构成

1. 服务器端系统

服务器端系统主要由档案管理服务器、视频服务器和网络管理系统组成。档案管理服务器主要承担用户信息管理、计费、影视媒体信息目录管理和媒体数据交换管理等任务。视频服务器主要由高速大容量存储设备和多媒体数据库管理系统组成，其目标是实现对媒体数据的存储和管理，可以提供媒体信息的快速检索和发送。视频服务器与传统的数据服务器不同，除具有一般存储功能外，还需要增加对多媒体数据类型的支持，对基于内容的检索的支持等。网络管理系统的任务是对多媒体数据流进行实时监控，处理用户的各种请求和控制信息（如：快进、暂停等），合理调配各个视频服务器和网络带宽，为用户提供高质量的多媒体服务。

2. 网络系统

网络系统包括主干网络和本地网络两部分，负责视频信息流的传输。网络建设投资巨大，在设计时不仅要考虑当前的媒体应用对带宽的需求，而且还要考虑将来发展的需要和兼容性。当前，可用于传输视频点播服务的网络主要是：CATV（有线电视网，但是需要进行改造）和计算机网络（包括 Internet 和各种局域网）。

3. 客户端系统

客户端系统即客户利用终端设备与服务提供者进行交互操作的载体，或者是多媒体计算机，或者是电视机加机顶盒（STB）。

三、实现 VOD 业务的方案

目前国内实现 VOD 业务主要有两种方案：基于有线电视网络的 VOD 方案和基于计算机网络的 VOD 方案。

1. 基于有线电视网的 VOD 方案

2000 年 8 月 14 日，中国数字有线电视节目在深圳首播成功，2000 年全国有 24 个省、自治区、直辖市拥有有线电视网络，2001 年实现全国联网。中国广播电视宽带网的整体优势必将推动我国广电事业产业化改造和数字有线电视的发展进程，从同轴电缆升级改造为 HFC（同轴电缆与光纤混合）分配网，从 HFC 分配网升级改造成双向 HFC 分配网。全国有 300 多个有线电视网络公司在双向 HFC 分配网上进行综合业务试点，为数字有线电视多功能开发架起了桥梁。在 HFC 分配网改造成双向 HFC 分配网的过程中，许多有线电视网络公司在开展广播电视、数据传输、因特网接入、视频点播等综合业务试点上取得了成功经验。现在，VOD 系统和数字机顶盒日趋成熟，有线电视网络进入了实用化、商品化，已成为近期热点。

有线电视网的 VOD 方案，其核心设备包括视频服务器、网络传输设备和信息终端（机顶盒）（见图 7—9）。这种方案的 VOD 点播系统上行和下行信道均利用有线电视网。

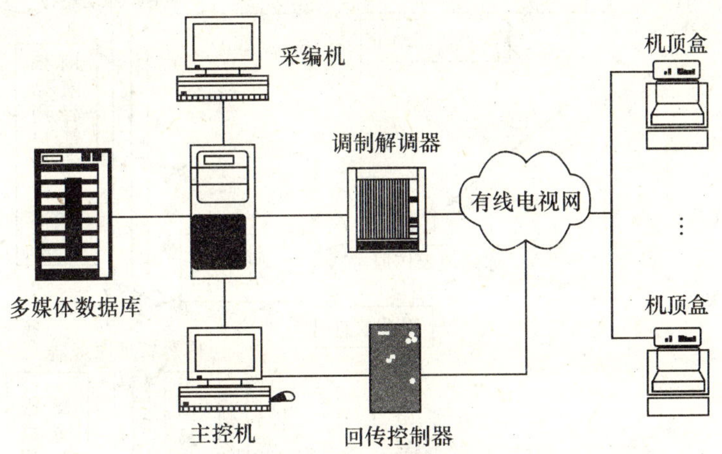

图 7—9 基于有线电视网的 VOD 方案

视频服务中心是视频输出中心和控制中心，同时也包括了系统的后台管理和节目录入，是整个系统的关键组成部分。视频服务中心的主要配置包括：视频服务器、播放控制服务器、视频解码阵列、回传控制器、采编录入工作站等。

2. 基于计算机网络的 VOD 方案

最大的计算机网络是 Internet，随着 Internet 的发展，受众越来越广泛，网络传输速度也不断提高，宽带网络越来越普及。流媒体技术的发展使多媒体对网络的要求也降低了（见图 7—10）。

基于计算机网络的视频点播工作过程如下：当用户使用 Web 浏览器访问视频点播系统的 Web 页面时，向 Web 服务器发出请求，要求查看某段视频的信息。Web 服务器接收请求后向内容管理服务器和数据库服务器发出查询的请求，并取得查询结果，然后将关于该视频的信息传送到 Web 浏览器，呈现给用户。如果用户要求播放该段视频，则由 Web 浏览器向流媒体服务器发出请求，流媒体服务器获得请求后，传送一个包含了通信地址的头文件到用户端，视频播放器由头文件中的地址找到流媒体服务器，接着视频播放器开始接收来自服务器的流媒体视频文件并进行播放（见图 7—11）。

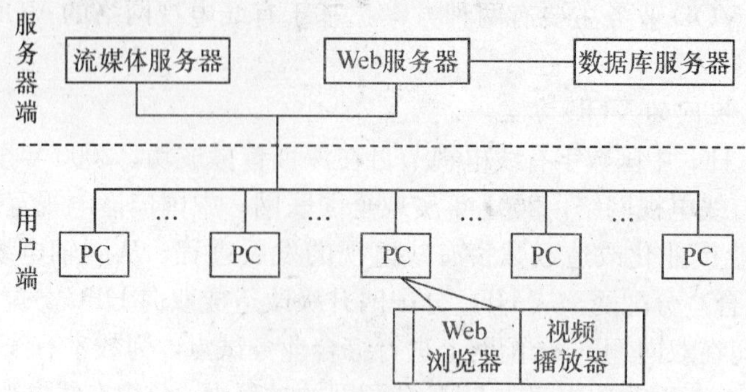

图 7—10　基于 B/S 模式的流媒体 VOD 系统

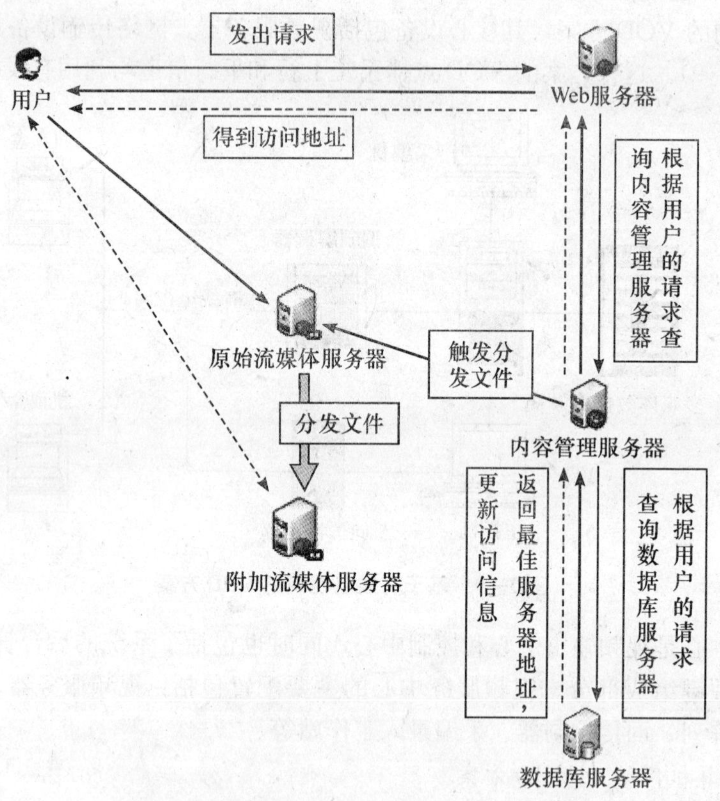

图 7—11　基于计算机网络的 VOD 工作过程

四、VOD 系统的分类

1. 根据功能和应用分类

根据不同的功能需要和应用场合，VOD 系统可以分为 NVOD、TVOD、IVOD 三种。

NVOD（Near Video on Demand），称为就近式点播电视。这种点播电视的方式是：多个视频流依次间隔一定的时间启动发送同样的内容。比如，十二个视频流每隔十分钟启动发送同样的两小时的电视节目。如果用户想看这个电视节目可能需要等待，但最长不会超过十分钟，他们可选择距他们最近的某个时间起点进行收看。在这种方式下，一个视频流可能为许多用户共享。

TVOD（True Video on Demand），称为真实点播电视，它真正支持即点即放。当用户提出请求时，视频服务器将会立即传送用户所要的视频内容。若有另一个用户提出同样的需求，视频服务器就会立即为他再启动另一个传输同样内容的视频流。不过，一旦视频流开始播放，就要连续不断地播放下去，直到结束。这种方式下，每个视频流专为某个用户服务。

IVOD（Interactive Video on Demand），称为交互式点播电视。它比前两种方式有很大程度上的改进。它不仅可以支持即点即放，而且还可以让用户对视频流进行交互式的控制。这时，用户就可像操作传统的录像机一样，实现节目的播放、暂停、倒回、快进和自动搜索等。

2. 根据服务方式分类

根据VOD系统的服务方式不同，又可分为单点播放方式、多点播放方式和广播方式。

（1）单点播放方式（Unicast）。在这种方式下，用户单独占有一个节目通道，并对节目具有完全控制权。由于通道数是有限的，用户必须首先申请这种服务（由上行通道传递这个请求），当获得允许后，视频服务器分配下行通道，用户在总节目单中选择节目，然后开始播放节目。在播放过程中，用户独占节目通道，并有类似于录像机的随机播放、快进、快退、暂停、慢放等控制。这种服务方式具有快速响应、交互性好的特点，具有好的服务质量，收费也较高。

（2）多点播放方式（Mulicast）。在这种方式下，几个用户共同拥有一个节目通道，但节目只能线性播放，即从头播到尾，用户不能进行控制。这种方式相当于预约播放方式。VOD系统拥有者可决定播放的时间表，如半个小时播放一次。用户可在某个时间段内，预约某个节目，视频服务器在规定时间内给予答复。可在用户选择的时间段之前的一定时间内答复，具体做法取决于用户感觉及预约效率，应尽量满足多个用户的需求。用户预约时，先在已经有人预约的节目单中选择，再在总节目单中选择。服务器答复时，根据现有的通道数，用户预约数及时间段统一安排，给予用户与可不可的答复。当不能满足用户要求时，可建议在什么时间段满足用户要求。当Multicast节目播放时，预约并得到允许的用户可完整地接收，但在节目播放期间不能进行控制。这种服务方式具有预约节目的特点，具有简单的交互性，提供中等的服务质量，有较多的用户，收费应为中等。

（3）广播方式（Broadcast）。在这种方式下，节目通道相当于一个有线电视频道，由VOD系统所有者安排节目及时间，所有装有机顶盒设备的用户都可接收节目，在节目播放期间不能进行控制。为使用户看到完整的广播节目，每个广播节目可循环播放。这种服务方式类似于广播，不具有交互性，提供较差的服务质量，仍有最多的用户，收费应较低。

五、VOD的应用

VOD系统已经发展成为一大类交互式业务的总称，在世界各国开展的VOD试验包括了各种多媒体业务，具体应用如电影点播、远程购物、卡拉OK点播、新闻点播、远程教学、家庭银行等。具体应用场合有宾馆、饭店、高级写字楼、家庭住宅等。

1. 电影点播

电影点播是一种代替录像带出租的业务，用户通过终端可在自己喜欢的时间点播存在于视频服务器上的电影或录像节目，服务器通过网络将节目传送到用户的终端上，用户可以对节目进行一切录像机的操作，如快进、重放、暂停等。此外还有比录像机更为灵活的操作，如电影节目内容、演员、导演介绍等，用户可以根据内容进行检索。

2. 卡拉OK点播

服务器提供节目单，用户通过网络选择卡拉OK节目，点播自己喜爱的歌曲。可以通过网络来调节音调、音速，并且可以选择是否保留原唱，就像自己拥有一台卡拉OK机一样。更为吸引人的是你不必去买大量的卡拉OK光盘，可以在网络中与别人共享一个巨大的歌曲库。

3. 点播新闻

服务的提供者从各新闻单位收集信息，并且归类整理，提供方便的检索方式，用户通过网络可以浏览各地的最新信息，也可以查阅以前任何一天的任何一类新闻，并且可以控制新闻按自己习惯的方式显示。这比订阅一大堆报纸，在一大堆报纸中搜索新闻要方便得多。由于对新闻进行了归类，因此可以很容易地对比各家媒体对同一事件的报道。

4. 信息服务

信息社会里，人们无时无刻都离不开信息的支持，掌握信息的人就有了成功的机会，驾驭信息的人才可能最终成功。VOD内部为一个个数据库，对外与信息的海洋互联网相连，提供实时的信息服务，用户可随时随地地查询得到自己想要的东西。通常提供的服务有：电子公告、图书检索、交通旅游、商务机构、股市行情资讯和健康医疗查询等。

5. 远程教育与培训

这是一个建立在网络上的虚拟教室或虚拟学校，用户可以自由加入或退出一个课堂，可以与网络上的教师进行交流，并且可以控制摄像机的镜头，控制在监视器上显示的内容。这种业务对于普及成人教育有很大的意义。

6. 远程购物

用户通过终端，在家中就可以逛商店，这是一个网络上的虚拟商店，用户可以自由地浏览商店中的各类产品，对于感兴趣的商品还可以看到更详细的信息，比如服装的材料、厂家和产地等。并且不用担心这些信息是否经过了售货员的加工。对于选中的商品，还可以通过网络订货，甚至利用信用卡通过网络直接付款。

7. 家庭银行

在银行电子化的基础上，将家庭与银行直接相连，在家里就可以查询自己账号中的余款，进行付款和转账，以及申请贷款、查询银行的各种服务。

六、搭建VOD服务器

下面以美萍VOD点播系统为例介绍搭建一个VOD服务器。它的客户端支持Web界面点播，因此只要在浏览器地址栏中输入服务器的IP地址即可收看（见图7—12）。

1. 美萍VOD点播系统的特点

（1）造价低。使用普通个人计算机就可以充当视频点播服务器，美萍VOD系统以纯软件方式实现视频流的实时处理，大大节约了VOD视频点播系统的花费。

（2）客户端免维护。在采用Web模式时，客户端使用IE浏览器即可实现点播，无需安装其他专门软件，无须做任何设置，做到了客户端的免维护。即使采用应用程序模式，也只需要运行一个单独的exe文件，节目数据以及系统配置都从服务器端获取，无须配置维护。

（3）客户多界面支持。美萍VOD系统除了支持用IE浏览器进行Web界面点播之外，还支持应用程序界面点播，能满足最大多数顾客的需求。在Web界面中有支持网页内嵌播放器播放和弹出浏览器播放。

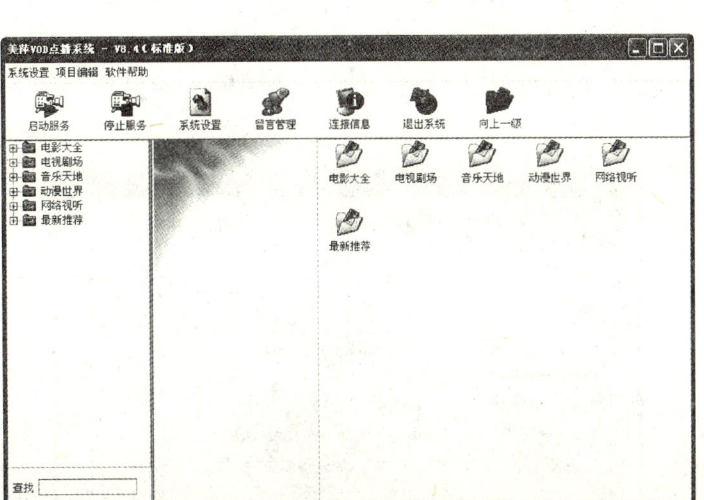

图 7—12　美萍 VOD 点播系统界面

(4) 多节目源支持，分布式储存。因为视频、音频文件的体积都比较大，如果媒体文件都必须放在一个服务器中，势必造成资源紧张。美萍 VOD 系统允许添加来自任何地方的资源，包括光盘塔、网上邻居、互联网等。比如可以把电影分布在多台机器中。客户端通过服务器统一使用这些资源。

(5) 多种播放方式选择。由于媒体文件的多样性，某些文件可能不适合做流媒体点播，可以把这个节目设置成通过网上邻居共享点播。这样一方面做到对这个节目的最好支持，同时也降低了服务器的负载，灵活运用并结合分布式储存功能，美萍 VOD 系统理论上支持无限多的并发流点播。

(6) 完善的反馈功能。美萍 VOD 系统具有点播计数和客户留言功能，能及时了解客户的需求，争取到更多的忠实顾客群。

(7) 灵活的分类技术。美萍 VOD 系统允许自由、无限的分类，方便更好地管理媒体节目。

(8) 高清晰度播放。美萍 VOD 系统支持业界最先进的 MPEG-4 标准，同时完全兼容 MPEG-1、MPEG-2 等标准的视频文件，可在系统资源占用极小的情况下实现 DVD 级的播放效果，真正实现高清晰度播放。

(9) 适用面广。美萍 VOD 系统以极高的性能价格比，可广泛应用于网吧、学校、图书馆、智能小区、宾馆酒店等领域。

(10) 安装简单。美萍 VOD 系统内置采用了具有自有知识产权的 MRTS 服务器引擎，用户无须配置 IIS，可无须配置 Real Server、Media Play Server，甚至可无须共享任何目录，只需要安装完成启动美萍 VOD 系统即可。客户机器无须做任何设置，直接在浏览器上打入服务器的 IP 即可开始点播。

(11) 多种媒体格式支持。美萍 VOD 系统理论上支持所有媒体格式，只要客户机安装了相应的播放和解释程序，用户就可以自由地用它做视频服务器、音乐服务器、课件服务器等。

(12) 客户端自定义界面支持。美萍 VOD 系统虽然已经提供了一个完善的客户端界面，但仍然可以通过诸多的网页编辑工具来修改客户端界面，做出具有个性化的界面来。

2. 设置服务器

运行程序后，单击“系统设置”按钮，进入到系统设置界面，进行以下操作：

（1）首先在“服务器设置”项“系统设置”对话框中的“本服务器 IP 地址”栏内输入本机的 IP 地址，如 211.71.200.55，随后在端口项中输入端口号，程序默认为 6666（见图7—13）。

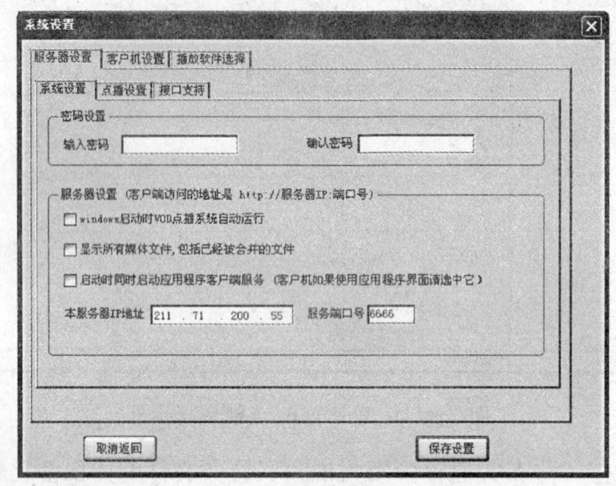

图 7—13 “系统设置”对话框

（2）切换到“点播设置”界面，在该界面的“点播方式设置”项中选中“客户机通过 VOD 服务器点播节目”。如果只允许特定用户点播电影，则在下面的“客户端 IP 地址限制”项中输入允许点播的用户的 IP 地址即可（见图 7—14）。

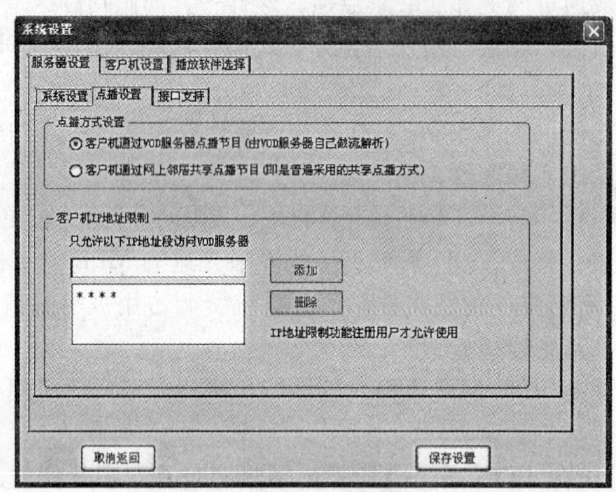

图 7—14 点播设置

（3）切换到“播放软件选择”界面，程序列出了多种播放格式。在此还可以添加其他的电影格式，添加时，在“新格式”输入中输入需要添加格式的扩展名，单击“添加”按钮即可。随后选择需要使用的播放工具（见图 7—15）。

（4）选中“客户机使用系统默认程序播放”选项，之后单击“保存”按钮，返回程序主界面。

3. 添加视频文件

在程序界面的左侧列表中选择某个分类，进入下层的分类后，在程序右侧窗口中单击鼠标右键，选择“项目添加”选项弹出项目添加对话框，此处可以直接输入电影文件的路径或者网址（见图 7—16）。

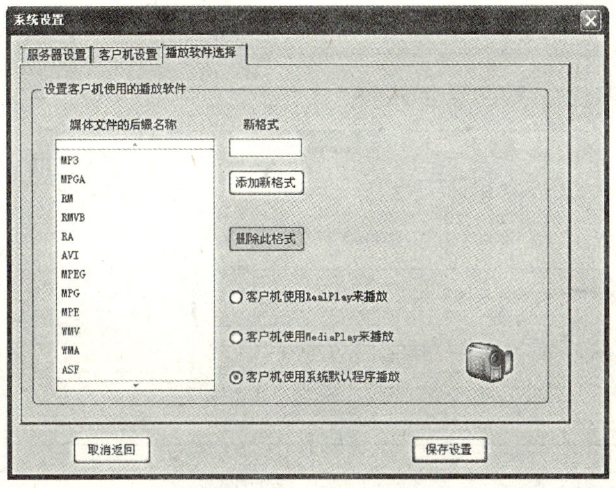

图 7—15　播放软件选择

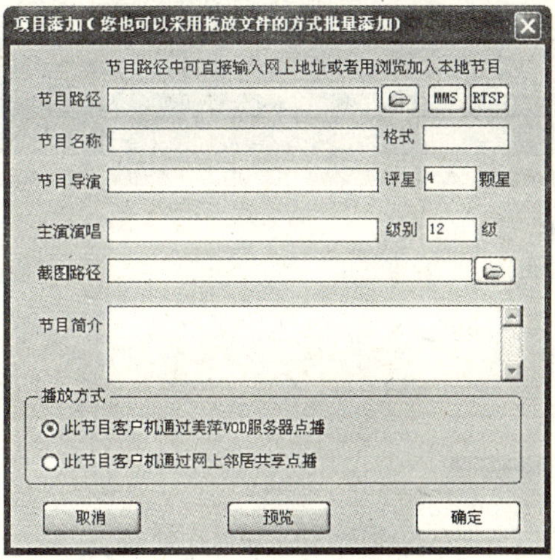

图 7—16　项目添加对话框

提示：程序支持拖放功能，可以将计算机中的某个或多个电影文件用鼠标拖到相应分类中。

4. 设置电影点播界面

为了方便点播影片，还可以对客户端界面（即电影点播界面）进行设置。切换到“客户机设置”项，在客户端“界面设置”项中勾选“客户端使用 Web 界面”，选择该项后，视频文件将嵌入网页中，可以防止收看视频的用户下载该视频文件（见图 7—17）。

现在视频点播系统已经架设成功，用户可以在自己的计算机上点播电影了。点播时打开浏览器，在地址栏中输入服务器的 IP 地址和端口号（如本例中为 http://211.71.200.55:6666），按回车键即可进入美萍电影列表，双击某个电影文件即可启动程序默认的浏览器进行播放（见图 7—18）。

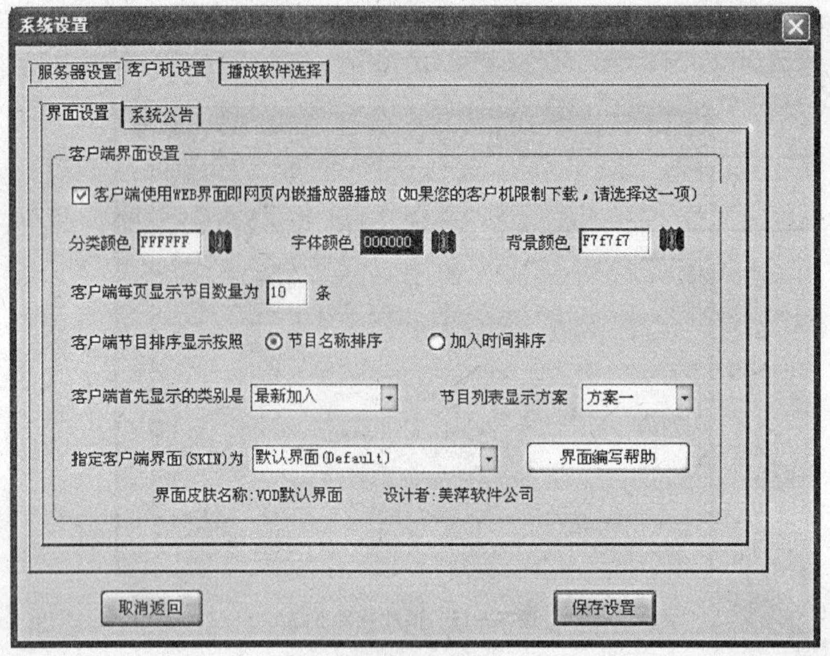

图 7—17　客户端界面设置

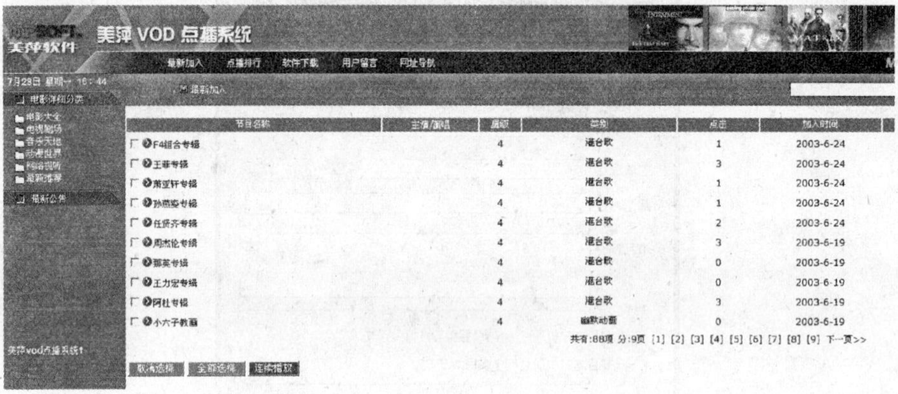

图 7—18　点播界面

第 5 节　流媒体技术及流媒体的制作技术

一、流媒体技术简介

在网络上在线观看视频时可能都会碰到这样的情况，当点击播放一个视频文件时，总是要等上一段很长的时间，如果网络拥挤或是客户端本身传输带宽有限（比如采用普通电话线的拨号上网方式），还会由于种种原因出现传输中断（有时画面中提示英文的“loading…”有人戏称是“老等”）。即使是顺利完成数据的接收，播放时也会出现图像迟滞、停顿等现象，播放效果通常不能令人满意。而编辑创作过数字视频的人也会有这样的体会，普通的数字视频文件的体积通常很大，文件的存储和发布都比较困难。流媒体技术正是为解决这些问题而产生的。

1. 流媒体的概念

流媒体是从英语单词 Streaming Media 翻译过来的，是一种可以使音频、视频和其他多媒体信息在网络上以无须过多的下载等待、边播放边下载的方式进行播放的技术。它的关键在于“流”，简单地说，网络用户在浏览存储存服务器中的媒体文件时，不用像以前那样，要等到整个文件都下载到用户的计算机才开始播放，而是当第一组数据到达时，流媒体播放器就开始播放媒体文件，在播放的同时，后续数据源源不断地“流”向用户端，直到传输结束。

这种模式跟目前的广播、电视极为相似。不同的是流媒体服务器和用户端的流媒体播放器之间的交流是双向的。服务器在发送数据的同时，也接收用户端浏览器发回的反馈信息，在用户端文件播放结束之前，双方一直保持联系。一般地，服务器总是按照媒体文件的时间顺序依次发送数据，但是当接收到用户端发出的播放控制请求时，如跳转、快进、倒退等，服务器就会自动调整数据的发送，而且还能根据网络的传输状况随时调整数据的发送。用户端的播放器会经过较短的预置时间后开始文件的播放。

流媒体传输除了能够发送已经制作完成的文件外，还可以通过采集设备实时采集现场音视频，发布到流媒体服务器端，实时提供给用户。因此，流媒体除了能够更好地承担如下载一样的多媒体点播服务外，更能够应用在现场直播、电视转播、突发事件报道等多种对实时性传输要求较高的领域。目前像 RealNetworks、微软和 Apple 等公司都推出了流媒体的制作、发布和播放的软件，IE 和 Netscape 等网络浏览器也都加入了支持流媒体的插件。

2. 流媒体的特点

（1）流媒体文件体积小，占用存储空间少，需要的缓存也很小。

流媒体运用了特殊的数据压缩解压缩技术，数据压缩方式和 jpeg 格式图像的压缩方式很相像，在播放时流媒体播放器进行实时的解压缩。文件被压缩时，在不影响播放质量的前提下，会丢弃一些不必要的数据，比如人眼不会觉察的部分和图像中相同的部分，这样，流媒体的文件体积要比其他类型的媒体文件小得多。

由于 Internet 是以包传输为基础进行断续异步传输的，到达用户计算机的时间延迟从几小时到几天都是有可能的，所以，在客户端需要缓存系统来弥补延迟的影响，保证数据包传输顺序的正确。虽然流式传输仍需要缓存，但由于不需要把所有的动画、视音频内容都下载到用户端的缓存中，因此，对缓存的要求降低。

（2）点播流媒体文件时无须长时间的等待。

用户不用等待所有内容下载到硬盘上才开始浏览，在流媒体出现之前，点播视频或声音文件时，浏览器需要将另一端的目标文件全部下载到用户端，这个过程也许需要很长的时间。等这个过程完成之后文件才能开始播放，而整个文件的下载过程通常让用户难以忍受。流媒体文件采用边传输、边播放的方式，用户只需等待一段较短的预置时间，就可以开始播放文件了，免除了用户长时间等待的痛苦。这是流媒体和传统媒体相比的一大优点。

（3）流式传输的实现需要特殊的传输协议。

流式传输需要采用实时传输协议 RTP、实时传输控制协议 RTCP、实时流协议 RTSP 以及将要完成的资源预留协议 RSVP 等，以优化和方便动画、视音频等在网上的流式实时传输。

（4）流媒体传输过程中所需的带宽要求降低。

由于采用了特殊的数据压缩技术，流媒体的文件体积很小，方便了文件的存储，节约了存储空间，而且对于文件的网络传输也大有益处。文件体积变小，对传输带宽的要求就没有那么高。随着流媒体技术的进步，普通的 Modem 拨号上网用户也可以在 Internet 上点播新闻，欣赏娱乐节目了。尤其在媒体文件的播放时间较长时，流媒体的优越性更能得到充分的体现。

另外，运用流媒体技术还能实现网络实时广播，并且可以实现多点广播。

二、常见的流媒体格式和流媒体播放器

不同的公司开发的文件格式不同，传送的方式也有所差异，因此必须清楚各种流媒体文件的格式和相应的播放器，才能保证顺利地观看。

1. RealNetworks 的 ra 音频格式 和 rm/rmvb 视频格式

ra 格式是 RealNetworks 公司所开发的一种流式音频 Real Audio 文件格式。rm 和 rmvb 格式则是流式视频 Real Video 文件格式，可以用来在不同速率的网络上实时传输活动视频影像，即使是低速率的网络也可以观看和收听相对高质量的视音频文件。rmvb 格式里 vb 是 VBR（Variable Bit Rate 可变比特率）的缩写，能在保证平均采样率的基础上，设定一般为平均采样率两倍的最大采样率值，保证在处理较复杂的动态影像时也能得到很好的效果。很多 DVD 视频压制成的 rmvb 文件的观看效果给人留下深刻的印象。而在处理一般静止画面时则自动地转换至较低的采样率，有效地缩减了文件的大小，从而实现影像数据的实时传送和播放。rm/rmvb 和 ra 格式的文件都可使用 RealNetworks 公司开发的 RealPlayer 系列播放器播放，最新的版本是 RealPlayer 11。

2. Apple 公司的 mov 格式

mov 格式是 Apple 计算机公司开发的一种音频、视频文件格式，用于保存音频和视频信息，具有先进的音频和视频功能，包括 Apple Mac OS、Microsoft Windows 在内的主流操作系统都支持。很多国外的电影视频网站都支持 mov 格式，但在国内则比较少。mov 格式的视频可使用 QuickTime 系列播放器播放。新版的 QuickTime 播放器包含了基于 Internet 应用的关键特性，能够通过 Internet 提供实时的数字化信息流、工作流与文件回放功能。

3. Microsoft Media Technology 的 asf 格式和 wmv 格式。

Microsoft Media Technology 的 asf 格式也是一种网上流行的流媒体格式。它的使用与 Windows 操作系统是分不开的，其播放器 Microsoft Media Player 已经与 Windows 捆绑在一起，不仅可用于 Web 方式播放，还可以用于在浏览器以外的地方来播放影音文件。wmv 格式文件是最近 Microsoft 推出的流媒体文件格式，它是 asf 格式升级延伸而来。WMV 是一种独立于编码方式的在 Internet 上实时传播多媒体的技术标准，Microsoft 公司希望用其取代 QuickTime 之类的技术标准。WMV 支持本地或网络回放和流的优先级化，支持多种语言和丰富的流间关系以及扩展性平台独立性等。asf 格式和 wmv 格式的文件都可以在 Windows Media Player 最新版本中播放。

三、流媒体系统的构成和服务方式

丰富的流媒体应用对用户有很强的吸引力。流媒体的应用主要有：视频点播（VOD）、视频广播、视频监视、视频会议、远程教学、交互式游戏等。总之，目前基于流媒体的应用非常多，发展非常快。

1. 流媒体系统的构成

流媒体系统包括流服务应用软件、视频业务管理和媒体发布系统、视频采集制作系统、媒体内容检索系统、媒体存储系统、客户端系统等重要组成部分。

（1）流服务应用软件。

流服务应用软件是系统中最重要的组成部分，要求在最广的范围、多种连接速度基础上提供性能最好的多媒体效果，并具有强有力的系统和网络管理功能，以及具有开放的、标准的架构，可以为不同的用户提供服务。流服务应用软件应能支持多种流媒体格式，支持大量的互联网用户同时在线浏览和观看流媒体节目。

（2）视频业务管理和媒体发布系统。

该系统包括广播和点播的管理、节目管理、计费认证管理，提供定时按需录制、直播、传送节目的解决方案，提供用户访问管理及多服务器系统负载均衡调度服务等。

（3）视频采集制作系统。

视频采集制作系统可进行数字化视频音频的制作与生成，它包括了一系列的工具和软件，可实现从独立的视频、声音、图片、文字采集到丰富的流媒体制作，所产生的流媒体文件可以存储为需要的格式供发布使用。视频采集制作系统可以实时向发布服务器提供各种视频流，提供实时的多媒体信息发布服务。

（4）媒体内容检索系统。

该系统能对媒体源进行标记，捕捉音频和视频文件并建立索引，建立高分辨率媒体的低分辨率镜像文件。可以使用用户像检索互联网其他信息一样来检索视频片段，只要使用一个Web浏览器就可以轻而易举地搜索到想要的视频片段。

（5）媒体存储系统。

媒体存储系统一般具有大容量的磁盘阵列，具有高性能的数据存储和读写能力，具有高度的可扩展性和兼容性，能满足海量视音频、动画等多媒体信息的存储需要。

（6）客户端系统。

客户端文件就是用户安装的用于流媒体播放的播放器软件，在播放过程中当用户快进或者倒退视音频时，播放器可以向服务器发出请求，服务器端会根据用户的请求调整数据流的发送。目前应用最多的播放器有美国RealNetworks公司的RealPlayer、美国微软公司的Media Player、美国苹果公司的QuickTime等。

2. 流媒体服务方式

（1）按照用户与流媒体的交互方式可以分为点播和广播两种方式。

点播是客户端与服务器之间的主动连接。在点播连接中，用户通过选择流媒体项目来初始化客户端连接，客户端从服务器接收一个媒体流，这个连接是唯一的，其他用户不能占用。用户能够对媒体进行开始、停止、后退、快进或暂停等操作，客户端拥有对流媒体的控制权，就像在看自己家的影碟一样。这种方式由于每个客户端各自连接服务器，服务器需要给每个用户建立连接，因而对服务器资源和网络带宽的需求都比较大。

广播指的是用户被动接收媒体数据流。在广播过程中，客户端接收数据流，但不能控制它，用户不能暂停、快进或后退。广播使用的数据传输手段有两种方式：一种是服务器需要将数据包复制多个拷贝，以多个点对点的方式分别发送到需要的用户，另一种方式是把数据包的单独一个拷贝发送给网络上的所有用户，而不管用户是否需要。

（2）按照流媒体数据在服务器端和网络上的传输方式，又可以分为单播与多播。

单播传输时，需要在客户端与媒体服务器之间建立一个单独的数据通道，从一台服务器送出的每个数据包只能传送给一个客户机，每个用户必须分别对媒体服务器发送单独的查询，而服务器必须向每个用户发送所申请的数据包拷贝。这种方式需要高带宽的数据传输网络和数据处理能力强大的服务器，否则用户需要等待很长时间，甚至不能得到服务。单播可以用在点播和广播上。

多播传输时，服务器将一组客户请求的流媒体数据发送到支持多播技术的路由器上，然后由路由器一次将数据包根据路由表复制到多个通道上，再向用户发送。这时候，媒体服务器只需要发送一个信息包，所有发出请求的客户端都共享同一信息包，没有请求的客户机不会收到信息包。这种方式提高了服务器和网络线路的利用率，不过需要支持多播技术的路由器，而且一般只能用作广播。

四、三大主流流式技术

到目前为止，Internet 上使用较多的流媒体格式主要有 RealNetworks 公司的 RealSystem、Apple 公司的 QuickTime 和 Microsoft 公司的 Windows Media Technology，它们是网上流媒体传输系统的三大主流技术。

1. RealSystem

美国的 RealNetworks 公司是世界上第一个推出流媒体的公司。它所提供的媒体格式、制作软件、集成工具语言、媒体发布与播放技术等也是目前最为完整、功能最为强大的流媒体技术系列。这一系列的技术通常称为 RealSystem 系列。

RealSystem 由媒体内容制作工具 RealProducer、服务器端 RealServer、客户端软件（即 RealPlayer 系列播放软件等）三部分组成。其流媒体文件包括 RealAudio、RealVideo、RealPresentation 和 RealFlash 四类文件。RealSystem 采用 SureStream 技术，自动并持续地调整数据流的流量以适应实际应用中的各种不同网络带宽需求，可轻松在网上实现视音频和三维动画的回放。

（1）RealSystem 的流媒体制作技术。

RealNetworks 提供的流式视频和音频生成软件为 RealProducer 系列软件，通过这个工具软件，可以将预先制作好的数字音频视频文件，包括 wav、avi、mpeg 等文件，经过压缩编码生成 rm 文件，也可以把从声音和视频采集设备，如声卡和视频捕捉卡等采集的实时信号直接转换生成 rm 文件。如果把运行 RealProducer 的计算机和服务器 RealServer 相连，还可以将生成的 rm 文件实时传送到 RealServer，进行流媒体的实时广播。在生成 rm 文件时，还可以定义文件的数据传输速率，在 RealSystem 系统中称为定义该文件的用户类型。新的 RealProducer 版本采用 SureStream 技术，采用新的编码方式，可以使一个 rm 文件具有多种数据传输速率。这样可以自动地并持续地调整数据流的流量以适应实际应用中的各种不同网络带宽需求。RealSystem 的制作技术还包括用于编写流式文本文件和流式图片文件的标记性语言——RealText 技术和 RealPix 技术。

RealNetworks 还推出了和 PowerPoint 结合在一起使用的流媒体生成软件 RealPresenter。通过这个软件，在播 PowerPoint 幻灯片文件时，可以为每一张幻灯片加入声音。该软件会自动将每一张幻灯片转换成一个单独的 jpeg 图片文件，然后根据播放 PowerPoint 文件的时间进程，自动生成 RealPix 文件，将所有的图片文件组合到一起。加入的声音文件，会自动生成一个 rm 文件。另外还可以加入一个视频播放区域，插入一个 Real 视频文件。因此 RealPresenter 可以广泛应用于网络教学和远程培训的课件制作。

（2）RealSystem 的流媒体发布技术。

RealNetworks 的 RealServer 系列是目前功能最为强大、应用最为广泛的流媒体服务器软件。它可以在网络上发布实时的或是预先制作好的流媒体文件，它的文件发布方式有三种：

1）点播（On-demand）。将预先制作好的RealSystem系列的流媒体放在服务器上，由用户通过点击超链接向服务器发出数据发送的请求。服务器接到请求信息后，向用户发送相应的数据。点播方式通常在某一时间点上只针对一个用户进行，而且在任何时候都可以进行。用户还可以自由选择所需播放的某一片断。

2）实时广播（Live）。将音视频采集设备实时采集的信号由编码压缩软件实时生成流媒体文件数据，传送到RealServer，再由RealServer向预定的一组用户发送。广播方式通常在某一时间点针对多个用户进行，并且用户只能在特定的时间内接收服务器发送的数据，自己不能有任何选择。实时广播就是指服务器发送的是实时采集的现场实景，没有经过任何的加工。

3）非实时广播（Simulated Live）。将预先制作好并存放在服务器上的流媒体文件，由RealServer在特定的时间里向固定的用户组发送。和实时广播相比，除了RealServer发送的数据性质不同以外，其他的特性完全相同。

RealServer和用户端的播放器RealPlayer之间的通信是双向的。也就是说，RealServer在发送数据的同时，也在接收着RealPlayer的反馈信息，RealServer根据反馈信息会及时调整数据的发送。

（3）RealSystem的流媒体播放技术。

RealNetworks的流媒体播放器RealPlayer是目前应用较为广泛的网络多媒体播放软件，它可以支持播放RealSystem系列的所有流媒体格式，包括Real视频和音频文件。同时，它还支持其他媒体类型的播放，比如mp3、wav和avi等文件。

RealSystem的播放有两种方式。一种是本地机的播放，即播放存储在本机上的媒体文件，这种方式不足以体现它的优越性。另一种是通过网络播放存储在服务器上的媒体文件，或是接收网络广播的文件数据。这种方式充分体现流媒体卓越的网络传输和播放性能。

由于其成熟稳定的技术性能，互联网巨人美国在线（AOL）、ABC、AT&T、Sony和TimeLife等公司和网上主要电台都使用RealSystem向世界各地传送实时影音媒体信息以及实时的音乐广播。在我国，大量的影视、音乐点播、春节晚会、大型展会开幕式的网上直播都采用了RealSystem系统。

2. QuickTime

Apple公司于1991年开始发布QuickTime，它几乎支持所有主流的个人计算平台和各种格式的静态图像文件、视频和动画格式，具有内置Web浏览器插件（Plug-in）技术，支持IETF（Internet Engineering Task Force）流标准以及RTP、RTSP、SDP、FTP和HTTP等网络协议。QuickTime包括服务器QuickTime Streaming Server、带编辑功能的播放器QuickTime Player、制作工具QuickTime Pro、图像浏览器Picture Viewer以及使Internet浏览器能够播放QuickTime影片的QuickTime插件。

（1）QuickTime流媒体制作技术。

QuickTime系列的媒体制作软件是QuickTime Pro。通过这个软件，可以将其他格式的媒体文件转换成QuickTime系列的流媒体文件（mov文件），也可以将通过音视频捕捉设备获得的实时信号直接转换成流媒体文件数据，用于实时广播或存储为mov文件。

（2）QuickTime流媒体发布技术。

QuickTime流媒体服务器QuickTime Streaming Server，包含在Mac OS系列操作系统

中，也支持点播、非实时和实时广播三种方式。

（3）QuickTime 流媒体播放技术。

QuickTime Player 是 QuickTime 系列的媒体播放器，和 RealPlayer 一样，它既可以作为独立的应用程序播放媒体文件，也可以作为浏览器插件播放结合在 Web 页面中的媒体文件。它所支持的，除了 QuickTime 的 mov 文件外，还包括 avi、mpeg 等格式的视频文件。

目前，FOX 新闻在线、FOX 体育在线、BBC World 等机构都已加入 QuickTime 内容供应商行列，使用 QuickTime 技术制作实况转播节目。

3. Windows Media Technology

Windows Media Technology 是 Microsoft 提出的流媒体技术，其主要目的是在 Internet 上实现包括音频、视频信息在内的多媒体流信息的传输。其核心是 ASF（Advanced Stream Format），ASF 是一种包含音频、视频、图像以及控制命令、脚本等多媒体信息在内的数据格式，通过将数据分成一个个的网络数据包在 Internet 上传输，实现流式多媒体内容发布。因此，把在网络上传输的内容称为 ASF Stream。ASF 支持任意的压缩/解压缩编码方式，并可以使用任何一种底层网络传输协议，具有很大的灵活性。Microsoft 运用它的捆绑策略，将 ASF 用做 Windows 操作系统中多媒体内容的标准文件格式，这无疑将对 Internet 特别是流式技术的应用和发展产生重大影响。

Windows Media Technology 由 Media Tools、Media Server 和 Media Player 工具构成它的制作、发布和播放系统。

Media Tools 提供了一系列的工具帮助用户生成 ASF 格式的多媒体流（包括实时生成的多媒体流），分创建工具和编辑工具两种。创建工具主要用于生成 ASF 格式的多媒体流，包括 Media Encoder、Author、VidToASF、WavToASF、Presenter 五个工具。编辑工具主要对 ASF 格式的多媒体流信息进行编辑与管理，包括后期制作编辑工具 ASF Indexer 与 ASF-Chop，以及对 ASF 流进行检查并改正错误的 ASFCheck。

Media Server 是发布系统，可以保证文件的保密性，保护创作者的产权，并使每个使用者都能以最佳的品质浏览影片，具有多种文件发布形式和监控管理功能。

Media Player 则是强大的流媒体播放器，它捆绑在 Windows 操作系统中，用户数量巨大。

除了上述三种主流的流媒体技术外，在多媒体课件和动画方面的流媒体技术还有 Macromedia（现已被 Adobe 收购）的 Shockwave 技术和 MetaCreation 公司的 MetaStream 3D 技术。

通过 Shockwave 技术可以方便地在 Web 页面中加入图像、动画以及交互式界面等。Shockwave 与 Macromedia 产品紧密联系在一起，包括 Flash、Shockwave for Authorware、Shockwave for Director 等技术。

MetaStream 3D 的图形设计软件是 Ray Dream Studio 以及 Ray Dream 3D，可以方便地在网上创建、发布及浏览被缩放的 3D 图形，它具有小文件量及流传输的特点，比其他任何一种已存在的 Internet 3D 技术压缩率都高。主要应用者包括游戏开发厂商、视觉产品设计者、科学研究者等。

随着 Internet 的飞速发展，流媒体（Streaming Media）技术的应用越来越普及。Microsoft、Intel、Apple、RealNetworks 等公司就流媒体技术的发展、应用展开了激烈的竞争。专家预计将来多数的 Internet 用户（包括企业和个人用户）将更多地使用流媒体技术，流媒体技术及其相关产品将更广泛应用于远程教育、网络电台、视频点播、收费播放等，而三大技术标准和其他技术将分别占据一定的市场。可以预见，随着厂商对流媒体技术的不断发展和完善，以及用户对流媒体需求的增加，流媒体技术定会更上一层楼。

五、运用 Windows Media Encoder 架设直播流媒体服务器

Microsoft Windows Media Encoder（编码器）是一个功能强大的流媒体制作工具，用于将现场实况和预先录制的音频和视频转换为 Windows Media 流媒体文件。下面学习运用 Windows Media Encoder 9 架设直播流媒体服务器，其界面如图 7—19 所示。

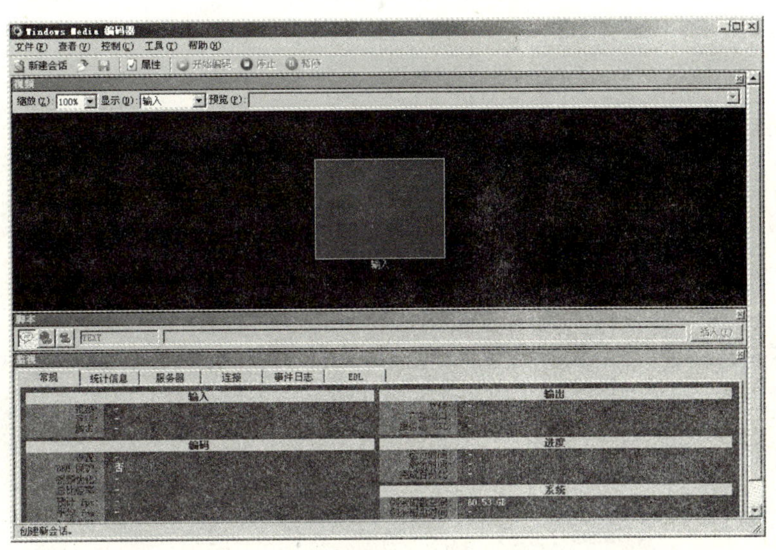

图 7—19　Microsoft Windows Media Encoder 9 的界面

（1）打开 Windows Media Encoder 选择“文件”＞“新建”选项，弹出“新建会话”对话框。

（2）在“新建会话”对话框中选择“向导”标签里的“广播实况事件”选项，然后单击“确定”按钮（见图 7—20）。

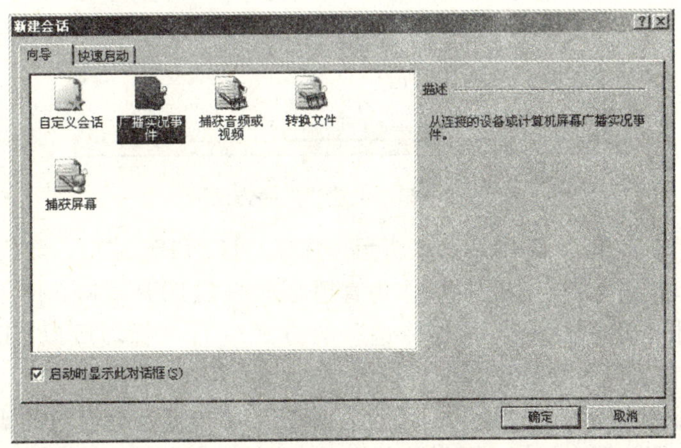

图 7—20　选择新建文件格式

（3）接下来按照“新建会话向导”的提示设置编码和服务器的配置。

（4）选择和配置用于采集直播现场场景和声音的采集设备，比如与计算机连接的摄像机

和话筒。一定要保证设备能正常使用，采集的画面和声音信号都清晰稳定，能满足直播的要求。配置好采集设备以后单击“下一步”按钮（见图7—21)。

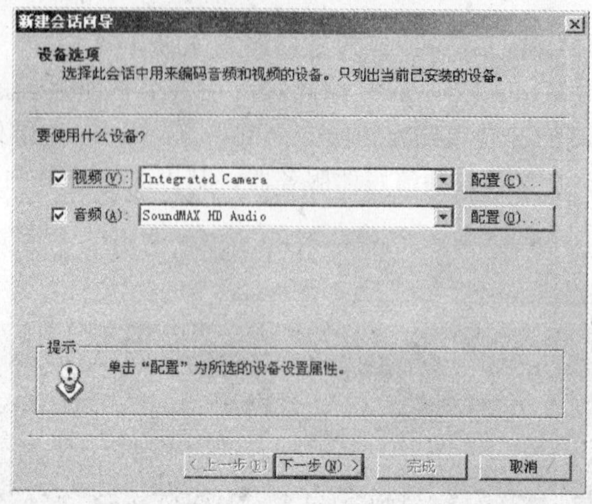

图7—21 设置编码和服务器配置

(5）接下来是设置“广播方法”。可以选择Windows Media服务器直接“自编码器拉传递”的方式进行广播，这种方式把当前的计算机配置为直播的服务器，单击“下一步”按钮(见图7—22)。

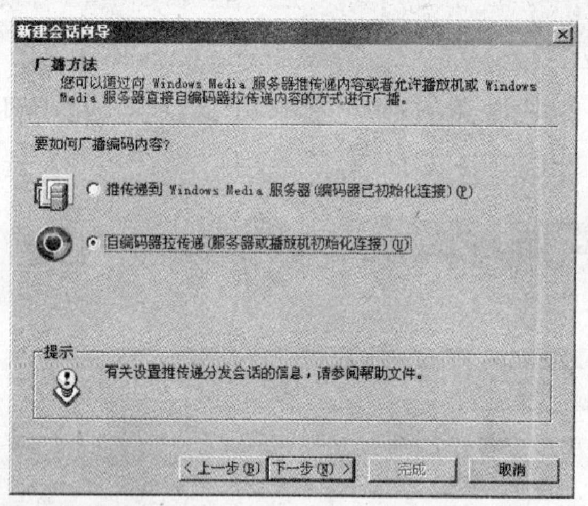

图7—22 设置“广播方法”

(6）配置“广播连接”，如图7—23所示。选择“HTTP”端口，默认为8080。也可以通过查找可用端口按钮查找空闲的端口作为直播必须的HTTP端口。由于上一步选择的是Windows Media服务器“自编码器拉传递”的方式进行广播，所以Microsoft Windows Media Encoder 9自动建立的服务器的URL是本地计算机的IP地址。

(7）设置“编码选项”，如图7—24所示。根据实际需要选择合适的比特率，也可以选择多比特率模式，服务器会根据实际网络传播速率确定直播的视频音频的编码比特率。

(8）选择是否存档，就是确定是否把现场直播的情况录制到计算机硬盘中。如果选择存档，则要选择存档的路径。设置好以后，单击“下一步”按钮，如图7—25所示。

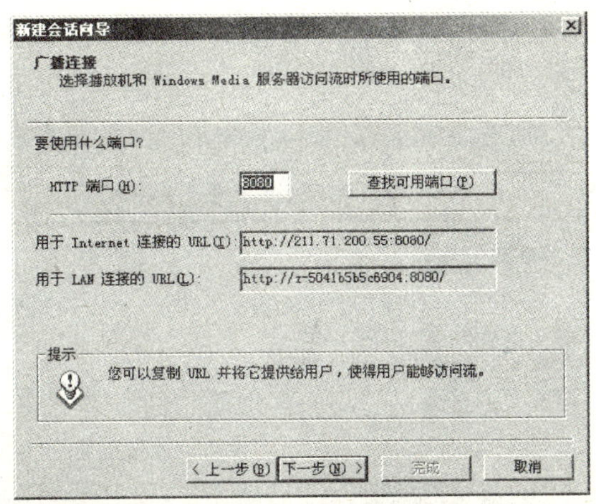

图 7—23　设置“广播连接”

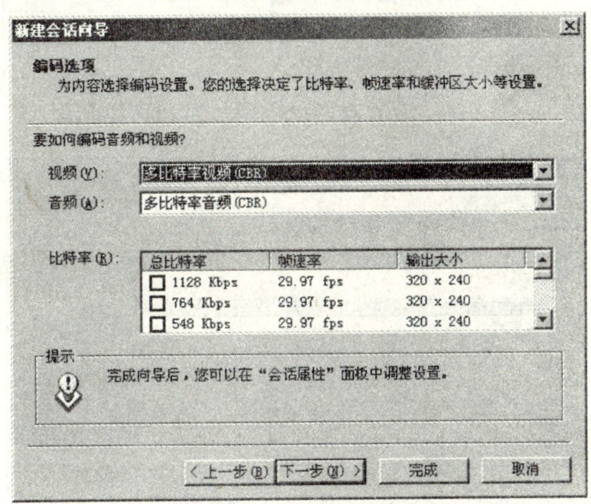

图 7—24　设置“编码选项”

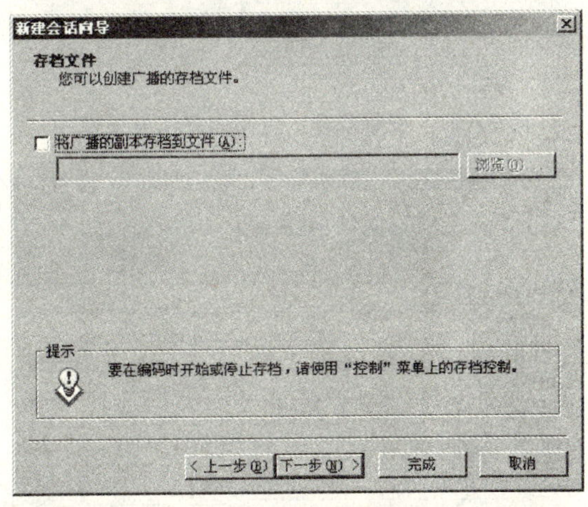

图 7—25　确定存档

(9) 通过 Windows Media Encoder 可以设置欢迎、中间休息和再见画面或视频，也可以选择不设置，如图 7—26、7—27 所示。

(10) 设置“显示信息”，包括标题、作者、版权、分级和描述，如图 7—28 所示。单击

“下一步”按钮，进入检查设置对话框，核对无误后，单击“完成”按钮就可以开始直播了(见图 7—29)。

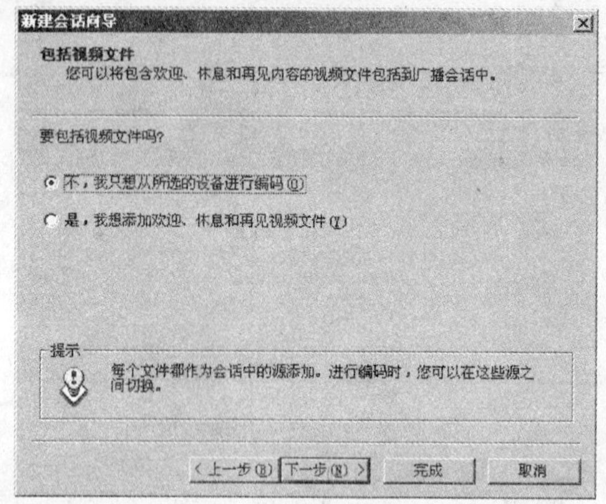

图 7—26　设置欢迎、中间休息和再见画面

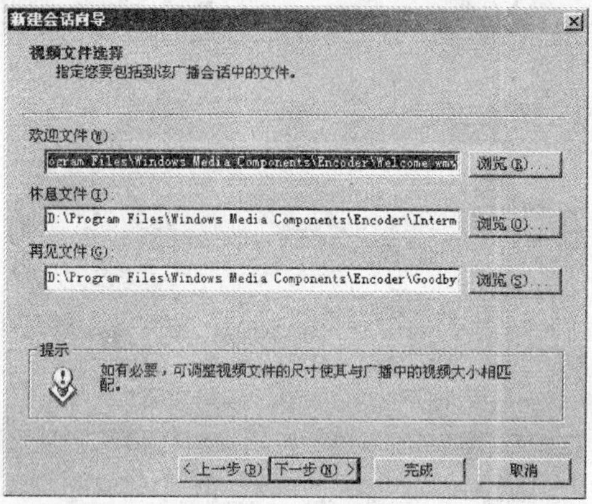

图 7—27　设置欢迎、中间休息和再见视频

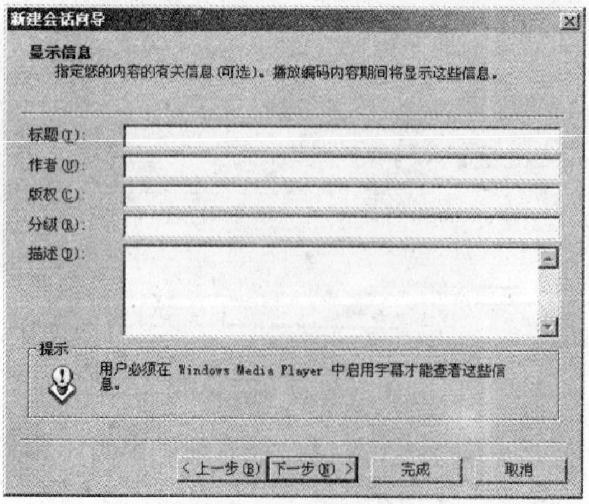

图 7—28　设置显示信息

当完成所有设置之后，Windows Media Encoder 的界面会再次出现，此时必须按下“开始编码”按钮才能让服务器正式启动，开始直播。

(11) 现在可以观看直播了，在浏览器地址栏中输入“mms://服务器的 IP 地址：端口号/”，本例中输入“mms://211.71.200.55:8080/”，就会自动弹出 Windows Media Player，开始播放（见图 7—30）。

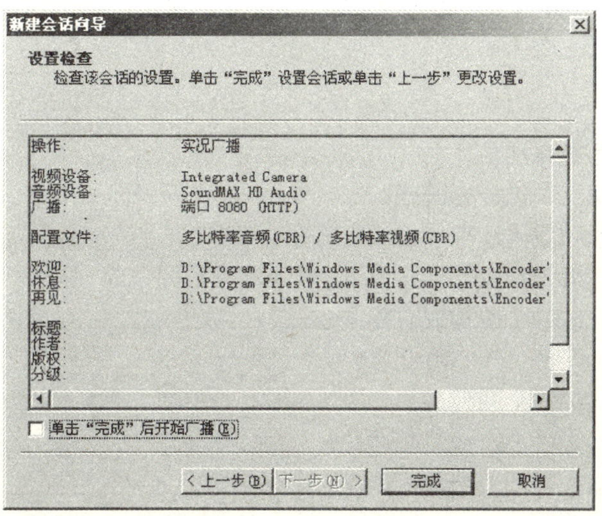

图 7—29　检查设置信息

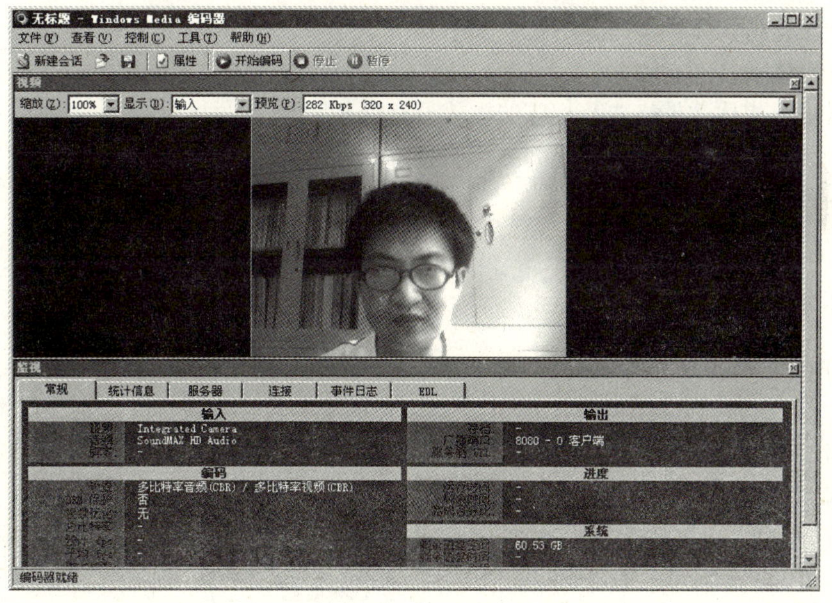

图 7—30　播放流媒体

本章小结

本章介绍了视频的产生、数字视频的优势，介绍了数字视频编码标准和常见格式、非线性编辑的产生和发展、非线性编辑系统的一般构成和非线性编辑的一般过程。并以非线性编辑软件 Adobe Premiere 编辑一段视频为例介绍了非线性编辑的具体过程。

本章还介绍了视频点播的产生和发展、视频点播系统的组成、实现视频点播业务的解决方案、视频点播系统的分类和应用情况。以美萍视频点播软件为例介绍了视频点播服务器的搭建。

本章最后介绍了流媒体的概念、特点，常见的流媒体的格式和播放器。概述了三大主流流媒体技术，运用 Windows Media Encoder 举例介绍了架设直播流媒体服务的技术。

复习题

1. 视频产生的基本原理是什么?
2. 数字视频的特点和优势有哪些?
3. 常用的数字视频编码标准和格式有哪些?
4. 什么是非线性编辑?
5. 非线性编辑系统的一般构成有哪些?
6. 非线性编辑的一般过程有哪几步?
7. 简述视频点播的产生和发展。
8. 一般视频点播系统的组成有哪些?
9. 实现视频点播业务的方案有哪两种?
10. 视频点播系统的分类有哪些?
11. 视频点播的应用有哪些?
12. 什么是流媒体?
13. 流媒体的特点有哪些?
14. 常见流媒体文件格式及相应的播放器有哪些?
15. 一般流媒系统的构成有几部分? 服务方式有哪些?
16. 简述三大主流流媒体技术。

课外实践与练习

1. 运用非线性编辑软件 Adobe Premiere 编辑一段新闻采访视频。
2. 搭建一个视频点播服务器，让用户登录你的服务器点播视频。
3. 运用 Windows Media Encoder 架设一个非实时广播流媒体服务器，播出第 1 题的新闻采访视频。

第8章 网络信息检索与再处理技术——信息为我所用

网络资源虽然丰富多样，但是由于存储分散，给浏览、查询和下载造成一定困难。因此，需要使用恰当的方法、工具和技巧，对网络资源进行有效的浏览与检索。

随着人们生活节奏的加快以及技术的进步，人们能以更快速、更容易、更廉价的方式获取和存储数据，但被收集并存储在众多数据库中且正在快速增长的庞大数据，已远远超过人们的处理和分析理解能力，这样存储数据的数据库就成为“数据坟墓”，大量数据极少被访问，没有合适的工具帮助人们从数据中抽取出所需的信息知识，结果许多重要的决策不是基于这些基础数据而是依赖决策者的直觉而制定的。而数据挖掘可以帮助人们从大量数据中发现所存在的特定模式规律，从而可以为商业活动、科学探索和医学研究等诸多领域提供所必需的信息知识。数据与信息知识之间的巨大差距迫切需要开发出系统的数据挖掘工具，来帮助实现将“数据坟墓”中的数据转化为知识财富。

互联网在全球范围内的迅速发展与成熟，促使社会各领域信息飞速膨胀，为人们查找、获取有用信息提供了丰富的信息源，但同时也给信息的准确定位提出了挑战。提供网上资源的检索是网络信息服务的重要内容之一，现代人也对信息把握的正确性和全面性提出了越来越高的要求。从而产生了智能代理这种有效解决从网络信息资料海洋中提取有用知识的问题。智能代理是系统科学中人工智能的一部分，是指软件和硬件组合能代替它的使用者完成特定的工作，比如信息检索。

随着用户应用需求的提高、硬件技术的发展和Internet提供的多媒体交流方式的多样化，促进了数据库技术与多媒体技术相互渗透、相互结合，形成了数据库的新技术——多媒体数据库技术。

学习目标

通过本章的学习，应该能够：

- 学会检索和下载需要的各种信息资源；
- 学会管理下载的资源；
- 阐述数据挖掘的过程；
- 说出典型数据挖掘系统；
- 阐述网页数据挖掘；
- 阐述什么是智能代理；
- 说出智能代理的基本特点有哪些；

- 简述智能代理典型结构；
- 说出智能代理应用有哪些；
- 阐述多媒体数据库需要支持的多媒体数据类型；
- 说出多媒体数据库的一般结构；
- 阐述常见的Web多媒体数据库访问技术。

第1节 网络信息检索与管理技术

网络资源虽然丰富多样，但是由于存储分散，给浏览、查询和下载造成了一定困难。因此，需要使用恰当的方法、工具和技巧，对网络资源进行有效的检索与下载。网络资源的检索、管理能力是信息时代所应具备的基本素养。

在互联网上，通常使用搜索引擎来检索资源。搜索引擎是能够提供信息检索服务的工具，它可以根据用户提出的查询请求，检索出用户所需的信息。目前，互联网上提供搜索引擎的网站有很多，如百度（http://www.baidu.com）、Google（http://www.google.com）等网站。

一、常用搜索引擎

1. 百度

百度（http://www.baidu.com）是一个常用的中文搜索引擎，其特色在于适合搜索中文信息。它提供资讯、网页、贴吧、知道、MP3和图片等分类搜索服务，具有关键词自动提取、中文自动纠错等功能，其界面如图8—1所示。

图8—1 百度界面

2. Google

Google（http://www.google.com）是一个常用的多种语言搜索引擎，其特色在于搜索范围广泛，具有搜索特定语言的网页和翻译网页等功能。Google提供网页、图片、资讯、论坛、网页目录等搜索服务，其界面如图8—2所示。

二、利用搜索引擎检索资源

虽然利用搜索引擎能检索到大量信息，但实际上检索结果并不完全符合最初的检索目的。为了提高检索的准确性和有效性，在利用搜索引擎检索资源时，需要经过一系列步骤，掌握一定的技巧。

图 8—2　Google 界面

1. 确定合适的搜索引擎

网络提供的多种搜索引擎在查询范围、检索功能等方面各具特色，用户应针对不同信息选用恰当的搜索引擎。例如，搜索英文资料，Google 较为合适；搜索中文资料，百度的资源更为丰富；搜索多媒体素材，百度、Google 各有千秋。

2. 选择合适的关键词

关键词是反映主题概念的词或词组。搜索引擎会根据输入的关键词，自动检索出包含关键词的信息。关键词选择的恰当与否决定检索结果的相关性和有效性。为了提高查询结果的相关性和有效性，关键词的选择应遵循以下原则：

（1）准确性原则。关键词的准确选取是获得有效搜索结果的前提，因此，选取的关键词应准确反映所要查找信息的主题概念，避免选用含糊不清的词汇。

（2）精简性原则。目前的搜索引擎并不能很好地处理自然语言，因此，在提交搜索请求时，应尽可能将搜索目标精炼成一个或多个关键词。

3. 应用合适的语法规则

当使用多个关键词检索资源时，通过应用搜索引擎的语法规则，输入恰当的检索表达式，可以缩小查找范围，提高检索的成功率。不同的搜索引擎，语法规则略有差异，以下是几个通用规则：

（1）加号“＋”或空格用于缩小搜索结果的范围。通常情况下，为了让搜索结果更精确，可以输入多个关键词，用“＋”号或空格进行组合。

（2）减号“－”用于排除搜索结果中指定的内容。如果要求搜索结果中不出现某项内容，可以在指定的关键词前加空格和减号“－”，即可排除所有包含该关键词的网页。

4. 甄选合适的搜索结果

搜索结果通常由以下几部分构成：查询路径、网站站名、网址链接和包含关键词的内容提要。当输入关键词检索资源时，搜索引擎会返回大量的搜索结果，而真正符合要求的只是其中一部分。因此，必须从搜索结果中快速排除无关内容，甄选出符合要求的信息，可以通过阅读搜索结果的摘要信息快速判断此网页是否含有所需内容。

三、利用搜索引擎检索资源的技巧

资源通常包括文本、图片、音频、视频、课件、软件等形式。掌握利用搜索引擎检索资源的方法和技巧，有助于收集、下载各种资源。

1. 利用搜索引擎查找文本资源

文本是记录文字信息的数据文件，包括纯文本文件和文档文件，常见的文本文件格式有 txt、doc、wps 等。利用搜索引擎查找文本素材，可以按照“素材名称＋文本类型”格式输入关键词，搜索相关的文本资源；也可以查找相关的网页，查看网页中所需的文字内容。

2. 利用搜索引擎查找图片资源

图片是记录静态画面的数据文件，包括图形和图像，常见的图片文件格式有 bmp、jpg、gif 等。利用搜索引擎查找图片素材，可以按照“素材名称＋图片类型”格式输入关键词；也可以利用专门的图片搜索工具（如百度图片搜索“http://image. baidu. com/”）进行查找。

3. 利用搜索引擎查找音频资源

音频是记录声音信息的数据文件，包括音乐、语音和各种音效，常见的音频文件格式有 wav、mp3、mid 等。利用搜索引擎查找音频素材，可以按照“素材名称＋音频类型”格式输入关键词，也可以利用专门的音频搜索工具（如百度 MP3 搜索“http://mp3. baidu. com/”）进行查找。

4. 利用搜索引擎查找视频资源

视频是记录动态画面的数据文件，常见的视频文件格式有 aiv、mpg、wmv 等。利用搜索引擎查找视频素材，可以按照“素材名称＋视频类型”格式输入关键词，如“松鼠和松果 . mpg”。

5. 利用搜索引擎查找软件资源

利用搜索引擎查找软件资源，最直接的方法是以软件名称为关键词进行查询。为了提高检索的有效性和相关性，可以在关键词中增加“下载”。例如，要下载“网际快车”软件，可以以“网际快车 下载”为关键词进行搜索。

利用搜索引擎在网络中检索到所需的教学资源后，可以通过使用各种下载方法，将存在网络服务器上的资源下载到本地。

四、资源的下载与保存

1. 下载素材类资源

对于文本类素材，可以通过选中文字内容，选择“复制”、“粘贴”命令保存所需文字。对于图片类素材，可以在图片上单击鼠标右键图片，在弹出的快捷菜单中选择“图片另存为”命令保存所需图片。对于动画、视频等其他素材，可以在资源链接地址单击右键，在弹出的菜单中，选择“目标另存为”命令，将资源保存到本地。

2. 保存网页资源

检索教学资源时，如果需要保存网页中的内容，可以打开“文件”菜单，选择“另存为”命令，弹出“保存网页”对话框。如图 8—3 所示，将所需网页的内容全部保存或只以文本文件格式保存到本地。

3. 收藏网址

利用搜索引擎可以检索到大量的优秀教学网站，收藏这些网站的网址，有利于以后方便快捷地访问。具体步骤如下：

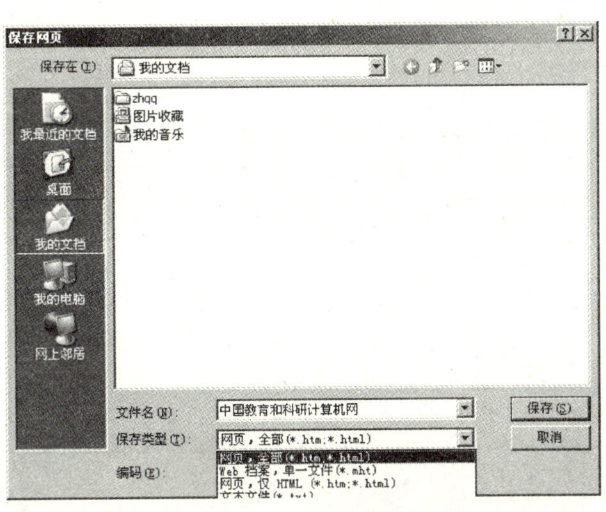

图 8—3　保存网页对话框

(1) 打开要收藏的网页，打开“收藏”菜单，选择“添加到收藏夹”命令，弹出“添加到收藏夹”对话框。

(2) 在对话框中，输入网页名称，单击“确定”按钮。

五、下载工具的使用

虽然利用浏览器可以下载资源，但速度较慢，可以利用下载工具软件提高下载速度，实现多点传输、断点续传等功能。目前常用的下载工具有网际快车、迅雷等，使用前应将下载工具安装到本地计算机上。搜索引擎的具体操作过程如下：

(1) 利用搜索引擎检索到所需课件后，在该课件的链接地址单击右键，弹出快捷菜单，如图 8—4 所示，在快捷菜单中选择“使用网际快车下载”选项。

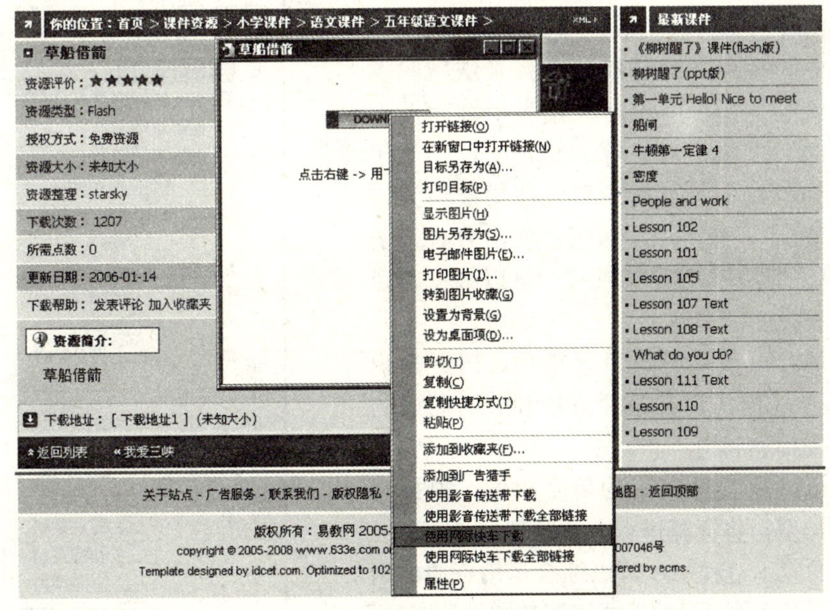

图 8—4　使用网际快车下载资源

（2）在弹出的“添加新的下载任务”对话框中（如图 8—5 所示），选择存放位置，并给文件命名。可选择将文件分为多个部分下载，提高下载速度。

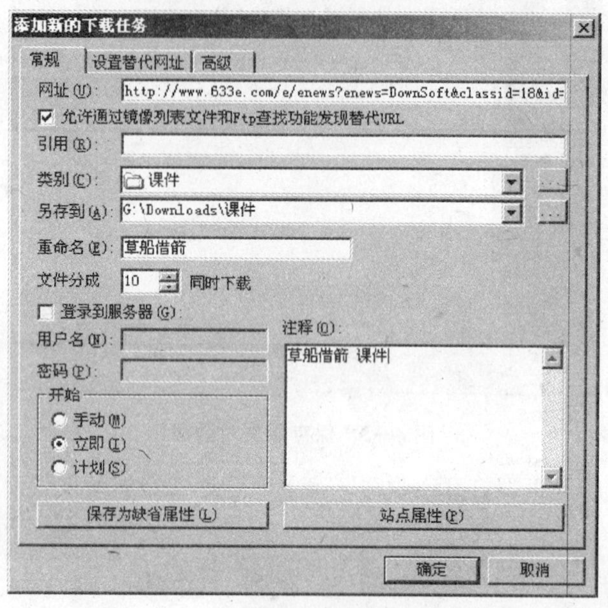

图 8—5　添加新的下载任务对话框

六、资源管理

资源管理是对资源进行归类、存储、检索与维护等操作。资源适合采用文件目录形式进行管理，即以建立文件夹的方式管理资源。这种方法既方便快捷，又条理清晰。文件目录管理的首要工作是对资源进行分类，可以按照知识结构和类型用途两种方式合理组织、归类。

计算机中的各种资源是以树形目录结构归类存放的，在该结构中，由根目录出发，继而派生出一级子目录、二级子目录等，并将文件存放于各个目录之中。其中各级目录和文件均被称为该结构中的“节点”，而将从根目录出发沿着各级子目录找到文件的路线称为“路径”。可以根据路径逐层深入地查找所需资源。

资源管理可以借鉴树形目录结构，树形知识结构的资源管理模式具有条理清楚和分类明确的特点，便于查找和利用。

此外还可以从素材应用的角度出发，根据资源的用途和类型，将资源进行分类管理。

在实际的应用过程中，可以综合运用资源的两种组织结构，以文件目录的形式存储各类教学资源，实现资源的有效利用和科学管理（见图 8—6）。

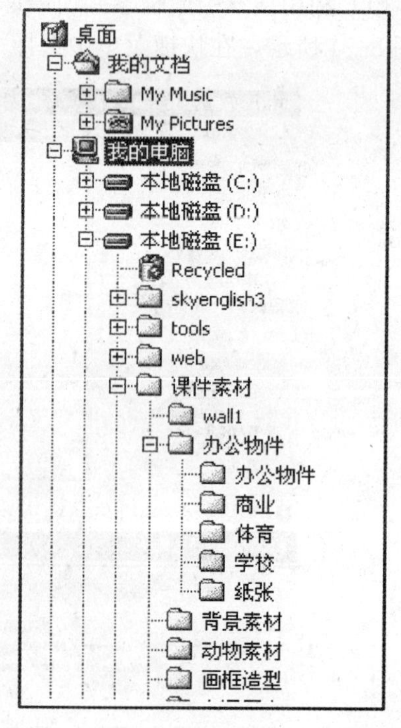

图 8—6　计算机中文件的树形目录管理

第 2 节　数据挖掘与智能代理技术

随着人们生活节奏的加快以及技术的进步，人们能以更快速、更容易、更廉价的方式获取和存储数据，被收集并存储在众多数据库中且正在快速增长的庞大数据，已远远超过人们的处理和分析理解能力，这样存储数据的数据库就成为“数据坟墓”，大量数据极少被访问，没有合适的工具帮助其从数据中抽取出所需的信息知识，结果许多重要的决策不是基于这些基础数据而是依赖决策者的直觉而制定的。而数据挖掘可以帮助从大量数据中发现所存在的特定模式规律，从而可以为商业活动、科学探索和医学研究等诸多领域提供所必需的信息知识。数据与信息知识之间的巨大差距迫切需要开发出系统的数据挖掘工具，来帮助实现将“数据坟墓”中的数据转化为知识财富。

据粗略估算，20 世纪 80 年代，全球信息量每隔 20 个月增加一倍，而进入 20 世纪 90 年代，全世界所拥有的数据库及其所存储的数据规模增长明显加快。据估计，1993 年全球数据容量约为 2 000TB，到 2000 年增加到 300 万 TB。在科研方面，以美国宇航局的数据库为例，每天从卫星获得的数据量就达 3～4TB 之多，而为了研究的需要，这些数据要保存七八年之久。

激增的数据背后隐藏着许多重要的信息，人们希望能够对其进行更高层次的分析，以便更好地利用这些数据。目前的数据库系统可以高效地实现数据的录入、查询、统计等功能，但无法发现数据中存在的关系和规则，无法根据现有的数据预测未来的发展趋势。

当数据量极度增长时，如果没有有效的方法，没有计算机及信息技术来帮助人们从大量数据中提取有用的信息和知识，人类显然就会感到像大海捞针一样。据统计，目前一个大型企业数据库中的数据，只有约 7%得到很好应用，其他大部分数据得不到很好利用。但企业既担心数据为竞争对手获得，又怕碰到需要而不得的情况，于是就不得不保存大量数据。因此目前人类陷入了一个尴尬的境地，即“丰富的数据”而“贫乏的知识”。

大量信息在给人们带来方便的同时也带来了一大堆问题：第一是信息过量，难以消化；第二是信息真假难以辨识；第三是信息安全难以保证；第四是信息形式不一致，难以统一处理。人们开始考虑：“如何才能不被信息淹没，而是从中及时发现有用的知识，提高信息利用率?”

一、数据挖掘的产生和发展

人类的各项活动都是基于有用的知识和人类的智慧。首先人类通过对外部世界的观察和了解，获得各种数据和信息，然后从各种数据和信息中抽取出有用的知识，做出正确的判断和决策，最后采取正确的行动。在整个过程中数据仅仅是人们用各种工具和手段观察外部世界所得到的原始材料（并不是所有的数据都是有用的，也并不是所有的知识都是有用的或者知识不是在所有情况下都是有用的），从数据到知识再到智慧，需要经过分析、加工处理、精炼的过程。

计算机及信息技术发展的历史，也是数据和信息加工手段不断更新和改善的历史。早年受技术条件限制，一般用人工方法进行统计分析和用批处理程序进行汇总和提出报告。随着数据量的增长，多数据源带来了各种数据格式不相容的问题，为了便于获得决策所需信息，就有必要将整个机构内的数据以统一形式集成存储在一起，这就是形成了数据仓库（Data

Warehousing)。数据仓库不同于管理日常工作数据的数据库，它是为了便于分析特定主题，提供存储 5～10 年或更长时间的数据，这些数据一旦存入就不再发生变化。

数据仓库的出现，为对数据进行更深入分析提供了条件，针对市场变化的加速，人们提出了能进行实时分析和产生相应报表的在线分析工具 OLAP（On Line Analytical Processing）。OLAP 能允许用户以交互方式浏览数据仓库内容，并对其中数据进行多维分析，且能及时地从变化和不太完整的数据中提取出急需的信息。

OLAP 是数据分析手段的一大进步，以往的分析工具所得到的报告结果只能回答“什么”（what），而 OLAP 的分析结果能回答“为什么”（why）。OLAP 分析过程是建立在用户对深藏在数据中的某种知识有预感和假设的前提下，由用户指导信息分析与知识发现的过程。但由于数据仓库通常的数据储藏量都比较大，往往以 TB 计，内容来源也往往是多个数据源，因此要使人们能及时准确地做出科学的决策，就需要有更加智能化的工具挖掘隐藏在数据中的知识。这类工具不应再基于用户假设，而是自身能生成多种假设，能够用数据仓库（或大型数据库）中的数据进行验证，最后返回给用户最有价值的结果。此外这类工具还应能适应数据的多种特性（即量大、含噪声、不完整、动态、稀疏性、异质、非线性等）。要达到上述要求，只借助于一般数学分析方法是无法达到的。

20 世纪 90 年代，各行各业如从商业管理、生产控制、市场分析到工程设计、科学探索等都已经拥有巨量的数据资源，都需要将这些数据资源转换为信息和知识资源，从而形成了巨大的数据挖掘潜在市场。从 20 世纪 90 年代中期开始，许多软件开发商，基于数理统计、人工智能、机器学习、神经网络、进化计算和模式识别等多种技术和市场需求，开发了许多数据挖掘与知识发现软件工具。目前数据挖掘工具已开始向智能化整体数据分析解决方案发展，如图 8—7 所示。

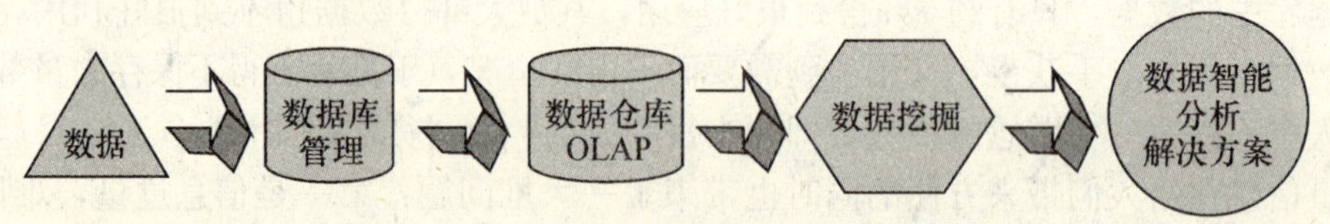

图 8—7 数据挖掘技术的产生

数据挖掘技术可以视为数据管理与分析技术的自然进化的产物，如图 8—8 所示。

起初人们以基础文件处理方式处理数据，后来把各种数据存储在数据库中，然后发展到可对数据库进行查询和访问。随着关系数据库系统、数据建模工具、索引与数据组织技术的迅速发展，进而发展到对数据库的即时编理。最近又提出许多先进的数据模型（扩展关系模型、面向对象模型、演绎模型等），以及应用数据库系统（空间数据库、时序数据库、多媒体数据库等）。目前异构数据库系统和基于互联网的全球信息系统也已开始出现并在信息工业中扮演重要角色。新一代的数据处理技术不仅能对过去的数据进行查询和编理，并且能够找出过去数据之间的潜在联系，从而促进信息的传递，这就是数据挖掘技术。

二、数据挖掘的过程和数据挖掘系统的组成

1. 数据挖掘和知识挖掘的过程

数据挖掘（Data Mining）就是从大量的、不完全的、有噪声的、模糊的、随机的实际应用数据中，提取隐含在其中的、人们事先不知道的、但又是潜在有用的信息和知识的过程。

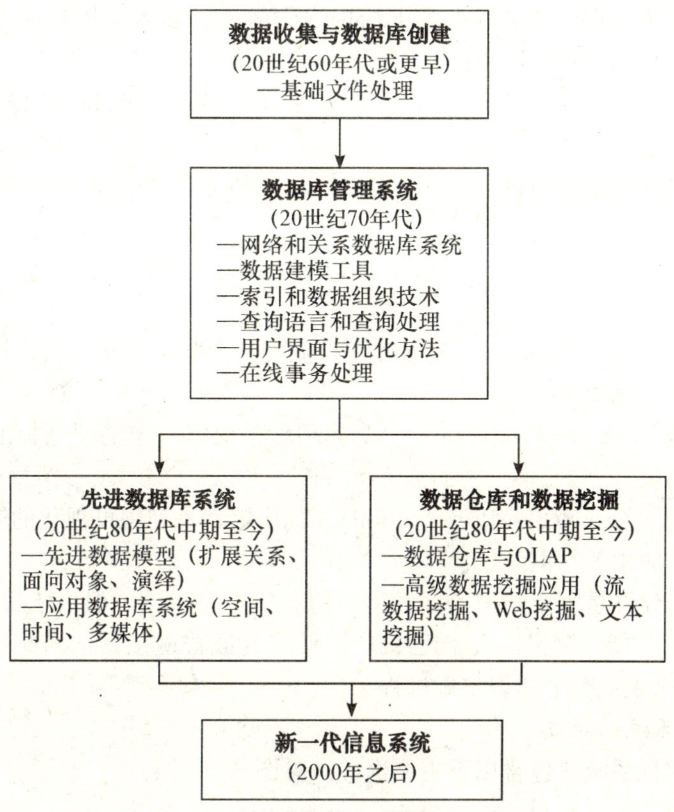

图 8—8　数据挖掘技术的发展

这个定义包括好几层含义：数据源必须是真实的、大量的、含噪声的；发现的是用户感兴趣的，可接受、可理解、可运用的，能够支持特定问题的知识。

数据挖掘简单地说就是从大量数据中挖掘或抽取出知识，因此又称为知识挖掘(Knowledge Discovery from Database，简称 KDD)，它是一个从大量数据中抽取挖掘出未知的、有价值的模式或规律等知识的复杂过程。数据挖掘的全过程定义描述如图 8—9 所示。

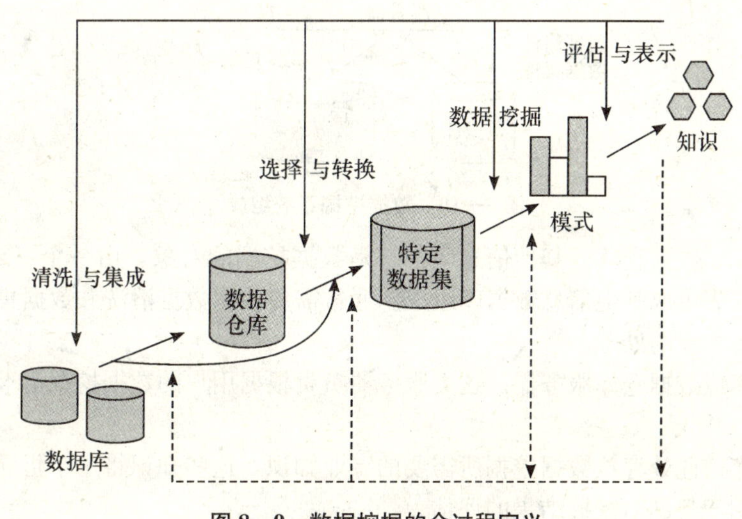

图 8—9　数据挖掘的全过程定义

整个知识挖掘（KDD）的过程由若干挖掘步骤组成，而数据挖掘仅是其中的一个主要步骤。整个知识挖掘的主要步骤有：

(1) 数据清洗（Data Cleaning）。其作用就是清除数据噪声和与挖掘主题明显无关的数据。

(2) 数据集成（Data Integration）。其作用就是将来自多数据源中的相关数据组合到一起。

(3) 数据转换（Data Transformation）。其作用就是将数据转换为易于进行数据挖掘的数据存储形式。

(4) 数据挖掘（Data Mining）。它是知识挖掘的一个基本步骤，其作用就是利用智能方法挖掘数据模式或规律知识。

(5) 模式评估（Pattern Evaluation）。其作用就是根据一定的评估标准从挖掘结果筛选出有意义的模式知识。

(6) 知识表示（Knowledge Presentation）。其作用就是利用可视化的知识表达技术，向用户展示所挖掘出的相关知识。

尽管数据挖掘仅仅是整个知识挖掘过程中的一个重要步骤，但由于目前工业界、媒体、数据库研究领域中，“数据挖掘”一词已被广泛使用并被普遍接受，因此本节也广义地使用“数据挖掘”一词来表示整个知识挖掘过程。

2. 数据挖掘系统的组成

典型的数据挖掘系统，包含以下主要部件（见图 8—10）：

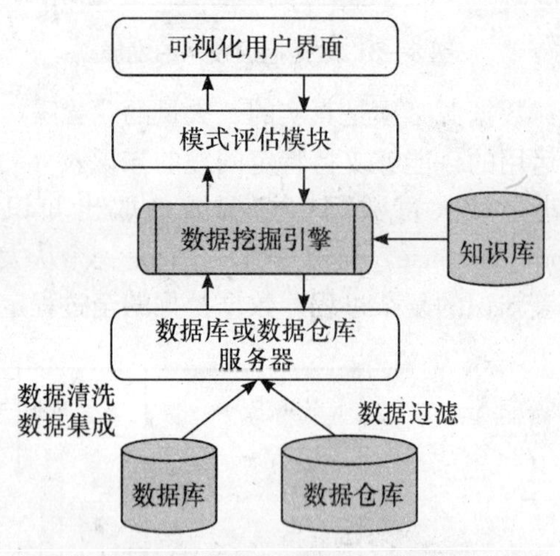

图 8—10　数据挖掘系统组成

(1) 数据库、数据仓库或其他信息库。它是数据挖掘的对象，由一个（或组）数据库、数据仓库、数据表单或其他信息数据库组成。通常需要使用数据清洗和数据集成操作，对这些数据对象进行初步的处理。

(2) 数据库或数据仓库服务器。这类服务器负责根据用户的数据挖掘请求，读取相关的数据。

(3) 知识库。此处存放数据挖掘所需要的专业知识，这些知识将用于指导数据挖掘的搜索过程，或者用于帮助对挖掘结果的评估。

(4) 数据挖掘引擎。这是数据挖掘系统的最基本部件，它通常包含一组挖掘功能模块，以便完成定性归纳、关联分析、分类归纳、进化计算和偏差分析等挖掘功能。

（5）模式评估模块。该模块可根据评估标准，协助数据挖掘模块聚焦挖掘更有意义的模式或知识。

（6）可视化用户界面。该模块帮助用户与数据挖掘系统本身进行沟通交流。一方面用户通过该模块将自己的挖掘要求或任务以及挖掘所需要的相关知识提交给挖掘系统；另一方面系统通过该模块向用户展示或解释数据挖掘的最终结果或中间结果。

数据挖掘有机结合了多学科技术，其中包括：数据库、数理统计、机器学习、高性能计算、模式识别、神经网络、数据可视化、信息检索、图像与信号处理、空间数据分析等。通过数据挖掘，可从数据库中挖掘出有意义的知识、规律，或更高层次的信息，并可以从多个角度对其进行浏览查看。所挖掘出的知识可以帮助进行决策支持、过程控制、信息管理、查询处理等。因此数据挖掘被认为是数据库系统最重要的前沿研究领域之一，也是信息工业中最富有前景的数据库应用领域之一。

三、网页数据挖掘

网页数据挖掘（Web Data Mining）简称 Web 挖掘，是数据挖掘技术在网络环境下的应用，是从数据挖掘发展过来的集 Web 技术、数据挖掘、计算机技术、信息科学等多个领域的一项技术。Web 挖掘是指从大量的 Web 文档集合中发现蕴涵的、未知的、有潜在应用价值的、非平凡的模式。它所处理的对象包括：静态网页、Web 数据库、Web 结构、用户使用记录等信息。通过对这些信息的挖掘，可以得到仅通过文字检索所不能得到的信息。Web 挖掘大致分为三类：内容挖掘、使用记录挖掘、结构挖掘。

1. Web 内容挖掘

Web 内容挖掘是指对 Web 上大量文档集合的“内容”进行总结、分类、聚类、关联分析以及利用 Web 文档进行趋势预测等，是从 Web 文档内容或其描述中抽取知识的过程。Web 上的数据既有文本数据，也有声音、图像、图形、视频等多媒体数据；既有无结构的自由文本，也有用 HTML 标记的半结构数据和来自于数据库的结构化数据。目前的研究主要集中在利用词频统计、分类算法、机器学习、元数据（Meta Data）和部分 HTML 结构信息发现数据间隐藏的模式发现并生成抽取规则（Extraction Rule），进而从页面中分离出概念（Concept）和实体（Entity）数据。

2. Web 使用记录挖掘

Web 使用记录挖掘是 Web 挖掘中与传统数据挖掘技术交叉点最多的领域。一般数据挖掘的基本方法如聚类、分类等算法在这里都可以得到应用。现在的 Web 使用记录挖掘一般都是指 Web 日志的挖掘。Web 日志挖掘可以自动、快速地发现网络用户的浏览模式，如频繁访问路径、频繁访问页组、用户聚类等。在用户浏览模式识别的基础上，一种方法是根据这些模式手工改进站点结构，达到方便用户浏览的目的，另一种是让站点自动根据当前用户的浏览模式来动态调整、定制站点结构和页面内容，根据用户的行为特征为其提供个性化服务。数据预处理和日志挖掘算法是 Web 日志挖掘中的关键技术。数据预处理的结果作为挖掘算法的输入直接影响挖掘的质量，而挖掘算法的选择与改进更是保证挖掘成功的重要因素。所以，在 Web 日志挖掘技术的研究中侧重于这两个方面。

3. Web 结构挖掘

Web 结构挖掘主要是从 Web 组织结构和链接关系中推导信息、知识。在通常的搜索引擎中由于考虑到结构的复杂性，仅将 Web 看作是一个平面文档的集合，忽略其结构信息。挖掘页面的结构和 Web 结构，可以用来指导对页面进行分类和聚类。

超链接作为超文本文档的一个重要特征，为 Web 信息获取提供了有价值的信息。近来以超链接分析为基础的 Web 检索算法如 Page Rank 在提高检索精度方面与传统搜索引擎使用的基于单词的方法相比有了大幅度的提高。一般说来，Web 文档中的超链接包含了两种信息。首先它为用户提供了浏览 Web 的导航信息，如常用的导航条用来指引访问者在各页面之间跳转；其次，页面中的超链接往往是文档作者对于某一文档的推荐，被推荐的目的文档往往与该文档有相似内容而且被作者所认同。后者构成了链接分析的基础，即某一文档的重要性不由文档的内容决定而取决于被其他文档链接（或者引用）的次数。这种评价机制类似于科学论文中的参考文献：被别人引用次数越多的论文其重要性比引用次数少的论文要高。在 Web 检索中，除了被其他文档链接的次数外，链接源文档的质量也是评价被链接文档质量的一个参考因子：被高质量文档链接或者推荐的文档往往具有更高的权威性。

四、智能代理技术

互联网在全球范围内的迅速发展与成熟，促使社会各领域信息飞速膨胀，为人们查找、获取有用信息提供了丰富的信息源，但同时也给信息的准确定位提出了挑战。提供网上资源的检索是网络信息服务的重要内容之一，现代人也对信息把握的正确性和全面性提出了越来越高的要求。从而产生了智能代理这种有效解决从网络信息资料海洋中提取有用知识的问题。智能代理是系统科学中人工智能的一部分，是指软件和硬件组合能代替它的使用者完成特定的工作，比如信息检索。

1. 智能代理的含义

随着信息技术的迅速发展，信息的数量激增形成了浩如烟海的信息海洋。许多政府机构、科研部门、企业、新闻媒体单位要在浩瀚的信息海洋里发现、选择、提取出所需要的信息是十分重要而又非常困难的事情。人们淹没在网络信息资料的海洋中，却又在忍受着知识的饥渴。要查找所需的信息，在过去只能委托给图书馆或一些信息咨询公司来做，但现在一种名叫“智能代理”的新技术可以解决这一难题。

智能代理（Intelligent Agent 或 Agent）是在一定的环境下能够持续自主地运行的实体（软件或系统），它既可以完成单个任务，比如代理用户自主去查询 Internet 上的信息，并把结果反馈给用户，又可以与其他 Agent 合作完成复杂的任务。比如在电子商务领域，智能代理可以代替买卖双方进行商品比较、讨价还价、客户需求分析、客户关系管理等工作。

2. 通用智能代理的典型结构

根据具体需求的不同，人们在设计和实施智能代理系统的时候很少会建造一个拥有全部代理特点的系统，大部分情况下研究和开发人员会根据实际情况建立只包含部分特征属性的系统，因此便产生了各种类型的智能代理。一个通用的具有认知推理能力的智能代理通常具备如图 8—11 所示的典型结构。其中各个模块的功能如下：

- 感知：接受外部刺激，并把感知信息传送给建模模块。
- 建/选模：根据当前感知的信息并结合模型对近期情况做出预测，它还负责维护和更新模型库。
- 决策：主要负责各模块间的协调工作，即对建模模块的预测、通信模块的请求或应答

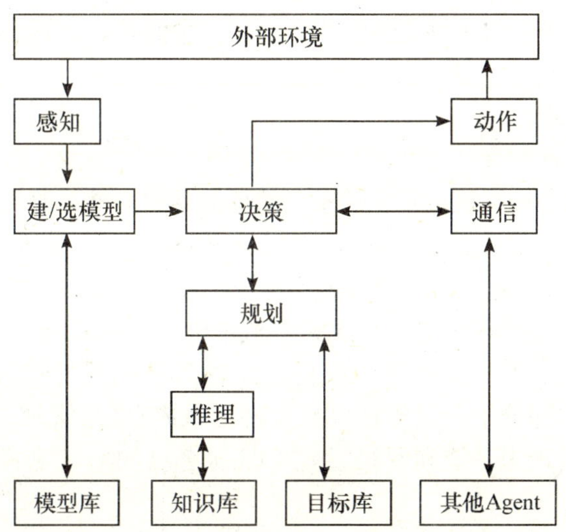

图8—11　通用智能代理的典型结构

信息、规划模块的行动计划等进行冲突消解或检查，并决定当前的动作或通信。

● 规划：其主要任务是根据需要从目标库、知识库中提取有关信息进行处理，产生出近期的行动规划，并将此规划交给决策模块。

● 动作：接收决策模块传来的动作信息，并将其作用于外部环境。

● 推理：按照规划模块发送来的具体行为规划，结合知识库中的经验信息对智能代理未来的行为进行推理和预测。

● 通信：负责与其他 Agent 的联系，把其他 Agent 的请求或应答信号传给决策模块，或把决策模块生成的协作信息发送给其他 Agent。

● 模型库：用来存储智能代理进行推理判断所需的各种计算模型。

● 知识库：存储智能代理进行处理工作所需的知识信息，这一信息库可以随着智能代理与外部环境相互作用而不断积累和优化。

● 目标库：存储智能代理的行为目标，也是智能代理进行决策的重要依据。

3. 智能代理的应用

智能代理在许多方面有着重要的应用意义，最具典型意义的有以下几个领域：

(1) 信息服务。

信息服务是最广大的用户群接触网络环境的首要渠道。对于信息内容已经相当丰富的 Internet 来说，进一步提高信息服务的质量，改变目前信息服务中存在的“信息过载”和“资源迷向”的状况，是信息服务业所面临的最紧迫的任务。智能代理正好可以适应这方面的需要。具体来说，用于信息服务的智能代理主要实现以下功能：

● 导航：告诉用户所需要的资源在哪里。

● 解惑：根据网上资源回答用户关于特定主题的问题。

● 过滤：按照用户指定的条件，从流向用户的大量信息中筛选符合条件的信息，并以不同级别（全文、详细摘要、简单摘要、标题）呈现给用户。

● 整理：为用户把已经下载的资源进行分门别类的组织。

● 发现：从大量的公共原始数据（比如股票行情等）中筛选和提炼有价值的信息，向有关用户发布。

这些都是使信息服务走向个性化主动服务不可缺少的功能。目前在此方面已经有了一些能够使用的系统。

(2) 系统与网络管理。

计算机系统管理正在朝着“傻瓜化”的方向发展，其中很大一部分原来由系统管理员手工做的事情，现在已经由计算机代管了。系统管理的界面变得更加友好，在系统本身的复杂性不断提高的情况下，驾驭系统资源的复杂性反而在不断降低，代管系统的自主性也在逐步提高。

在网络管理方面，随着分布式计算成为主流，能够完成固定功能的代理已经在应用，比如那些分布在不同设备上的“监视”设备，随时向主机报告数据的代理，已经是网络管理系统中很平常的一部分了。虽然这些从事部分系统/网络管理的代理的智能化程度还不高，但是不久就会出现为系统和网络设定常规服务、向系统和网络预约特殊服务的智能代理。

(3) 电子商务。

越来越多的人看好 Internet 上的商业机会，电子商务的开展已经是不可阻挡的趋势。网上的商品越多，在网上寻找商品就越是买方的一个大负担；同时，对于卖方来说，在网上消费的人越多，对网络客户的分析以达到有效推销也成了艰巨的任务。因此，需要智能代理系统代表买方去网上查看“广告牌”、逛“商店”、寻找商品甚至讨价还价，代表卖方分析不同用户的消费倾向，并据此向特定的潜在用户群主动推销特定的商品。

(4) 教育。

远程教育是促进教育机会平等的重要手段。在网络环境下，可以调动多种教学手段，包括讲解、演示、练习、实验和考试等。其中，练习和实验环节是智能代理可以大有作为的地方。智能代理可以作为虚拟的教师、虚拟的学习伙伴、虚拟的实验室设备、虚拟的图书馆管理员等出现在远程教育系统中，从而增加教学内容的趣味性和人性化色彩，改善教学效果。单机系统中各种软件的“帮助”也可以设计成人性化的角色，以便对用户进行导航。

(5) 娱乐。

智能代理还可以用于网络娱乐，这也是娱乐系统开发新功能的一个很有希望的方向。目前智能代理在娱乐方面可以做的事情包括个性化的节目点播服务、游戏和虚拟现实中更加人性化的机器角色的设计，比如决策的智能化（战争或经济活动）、动作的人性化（体育比赛）和自然语言对话的使用等。

第3节　多媒体数据库技术

2001 年年底，为整合新华社记者在世界各地采集的新闻信息资源，适应多媒体时代发展的需求，新华社开始建设多媒体数据库，如图 8—12 所示。新华社技术工作者运用世界最先进的网络信息技术，除了把全社的文字、图片、图表、音频、视频等多媒体新闻信息资源进行整理入库外，还把从国内外搜集到的有价值的图片资源、历史资料、网上和外报外刊的新闻信息、音视频资料等数据资源，也分类、整理入库。全社所有记者采写的新闻信息素材和搜集到的国内外新闻信息资源，都通过这个平台源源不断地输入多媒体数据库，经各分社营销平台提供给海内外新闻信息用户，形成了全社新闻信息产品统一的营销总出口。不仅使全社新闻信息资源得以整合共享，而且使新闻信息资源和新闻信息产品得以科学管理，为新华社的报道提供了有力的技术支持。

图 8—12　新华社多媒体数据库

目前，新华社多媒体数据库已成为中国媒体行业最大的多文种多媒体数据库，也是世界上最为先进的多媒体数据库。多媒体数据库目前存储了包括中、英、法、西、葡、俄、阿等 7 个文种、近亿条文字信息，几百万张高质量新闻图片及中国照片档案馆馆藏的珍贵图片，几千小时音视频信息，目前的总数据量已达 30TB。

一、多媒体数据库

数据库，顾名思义，就是存储数据的“仓库”。但它和前面讲的库是有所不同的。首先，数据是有组织地存放在计算机的存储器上，如磁盘、光盘。数据的管理和利用是通过计算机的数据管理软件——数据库管理系统（DMS）来完成的。因此，数据库不单是指存有数据的计算机存储器，而是指存放在磁盘或者光盘上的数据集合，以及管理它们的计算机软件的总和。

数据库管理技术发展的早期，数据是以文件直接存储，由人工编程管理。由于早期的计算机主要用于科学计算，计算结果的数据形式比较单一，在这种情况下，文件系统基本上能够满足需要。

随着计算机应用领域的不断拓展和多媒体技术的发展，数据库已是计算机科学技术中发展最快、应用最广泛的重要分支之一，随着用户应用需求的提高、硬件技术的发展和 Internet 提供的丰富多彩的多媒体交流方式促进了数据库技术与多媒体技术相互渗透、相互结合，形成了数据库的新技术——多媒体数据库技术。

多媒体信息如声音、图像、视频引入计算机以后，由于其数据的不规则、非结构化和多样性的特点，给传统的关系数据库系统带来了很大的挑战，主要表现为：

（1）数据量巨大且媒体之间量的差异也非常大，影响数据库的组织和存储。

（2）数据类型繁多，包括视频、音频、图形、图像、文本等多种形式，且同一类型数据往往可以有不同的表示，比如视频有很多不同的格式和编码方式。每一种多媒体数据类型都要有自己基本的数据结构和存取方法等。多媒体数据的这一复杂性给多媒体数据的存储、检索以及建立多媒体数据库增加了难度。

（3）数据类型之间的性质差别大，不同类型的媒体数据，其媒体存储量、格式以及处理的方法多不相同。

(4) 数据库的多解查询。传统的数据库只处理精确的概念和查询。但在多媒体数据库中非精确匹配和相似性查询将占相当大的比重，因为即使是同一个对象如用不同的媒体数据进行表示，对计算机来说也肯定是不同的；即使使用同一种媒体数据来表示，只要有误差，在计算机看来也是不同的。

(5) 用户接口的支持。多媒体数据库的用户接口肯定不能用一个表格来描述，对于媒体的公共性质和每一种媒体的特殊性质，都要在用户的接口上、在查询的过程中加以体现。多媒体数据库对用户的接口要求不仅是接收用户的描述，而且是要协助用户描述出他的想法，找到他所要的内容，并在用户接口上表现出来。

(6) 多媒体信息的分布对多媒体数据库体系带来了巨大的影响。这里所说的分布，主要是指以 WWW 全球网络为基础的分布。随着 Internet 的迅速发展，网络上的资源日益丰富，传统的那种固定模式的数据库形式已经不能满足需要。多媒体数据库系统将来肯定要考虑如何从 WWW 网络信息空间中寻找信息，查询所要的数据。

(7) 由于多媒体数据的特点，要求多媒体系统具有处理长事务的能力，如从动态视频库中提取并播放一部数字化影片。

(8) 服务质量的要求。许多应用对多媒体数据的传输、表现和存储的质量要求是不一样的，系统所能提供的资源也要根据系统运行的情况进行控制。

(9) 多媒体数据管理还要考虑版本控制的问题。在具体的应用中，往往涉及对象不同版本的记录和处理。需解决多版本的标识和存储、更新和查询的问题，尽可能减少各版本所占存储空间，而且控制版本访问权限。

由此可见，多媒体应用对数据库的影响涉及数据库的用户接口、数据类型、体系结构、数据操作以及应用等许多方面。

二、多媒体数据库中包含的数据类型

在多媒体数据库中，一般有字符、数值、文本、图像、图形一类的静态数据，也有声音、视频、动画等具有时间属性的媒体类型。

1. 字符数值

字符数值型数据记录的是事物非常简单的属性（如性别）、数值属性（如人数）或是高度抽象的属性（如事物所属类别）。这种数据具有简单、规范的特点，因而易于管理。传统数据库主要是针对这种数据的，在多媒体数据库中仍然需要管理大量的这一类数据。

2. 文本数据

文本是最常见的媒体形式，各种书籍、文献、档案等无不是由文本媒体数据为主构成。在计算机内文本数据由一个具有特定意义的字符串表示，字符串长短不一，给数据的存储和再现带来不便。自然语言理解技术的不成熟也使查询文本数据的难度加大。因此，许多通用型数据库系统根本就没有管理和使用文本媒体的有效手段。检索文本数据主要采用关键字检索和全文检索两种方法。关键字检索是在存储文本的同时，自动或手工生成能反映该文本数据主题的关键字的集合，并将其存储在数据库中。检索时通过某些关键字的匹配找到所需的文本数据。全文检索方法可以根据文本数据中的任何单词或词组检索，检索时进行全文扫描。此外，大多数的实用系统使用文件直接存储文本数据，或把数据规范成标准长度的字符串。在普通数据库中并不具备很强的文本数据管理能力。

3. 声音数据

MIDI（多媒体数字音乐接口）音乐数据在计算机里是由符号表示的，因而数据量很小，对它的存储、查询可以当作文本处理。但对语音数据，计算机目前还无法模拟不同人的口音，以及人们讲话时的抑扬顿挫的语气。因而语音数据还是以数字化的波形数据为主，这样存储空间就比较大。语音识别技术还未达到可以广泛应用的程度，这对语音数据的直接检索带来不利。目前，对语音数据的检索主要有两种方法，第一种是给语音数据人工附加属性描述或文本描述，例如可以给录音数据附加上讲话人姓名、讲话日期、讲话题目甚至主要内容。之后，便可借用字符数字和文本数据的检索方法检索语音数据。第二种方法是浏览，把语音逐一播放出来，边听边判断所需查找的语音数据，这种方法最大的缺点是速度太慢。在具体应用中，一般是与第一种方法配合使用，由第一种方法缩小范围之后再进行浏览。

4. 图形数据

图形数据的数据库管理已有一些成功的应用范例，例如地理信息系统、工业图纸管理系统、建筑CAD数据库等。图形数据可以分解为点、线、弧等基本图形元素。描述图形数据的关键是要有可以描述层次结构的数据模型。对图形数据来说最大的问题就是如何对数据进行表示，这又与应用密切相关。对图形数据的检索也是如此。一般说来，由于图形是用符号或特定的数据结构表示的，更接近计算机的形式，还是易于管理的。但管理方法和检索使用需要有明确的应用背景。

5. 图像数据

图像数据是指位图式图像。图像数据在应用中出现的频率很高，也很有实用价值。图像数据库较早就有研究，已提出许多方法，包括属性描述、特征提取、纹理识别、颜色检索等。特定于某一类应用的图像检索系统已取得成功的经验，如指纹数据库、头像数据库等，但在多媒体数据库中将更强调对通用图像数据的管理和查询。

6. 视频数据

视频数据管理要复杂得多，在管理上也存在新的问题。特别是由于引入了时间属性，对视频的管理还要在时间空间上进行。检索和查询的内容可以包括镜头、场景、内容等许多方面，这在传统数据库中是从来没有过的。对于基于时间的媒体来说，为了真实地再现就必须做到实时，而且需要考虑视频和动画与其他媒体的合成和同步。例如给一段视频加上一段字幕，字幕必须在适当的时候叠加到视频的适当位置上。再如给一段视频配音，声音与图像必须配合得恰到好处。合成和同步不仅是多媒体数据管理的问题，它还涉及通信、媒体表现、数据压缩等诸多方面。

三、Web多媒体数据库的访问技术

Web多媒体数据库访问技术是Internet和多媒体数据库技术共同的发展，也是Internet应用研究的关键。现在Web信息量大但缺乏管理。怎么将WWW和已有的多媒体数据库有机地结合起来，实现不同环境下的互操作，是必须解决的问题。总的思想是采用中间件将二者黏合起来。

目前，实现Web多媒体数据库的访问主要有CGI、Web服务器专用API、JDBC、ASP、Object Web等技术。

1. CGI（Common Gateway Interface）公共网关接口

公共网关接口是基于Web服务器与数据库之间联系的服务器端进程，它可以完成对数

据库的底层操作。几乎所有的数据库厂商都有提供了利用CGI构造的网关接口。

如图8—13所示，利用CGI和数据库的连接方式是十分简单明了的。当用户在HTML页上提交一个表单FORM或是打开相应的URL链接时，则触发一个相应的CGI开始执行，CGI程序在操作系统中是以进程的方式运行的，该进程首先分析用户输入的参数，然后登录到多媒体数据库，按用户的要求完成相应的操作（查询、更新等），处理的结果以HTML格式输出到标准输出，由Web服务器将此内容返回到客户端浏览器。

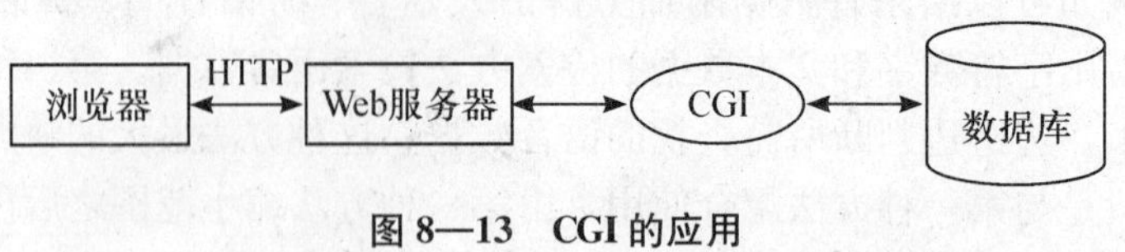

图8—13　CGI的应用

正是由于CGI这种简单特性使其得到了广泛的应用。CGI对于操作系统和数据库系统并没有特殊的要求，只涉及标准输入输出和环境变量的操作，故可以在绝大多数通用操作系统如UNIX、Windows上应用，从而提供了Web到数据库系统的最简洁的连接方式。

但采用CGI开发困难，不仅要求开发者熟悉CGI标准，而且CGI针对每一个HTTP请求都将激活一个相应进程，由此造成程序挤占系统资源，降低效率，返回的数据库结果集在CGI转成HTML后，数据量至少增加一倍，也降低了网络的整体效率。另外，CGI不具备事务管理功能。

2. Web服务器专用API

Internet API是由Internet服务器为某种程序设计语言提供的应用程序接口，通常以动态链接库的形式提供。它能实现CGI提供的全部功能，并在其基础上进行了扩展。API是各Web服务器专用的，互不兼容，如Microsoft的ISAPI，NetScape的NSAPI，以及O'Reilly Website的WSAPI。以ISAPI为例说明（见图8—14）。

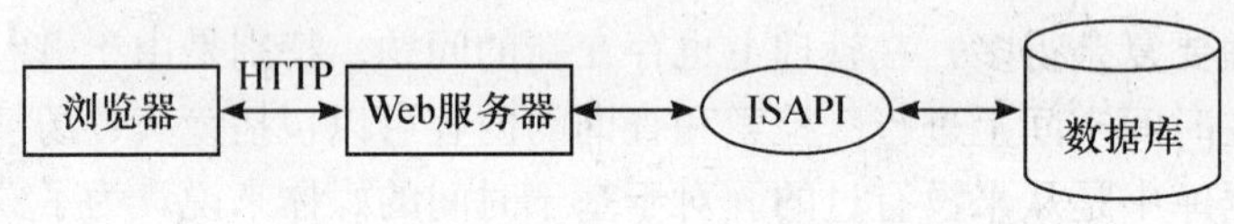

图8—14　ISAPI的应用

ISAPI的工作原理和CGI大体上是相同的，都是通过交互主页取得用户输入的信息，然后交服务器后台处理。ISAPI有比CGI更好的性能，因为ISAPI应用是以动态链接库（DLL）的形式存在的，在其启动时被加入内存，并且和Web服务器进程处于同一个系统空间，Web服务器以线程的方式运行它，且线程比进程具有更小的规模，一旦运行之后其代码段通常驻留在内存中，所以使用的API程序比CGI程序具有更高的运行效率，客户端响应性也更好。但是这样也带来了更大的风险，由于ISAPI进程和服务器进程处于同一系统进程空间，因此，一个违规操作就有可能导致Web服务器的崩溃。

3. JDBC

还有一种访问Web数据库的方法是从服务器下载程序到客户端浏览器，在浏览器中运行，通过网络链路来操作数据库。常见的有Java Applet，运行在客户机上的Java Applet通过JDBC来实现分布在网上的不同数据库的各种操作，它与服务器之间通过Socket通信来传递请求数据与结果。

（1）Java Applet。

Java 语言并不是专门为 Internet 而开发的一种语言，它是一种通用的程序设计语言，可以用来开发各种各样的软件。Java 语言具有健壮性、安全性、可移植性、容易理解、多线程、方便使用并且可自动下载等特点。利用 Java 语言不仅可以开发独立的应用程序，而且可以开发一些可嵌入到 HTML Script 中的“小应用程序”，称为 Applet。Java 为网络上所有不同硬件平台和操作系统的主机加载一个 Java 虚拟机，将 Java 语言编写的应用程序编译成一种称为 Bytecode 的代码，这种代码可以在不同版本的 Java 虚拟机上正确地、一致地解释执行。

（2）JDBC。

JDBC（Java Database Connectivity，Java 数据库连接）是 Java 语言的数据库访问 API 包。其目的在于为 Java 程序提供对各种数据库的统一一致的访问接口。JDBC 与 ODBC 的原理机制相同，只是 JDBC 用纯 Java 实现，而 ODBC 用纯 C 实现。用 JDBC 来实现 Web 数据库访问时，将 Java Applet 的 URL 嵌于网页中，当该 Applet 被下载执行时，它通过 JDBC 便可与数据库直接建立联系，实现从浏览器对各类数据库服务器的访问（见图 8—15）。

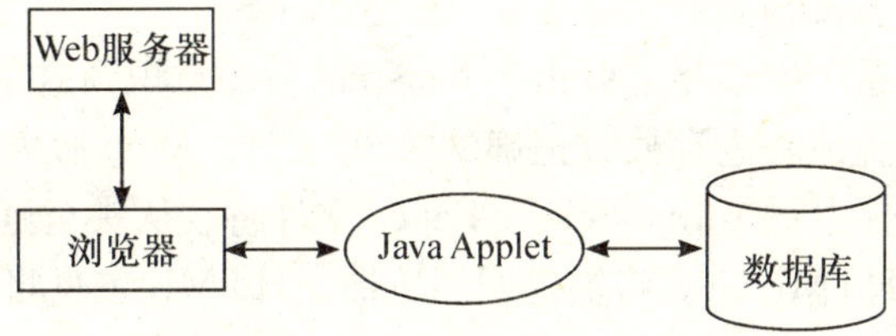

图 8—15　Java Applet 的应用

用 JDBC 来实现 Web 数据库访问时，将 Java Applet 的 URL 嵌入网页中，当该 Applet 被下载执行时，它通过 JDBC 与数据库服务器直接建立联系，实现从浏览器对各类数据库服务器的访问。

4. ASP 技术

ASP（Active Server Page)，它基于 DCOM 构架，是一种将 HTML 语言内嵌 SQL 语句的 Web 数据库访问技术。它将数据库访问 SQL 语言嵌入在 HTML 网页源代码中，直接对 Web 上的数据库进行操作，使用非常直观方便。ASP 属于 ActiveX 技术的一种。ActiveX 技术在 WWW 上可分为两大类：ActiveX Client 和 ActiveX Server。通常实现动态主页的 Java Applet、ActiveX Control、VBScript、JavaScript 等技术都属于 Client 端的应用，由浏览器来解释执行它们的语句命令。当需要针对不同使用者使用不同页面或要访问服务器资源等服务时，Client 端的应用是不够的，而 ASP 是一种 Server 端的应用环境，ASP 中的命令和 Script 语句都是由服务器来解释执行的，执行结果产生动态生成的 Web 页面并送到浏览器。

（1）ASP 技术的特点。

● 无须编译。ASP 脚本集成于 HTML 当中，容易生成，无须编译或链接即可直接解释执行。

● 文本格式。ASP 文件使用一般的文本编辑格式，用 Windows 的记事本即可编辑设计。

● 独立于浏览器。客户端只要使用一般可运行 HTML 的浏览器，即可浏览用 ASP 所设计的主页内容。ASP 的脚本语言（VB Script、Java Script）在 Web 服务器上运行，用户的浏览器不需要解释就可执行这些脚本语言。

- 面向对象。ASP 的脚本语言为面向对象的编程方式。
- 可扩充服务器端功能。在 ASP 脚本中可以方便地引用系统构件和 ASP 的内置构件，可用 VB、Java、VC＋＋等编程语言开发 ActiveX 服务器构件来扩充功能。
- 可扩充脚本语言。ASP 可以使用除 VB Script 或 Java Script 以外的任何脚本语言，只需第三方提供其相应的脚本引擎即可。
- 源代码的保密性。ASP 脚本在服务器上执行。传到用户浏览器上的只是 ASP 执行结果所生成的常规 HTML 代码，这样可以保护开发人员辛辛苦苦写出的源程序代码不外漏。
- 可改变客户端的脚本。使用 ASP 服务器端的脚本，可以建立和改变在客户端解释执行的脚本语句。

（2）ASP 的运行过程如下：

- 用户在浏览器的网址栏中输入 Active Server Pages 文件名称，并按回车键触发这个 Active Server Pages 的申请。
- 浏览器将这个 Active Server Pages 要求发送给 IIS。
- Web 服务器接收这个申请要求并由于其 asp 的后缀意识到这是个 Active Server Pages 要求。Web 服务器从硬盘或者内存接收正确的 ASP 文件。Web 服务器将这个文件发送到一个叫做 ASP. dll 特定文件中。Active Server Pages 文件将会从头至尾被执行并根据命令要求生成相应的静态主页。HTML 主页将被送回浏览器。HTML 主页将会被用户浏览器解释执行并显示在用户浏览器上。

在 ASP 脚本中通过 ADO（ActiveX Data Objects）方式访问数据库。ADO 是 ASP 中与数据库打交道的组件，它提供了与任何 ODBC 兼容数据库或 OLEDB 数据源的高性能连接。

5. Object Web

Object Web 是最新一代基于多媒体数据库的动态网页技术，主要包括 Java/CORBA 和 ActiveX/DCOM 两种相互激烈竞争的技术。

Object Web 通过分布式对象技术允许客户机直接调用服务器的方法，开销相当小，并避免了 CGI 形成的 Web 服务器瓶颈。同时，可伸缩的服务器体系结构可运行在多个服务器上，动态平衡客户机端的请求负载。两种 Object Web 技术者可用多种面向对象的语言（如：C＋＋、Java、Ada、Small Talk 等）开发，并支持已有的应用。Object Web 技术由于没有 Web 服务器作为中介，直接通信较高效。其突出之处在于可运行于多个服务器上的可伸缩性，在访问非常密集的场合应用也不会造成性能的明显下降，适合运行在高负载的场合，此时性能优势最为明显。

本章小结

网络资源虽然丰富多样，但是由于其存储分散，给浏览、查询和下载造成一定困难。因此，需要使用恰当的方法、工具和技巧，对网络资源进行有效的检索与下载。网络资源的检索、管理能力是信息时代所应具备的基本素养。

数据挖掘是从大量的、不完全的、有噪声的、模糊的、随机的实际应用数据中，提取隐含在其中的、人们事先不知道的、但又是潜在有用的信息和知识的过程。随着人们生活节奏的加快以及技术的进步，人们能以更快速、更容易、更廉价的方式获取和存储，被收集并存储在众多数据库中且正在快速增长的庞大数据。数据挖掘能够通过关联分析、聚类分析、分类、预测、时序模式和偏差分析等功能，通过一定的挖掘过程实现将“数据坟墓”中的数据转化为知识财富。本章介绍了数据挖掘在网页信息挖掘方面的应用。

信息技术的迅速发展，信息的数量激增，形成了浩如烟海的信息海洋。许多政府机构、科研部门、企业、新闻媒体单位要在浩瀚的信息海洋里发现、选择、提取出所需要的信息是十分重要而又非常困难的事情。智能代理能够帮助人们查找所需的信息。本章介绍了智能代理的概念、特征和典型结构，又介绍了智能代理的基本应用。

本章介绍了多媒体数据库的概念，多媒体数据库所支持的数据类型，一般多媒体数据库的结构。为了更好地理解和设计数据库，很多人还提出了多媒体数据库的层次结构，本章也对此进行了介绍。本章最后介绍了几种常用的 Web 多媒体数据库访问技术，有了数据库访问技术的支持，网页才能够动态更新。这种方式也扩展了网络的功能。

复习题

1. 常见的搜索引擎有哪些？
2. 数据挖掘的过程是怎样的？
3. 简述典型数据挖掘系统的构成。
4. 网页数据挖掘分为哪三类？
5. 什么是智能代理？
6. 简述智能代理的典型结构。
7. 智能代理的应用有哪些？
8. 什么是数据库、多媒体数据库？
9. Web 多媒体数据库访问技术有哪些？

课外实践与练习

1. 检索一条新闻相关的文字、图片、视频等信息，并按照数据类型分类保存在自己的计算机中。

2. 以小组为单位，登录新华社的多媒体数据库平台，检索一条新闻相关的信息，讨论这样组织信息的优缺点。

3. 结合第 6 章所学的知识，建立有多媒体数据库作为后台的新闻发布网站，数据库访问技术可以应用 ASP 技术或者其他访问技术。

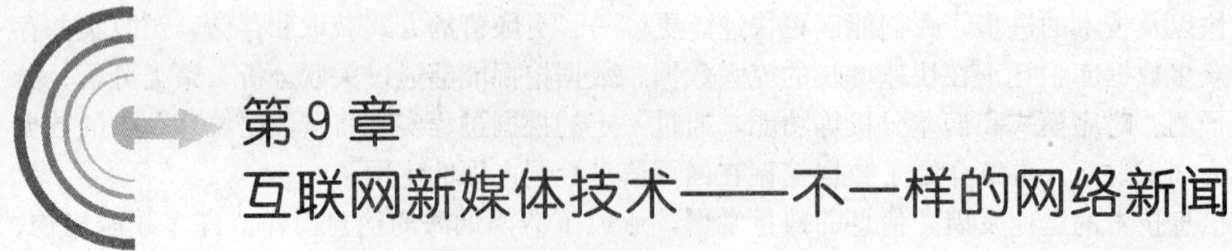

第9章 互联网新媒体技术——不一样的网络新闻

到2007年，全球博客数量突破一亿。博客的影响力，开始引起主流媒体的强烈关注，主流媒体明显感受到博客崛起带来的冲击。除了美国、英国、匈牙利、德国等欧美国家的博客形成声势，亚洲，包括中国也开始感受到博客的脉动。2002年，博客的概念被引入中国并得到快速发展，2005年，博客得到规模性增长；2006年，中国网民注册的博客空间更是超过3 300万个。截止到2007年11月底，中国博客空间已达7 282万个，博客作者人数达4 700万，平均每4个网民中就有一个博客作者。伴随着注册数量的增多，博客以极快的速度融入社会生活中，逐步大众化，成为基于互联网的基础服务，并随之带来一系列新的应用，诸如博客广告、博客搜索、企业博客、移动博客、博客出版。

2005年自由音乐人胡戈因为个人乐趣，运用一系列视频音频技术，并套用央视“法制报道”节目播出方式，制作了一部搞笑版《无极》——一部长约20分钟的视频短片《一个馒头引发的血案》。整部作品穿插大量插科打诨、无厘头笑话、Rap和搞笑广告，电影中诸角色的声音尤其模仿得惟妙惟肖。它将《无极》这个魔幻故事重新解码（Decoding）、再编码（Encoding）后，变成了一桩惊天血案。

短片在胡戈的个人网站推出后，即被大小网站、论坛、博客迅速复制、下载，传播速度之快、波及范围之广前所未有，成为当时互联网第一流行符号。几乎所有看过这个短片的网友都说非常搞笑有趣，以至于有人感叹：“《无极》花3亿元人民币，到头来只是成全了一个胡戈”。

文字并不能表达我们想表达的全部。从传播效果的角度来说，需要有一种更为全息的方式来使人获得更为深入的交流。播客，这样一种依托于视听语言进行传播的信息形态，在互联网技术发展的背景下，成为更为强大的一种“自媒介”。

学习目标

通过本章的学习，应该能够：

- 说出什么是博客；
- 阐述博客对新闻传播的影响；
- 建立一个自己个性化的新闻博客；
- 理解播客的概念；
- 简述播客的特点；

- 说出播客网站的功能；
- 学会申请开通自己的播客，并上传自己的视频或者音频作品。

第1节　博　客

截止到 2007 年 11 月底，中国博客空间已达 7 282 万个，博客作者人数达4 700万，平均每 4 个网民中就有一个博客作者。伴随着注册数量的增多，博客以极快的速度融入社会生活中，逐步大众化，成为基于互联网的基础服务，并带来一系列新的应用，诸如博客广告、博客搜索、企业博客、移动博客、博客出版等。

一、博客（Blog）的含义

Blog 是 Weblog 的简称，是 Web 和 Log 的组合词。Log 原意是"航海日志"，后指任何类型的流水性记录。Blogger 即指撰写 Blog 的人，Blogger 在很多时候也被翻译成为"博客"。从页面的形态来看，博客很像个人网站，但它不同于个人网站。从易用性来说，页面能够很容易生成，并能不断地更新，不需要专门的网站维护，简单易操作。博客的文章内容以"超链接"作为重要的表达方式，即以转载或摘录为主，充分利用了网络双向互动、超文本链接、动态更新、覆盖范围广的特点。博客通常用来记录使用者的工作过程、思路经历、思想精华、闪现的灵感等，并及时进行记录和发布。此外，博客还可以链接互联网中最有价值、最相关、最有意义的信息与资源，使信息和知识更加迅速、直接、高效地传播。

二、博客的功能

博客不是一种高新技术，而是网络技术更好地服务于人的体现。使用博客可以进行以下工作：

（1）随手记录有价值的信息和收集有用信息，日积月累就会形成一个全面的知识库。

（2）通过记录进行反思。

（3）有利于专业知识搜寻整理，提高搜索精度和效率。可以通过博客了解全国各地乃至全世界的最新信息。

（4）构建电子档案，记录某段时间历程的全过程。

（5）提供一个更宽广、更便捷的交流沟通平台。

…………

三、博客的特点

以大众化报刊的产生为标志的大众传播时代开始以来，一直是少数传播机构对信息渠道进行把控和垄断。少数人制作、多数人消费的信息传播模式，限制了公众的信息传播权和获得信息的数量。计算机网络出现以后，公众与传播组织可以共享相同的信息通道，但是专业化的传媒机构凭借其传统声誉、专业技术、资金优势，很快占据了网络传播的强势地位。大量的网民，不得不借助这些媒体获取信息资源。

博客出现以后，由于其门槛很低，技术上无须懂得网页制作、FTP 等各种专业知识，资金上无须花钱租用或者购置服务器，也不用占用稀缺的 IP 地址资源，很快就有大量博客参与进来。博客网站的兴起，尤其是发布新闻信息的博客网站的出现，给把持着信息传播大权的专业化大众传媒带来了一定的冲击。

博客这一新兴传播方式有以下特点：

(1) 博客传播者多数是非专业人士。

博客网站是个“大杂烩的共同体”。博客成员复杂，位置、职业、兴趣分散，有普通的匿名或署名网友，也有记者博客和小群体博客。博客数量巨大，远远超过专职传播者。博客们既汇集资料和创作，又整理链接，还常常加以评论。

非专业化有利有弊。一方面，非专业性可能导致信息本身经不住检验，如真实性、客观性、公正性、准确性、平衡性等，如果缺乏这方面的知识技巧，不对消息来源进行核实，草率行事，可能会失去网友的信任。而专业记者博客掌握新闻采集要领，拥有较多信源，借助博客网站发表的新闻更有轰动性和震撼力。另一方面，在报道一些专业方面新闻时，“民间记者”们提供的信息常常比报纸等传统大众媒体更贴近事实。

(2) 把关人高度松散，尺度各异。

每个博客都是把关人。每个博客相对独立地完成信息搜集、整理、制作、传播全流程，在信息取舍过程中，也充当着把关人角色，把关标准个性化。而专业化的大众传媒组织，通常有统一的把关标准。

(3) 传播内容包罗万象。

博客人数巨大，视野开阔，内容覆盖所有领域。业余博客不受专业选材标准的束缚，其报道疆界，远远超出专业传媒组织的习惯领域。在专业领域博客更多专注于细节探索，更多解决各种细小的问题。由于兴趣和爱好等原因，很多博客会研究那些外人和社会都认为没有价值的东西，这样就使我们的关于细节的知识丰富起来。

很多博客内容是个人体验。一方面，博客是以带有强烈个人色彩的方式来讨论公共话题，从个人角度出发对事物进行分析、透视、体验。另一方面，博客又常通过将个人生活、体验等私人领域的信息公布于众，使其进入公共空间，使私人事物具有公共性。

(4) 发表文本样式不一。

从文体形式上看，专业媒体组织对报道的体裁样式、内容要素、写作模式、文章质量等都有较严格的限制。而博客没有硬性制约，体裁也更为丰富，如长篇连载、档案和原始文件。内容上除了文本外，还包括摄像报道、数字视频、各种图片等。有的博客专注于某一形式的创作，于是就有了图片博客、声音博客、视频博客等。

(5) 超链接性。

博客既充当着信源与读者的中介，又通过链接将二者直接联系起来，博客的作者也是博客的读者。超链接通向信息资料的出处和其他相关信息，这是传统专业媒体所不能做到的。

四、新建博客

开通博客必须先申请，目前提供博客申请的网站很多，各有特色。接下来将重点介绍几个著名的提供博客服务的网站。

1. 博客网

博客网（http://www.bokee.com/）原名博客中国（www.Blogchina.com），成立于2002年，属于国内较早较成熟的一家博客门户网站。2003年年底，博客网已经成为全球中文第一博客网站。2005年7月，博客中国正式更名为“博客网”。

在博客网新建博客的操作如下：

（1）进入博客网主页，单击页面最上方的“注册”按钮，开始注册。

（2）在新打开的注册表单页面中填入用户名、密码等信息，并正确填写验证码，最后勾选用户使用协议确认复选框（见图 9—1）。单击“确定”按钮之后，便可以进入下一步，设置个人资料（见图 9—2）。

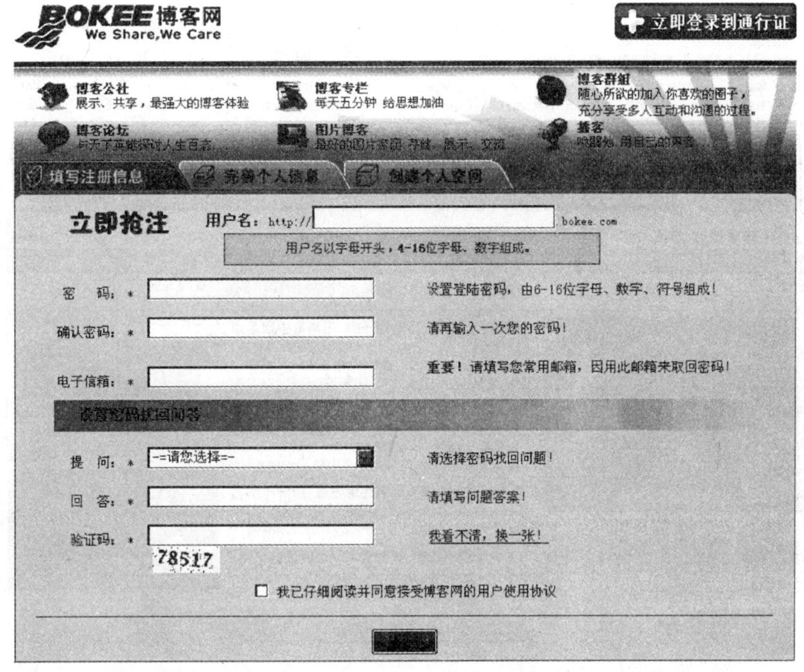

图 9—1　博客网填写注册信息

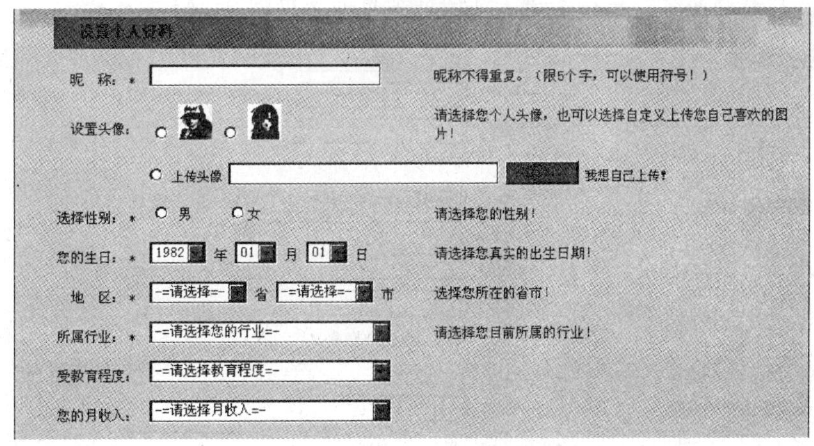

图 9—2　填写个人信息

（3）给博客命名，给博客取一个个性化的、简单且容易记住的名字，会给人留下深刻的印象。

（4）命名完毕后，单击“继续”按钮，进入下一步。这一步是给博客选择一个漂亮的模板，也就是博客美化的第一步。在这里选定的模板，以后还可以在博客设置选项中更改。选定之后单击“继续”按钮，进入下一步。

(5) 接下来可以给博客添加第一篇文章。这表明，博客就已经申请并初步设置成功了。在下一步的页面中，单击“进入博客”按钮，就可以进入自己的博客页面了；单击“完善个人资料”按钮，可以更进一步详细填写个人资料。

2. 新浪博客（http://blog.sina.com.cn/）

作为著名的门户类网站，新浪无疑具有很高的访问量与人气资源（见图 9—3）。新浪博客的特点是使用方便，众多明星大腕云集于此。

新浪博客 草根名博
马德兴 国奥自作孽 李承鹏 不再写中国足球
易建联：打“梦八”没忘温总理的勉励 专题
奥运会场馆广播为何要先讲法语 林妙可博客
宋世雄重出江湖 张颐武：一个时代的记忆
刘璇：体操女团预赛的最大遗憾
群雄争霸比萨
限量版必胜徽章
免费特饮

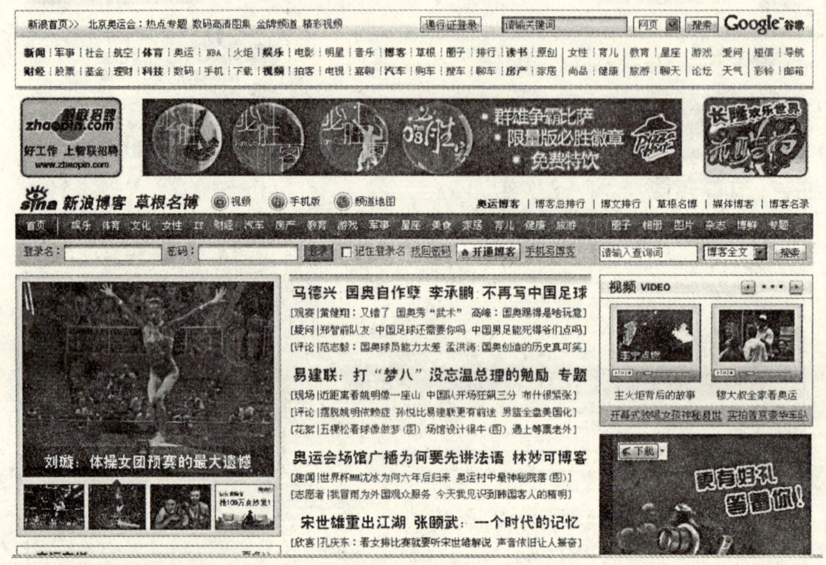

图 9—3 新浪主页

在新浪博客新建博客的操作如下：

(1) 单击“开通博客”按钮，进入注册博客页面（见图 9—4）。

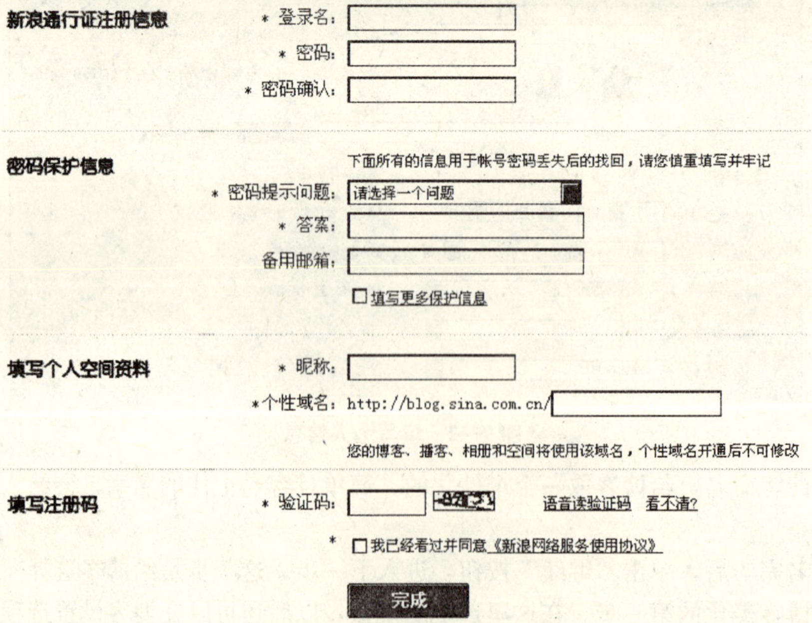

新浪通行证注册信息
* 登录名：
* 密码：
* 密码确认：
密码保护信息
下面所有的信息用于帐号密码丢失后的找回，请您慎重填写并牢记
* 密码提示问题： 请选择一个问题
* 答案：
备用邮箱：
填写更多保护信息
填写个人空间资料
* 昵称：
*个性域名： http://blog.sina.com.cn/
您的博客、播客、相册和空间将使用该域名，个性域名开通后不可修改
填写注册码
* 验证码：
语音读验证码 看不清?
* 我已经看过并同意《新浪网络服务使用协议》
完成

图 9—4 新浪博客填写注册信息

(2) 填写信息完毕后，单击“确定”按钮。打开恭喜开通成功页面，单击“现在前往博客”按钮，新的博客页面就打开了。

(3) 单击“发博文”按钮，在打开的博客文章书写页面上，可以添加新闻、评论或者感受等文章。写完后，单击“发博文”按钮，新的博客文章就发表成功了（见图 9—5）。

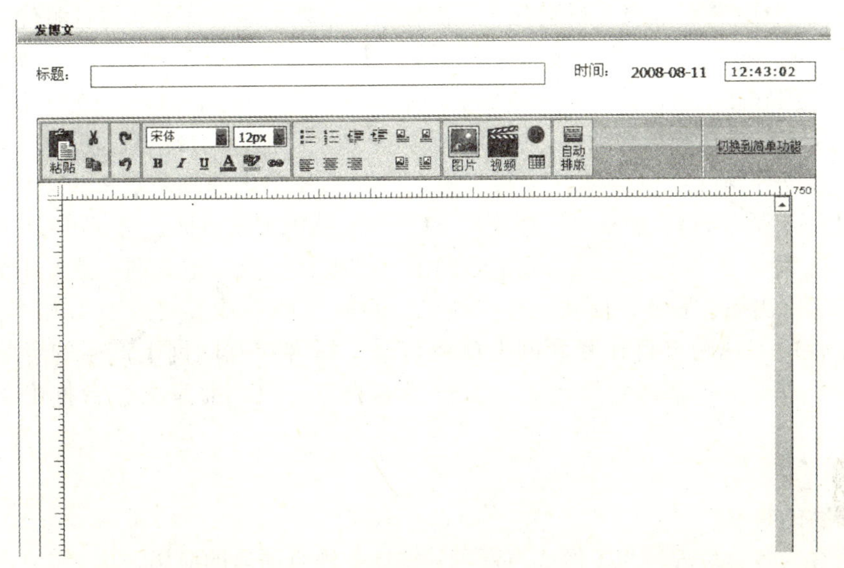

图 9—5　新浪博客写博文页面

(4) 在博客页面左侧的各个板块都有管理按钮，可以单击进入相应管理页面，进行相应板块的个性化和美化设置。比如可以管理访客、好友、评论、留言和文章分类等，如图 9—6 所示。在博客页面的顶部还可以进行版式、模块、风格等的设置，通过这些设置可以美化和个性化博客页面。

3. 搜狐博客（http://blog.sohu.com/）

搜狐博客的特色是它整合了 Chinaren 校友录等功能。搜狐博客的申请使用较为简单，在这里就不再介绍了。

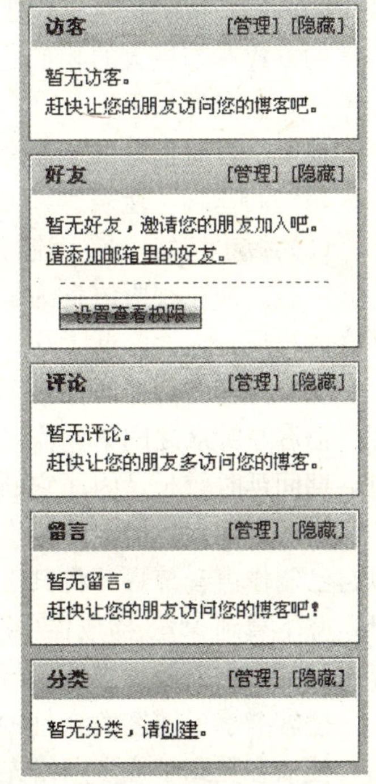

图 9—6　新浪博客板块管理

第 2 节　播　　客

一、播客的概念

播客（Podcasting）一词原是苹果电脑的“iPod”与“广播”（Broadcast）的合成。实际上，播客一词所对应的英文有三个，即 Podcast、Podcastor 和 Podcasting，我们所说的播客实际上也有多个含义，Podcast 是指与传统广播不同的 iPod 广播，Podcastor 则指使用这一传播方式的人，而 Podcasting 指的是这一个性化的传播方式，即指这一传播形态。

综合维基百科等资料，对播客的定义是：播客是一种通过互联网发布多媒体文件的传播方式。而其中的多媒体文件，包括音频、视频或音视频文件。

播客，这一概念最早出现在2004年2月12日英国《卫报》的一篇题为《听觉革命：在线广播遍地开花》的文章中。播客被称作有声博客，是一种新兴的数字广播技术，最初借助一个叫“iPodder”的软件与便携MP3播放器相结合而实现。当初，为推广个性化的收听习惯，美国MTV电视台的主持人亚当·科利和软件工程师戴维·温纳最先开发了“iPodder”软件。

2004年8月13日，亚当·科利开通了世界第一个播客网站——“每日源代码”（www.dailysourcecode.com），他也因此被称为“播客之父”。那些善于表达的人只需借助麦克风的帮助，就可以用软件把自己的声音录制成文件上传到网站，使人人都能成为一名网络节目主持人；而收听者依靠这种播客软件，就可以根据爱好，自主订阅或下载这些私人电台。

现在许多世界国际广电媒体网站甚至报刊网站，如美国迪斯尼、ABC News、ESPN、美国公众电台（WGBH）、加拿大广播公司（CBC）、英国国家广播公司（BBC）等均已提供播客平台。自2004年年底起，国内开始出现了一批播客站点，土豆网、播客中国、播客天下等网站先后推出播客服务，反波、有一说二、聆听雨婷等播客已经具有相当的知名度，一批富有个性的音视频节目在互联网上广泛传播。播客在互联网上产生的影响甚至波及传统媒体，上海东方广播电台推出了《波歌播客秀》节目，北京文艺台推出了《播客风暴》节目。

二、播客的特点

（1）播客内容总是表现为图像或声音，其实质是视听语言的应用。

随着视听技术的发展，传媒帝国不断发展壮大。视听符号消费已经成为大众生活中不可缺少的内容。视听信息已经成为人们获取信息的习惯形态，这与人们最为熟悉的原始的人际传播的方式有着极大的相似性。

（2）更强的娱乐性。

视听语言对信息的传递全面、生动。这样一种线性的直接的语言方式让其拥有了更强大的娱乐性的基础，让表达者可以获得更为全面的表达方式。

（3）短小精练，易于流行和传播。

一直以来以视听语言为呈现手段的信息产品的制作、传送以及储存都有着较高的成本，播客的出现，大大降低了这一成本。原本的个人空间直接升格为公共领域。

（4）博客的传播属性是个人性、开放性和交互性，这三点同样适用于播客。但播客与播客、播客与听众之间毕竟需要经历制作、上传、下载、收听、反馈等步骤，方可完成互动环节，期间延时较长，因而它的交互性相对弱些。

与博客相似，播客的诞生也是为了供网友记录生活感悟、与他人分享之用。任何人都可以自己制作声音节目并将其上传到网上与网友分享；也可以选择或订阅别人提供的声音节目，并下载到MP3播放器中随时收听，还可以应用于任何支持MP3播放的设备，如台式计算机和笔记本电脑。当然，与博客相同，用户也可以对各种播客主题发表看法。

播客继承了博客大众性的特点，有着浓郁的个性和平民化特征。正是这种“草根”情结，使播客受到了众多网络先锋们的热烈追捧，而且还有迅速主流化的趋势。

三、播客与其他媒体的比较

1. 播客与传统广播的比较

准入门槛降到极低。多数国家的广播频谱是被严格控制的，广播频道资源类似土地一样，不能随意出售，即使像美国这样的经济发达国家，频道资源也是归国家所用，因此个人获得某一个广播频道资源的使用权必须办理类似的“营业执照”。在广播电视国营化的体制下，个人根本无法获得广播许可证。但是播客们（传播者—接受者）不需要执照，不需要频段，也不需要发射塔，绕过了广播的所有基础设施和经营限制，他们只需要一台可以上网的电脑、一个麦克风，就可以实现广播传播。从理论上讲，每个人都有机会在全世界范围内传播声音信息了。而拥有MP3、智能手机等便携终端播放器就可以通过一定的软件来订阅或者下载并收听任何的播客节目。

传统广播节目流程是线形传播，节目内容转瞬即逝，对于听众来说只有被动的接受。为此，听众可能错过节目的播出时间或者为了收听某期节目而忍受很多广告和无聊的节目内容等。

从节目的质量来说，播客的传播质量——内容和形式参差不齐，现在网上除了很多节目是大众的自娱自乐、业余制作以外，也开始出现专业的播客，他们中的很多人具有记者、播音员、DJ或者其他媒体从业背景。

2. 播客与网络个人电台的比较

播客与网络个人电台具有一定程度的相似性，也有人认为，播客是网络个人电台的后续发展形式。两者的确有一定程度的相似，都是在网络上借助于音频来表达自我的一种方式，带着强烈的个人烙印。

不过播客更随意，更具个性化。播客放弃电台的称谓，说明它一开始就不以机构的形式规范自己，它借助于网络技术形成一种无固定节奏的生活流式的播出状态。播客的每期节目从几分钟到几小时不等，而网络电台则多少带有传统广播的播出方法和模式的印迹，是即时的你听我说，而且离不开电脑。播客更具有自主性、开放性和便携性。它的订阅功能可以将自动更新的内容送入便携式终端，如MP3、PDA，所以听众可以自由掌控收听情况。这就使得播客与网络个人电台彻底地区别开来。

3. 播客与博客的比较

播客和博客似乎也有着割不断的渊源。两者都是对于网络个性化存在的一种结构化的记录，都具有开放性、交流性和分享性。在精髓上，两者具有相通性，渊源之说也诞生于此。

播客交流的是音频或者视频信息，而博客交流是文字或者图片信息，其中的音频也是网络上引用的，主要是歌曲、音乐等。回顾媒介发展的历程，已经经历了口语传播、文字传播、声音传播乃至视频传播。人类一开始在自然状态中选择了口头表达，是因为这种表达最直接和最容易掌握。再说声音本身与内心的密切关系又使声音具有无法替代的感染力和亲和力。人们选择文字作为表达意义的形式，是因为文字的固定性，它保持了意义的准确，可以实现远距离传送，也易于保留。通过播客传送声音，则保留了声音的原生态，也吸收了文字的各种优势。

用话语交流的便利性使其成为各种交流的基础，也是人们永远不能失去的。无论是播客，还是博客，音频、视频信息越来越多的加入到交流中。

四、播客的发展趋势

1. 播客的用途和内容会越来越广泛

播客的用途和内容可以包括谈话类节目、音乐节目、会见、讲故事、小说、指南、解说词、运动比赛转播或者实况说明等。播客甚至能开拓商界、广告界、公共关系等新的传播领域。例如美国通用汽车公司为了改善形象，提供了大量公司高层接受采访的播客文件；体重控制及营养品制造商 Herbalife 公司尝试推出了播放广告的播客文件或视频节目等，这些节目可以对分销商进行培训，同时也为年轻的目标受众发出市场信息。一些电影明星也利用播客来做电影宣传，如帕丽斯·希尔顿推出了自己的播客网站（houseofwaxmovie. warnerbros. com）用于推广电影。唱片公司也试图通过播客取悦歌迷，艺人认为播客是与歌迷建立良好关系的重要桥梁。

2. 播客从业余走向专业与业余互补并存

传统电台的早期，电台的格式混乱，无线电业余爱好者纷纷占据波段，凭借个人兴趣进行广播。由于频道资源的限制和人们对广播影响力的警惕、对内容的批评，广播最终从业余时代走入专业时代。今天的播客有充足的在线资源，技术方面也为他们在播客自娱自乐、分享交流提供保障，尤其是互联网的发展目标永远刺激个人对网上播出的兴趣。即使互联网出台各种规定限制网上交换某些内容，但是很难限制量的发展。可以想象，未来“播客”会成为业余的、松散的、个人化的、非专业性的大众媒介，同时也不排除专业播客的出现。

3. 播客从免费走向收费播客和免费播客并存

播客刚刚诞生时节目都是免费的，和亚当·科利齐名的另一位播客之父戴维·温纳（Dave Winer）坚持认为播客（Podcasting）是一门艺术，而不是一门行当。但是在媒介的世界里，收费节目已经不是新鲜的事情。

2005 年 6 月 11 日的 *Wired News* 刊登了 Randy Dotinga 写的 *Radio Sets Eyes on Podcast Profits* 的文章，概述了播客的商业化运作，主要是向下载音频文件的受众收取一定费用。如美国圣地亚哥一个商业电台“KFMB-FM/100. 7 Jack”试验性地向下载早间节目的听众收取每月 5 美元的费用。Rush Limbaugh 做的播客部分节目在 2005 年 6 月开始施行付费订阅，定价为一年 50 美元。

将来或者会出现类似于免费电视和收费电视并存的现状。未来必然存在大量免费的播客，但是未来的播客受众也必须为他的选择，包括感兴趣的、高品质的播客节目，付出一定的代价。

4. 播客从无序向日益有序发展

有多少播客在没有允许的条件下发布音乐是不得而知的事情。无论是中国的播客还是国外的播客，音乐播客在播客的总量上占了很大部分，在非音乐类的播客里也会加入音乐内容。这些音乐有独立艺人的作品，更多的是音乐公司正式出版的作品，但是其中的大部分都是没有取得授权的。

随着播客的发展和影响力的日益增加，唱片公司、独立艺人、国家法律也会增加对其音乐内容的关注。因为有广播和网络广播音乐许可的管理先例，有业内人士对播客中数字音乐版权问题持乐观态度，播客将在未来以更加有序的姿态存在。

五、播客网站

1. 播客网站的功能

播客网站的功能包括以下几方面：

（1）简单的注册。国内的播客网站所提供的服务都是免费的，通过简单的注册程序，网民可就成为播客用户，可以自由下载、浏览、订阅音视频节目。

（2）提供音视频文件的存储空间。由于音视频文件相对容量较大，有的播客网站对用户会有一个限制，如爱播网限制 1G 空间，土豆网不限制空间，但是限制上传流量为每月 100M。

（3）个人频道。播客网站的注册用户，只需下载安装一个管理软件，就可以成为一名真正的播客，播客可以在网站提供的固定频道页面管理自己的节目，整个过程非常简捷。播客还能够在自己的频道建立友情链接，建立联系人，与其他用户进行多种方式的交流。

（4）提供技术支持。由于音视频流媒体的特点，用户需要根据不同的文件使用不同的播放器和编辑软件，播客网站一般都提供技术支持。播客节目的音视频格式有 mp3、wmp、mov、real、mpeg 等。像土豆网就明确提示用户，该站提供下载的文件格式多为 mov，并推荐使用能够播放所有媒体格式的全能播放器“暴风影音”。还有一些网站如中国播客网、爱播网等还支持在线的录制。

（5）一般播客站点还设有分类和频道，推出节目排行，网民也可以对节目进行评论和交流。一些网站还推出了新的功能，菠萝网推出了“手机听播客”的软件，使得播客在传播平台上获得了更大的延伸。

2. 播客网站的分类

播客网站主要分为以下几类：

（1）播客门户站点。为播客提供网络空间，影响较大的有：土豆网、波谱播客（原为播客天下）、播客中国、麦爸、爱播网、中国播客网、华聚播客网、播客中国天网网络电台、易播中国、播行天下、派派播客、新广播网、木狗播客、播客帝国等。

（2）综合类播客频道。它们属于其他网站的一个频道，如博客网、中国博客网等博客网站均设有播客频道。

（3）播客搜索和目录类网站。主要有菠萝网、播客联播、博啦等。由于播客网站的迅速发展，所提供的音视频节目日益增多，对这些节目进行检索和制定目录供用户查找和订阅已经成为一种现实的需要，播客搜索/目录类网站应运而生。菠萝网开通于 2005 年 10 月 10 日，目前已经成为国内最大的播客目录订阅网站。

（4）专门的播客资讯网站，即提供播客的相关信息的网站，如著名的播客宝典，对国内外有关播客的信息进行梳理和整理，及时发布和更新。

3. 播客的开通

下面以土豆网为例，介绍建立播客的过程。

（1）单击土豆网首页右上方的“新用户注册”按钮，打开注册页面（见图 9—7）。

（2）填写注册信息，在弹出的“注册为新土豆”的页面填写 E-mail、用户名和密码等信息（见图 9—8）。单击“现在就注册”按钮，就注册成功了。

（3）添加播客内容，单击页面右上方的“上传视频”按钮，弹出上传视频页面，根据提示上传视频内容。

土豆网上传视频有两种方式：一种是按上文的步骤在上传视频网页的引导下填写必要信息，上传视频；另一种是利用土豆网专用上传工具“iTudou”上传视频。

土豆网视频的下载地址是：http://download.tudou.com/itudou/download/。它兼有上传和下载功能，支持断点续传和文件格式转换。详细的上传和下载过程就不再赘述了。

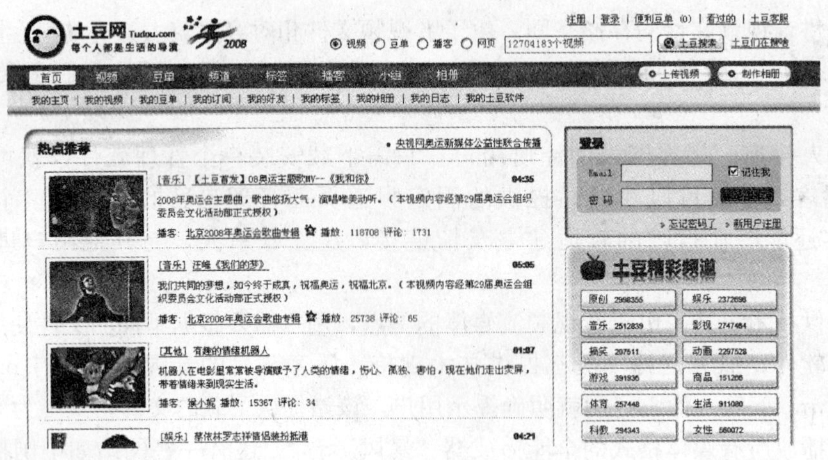

图 9—7　土豆网播客注册

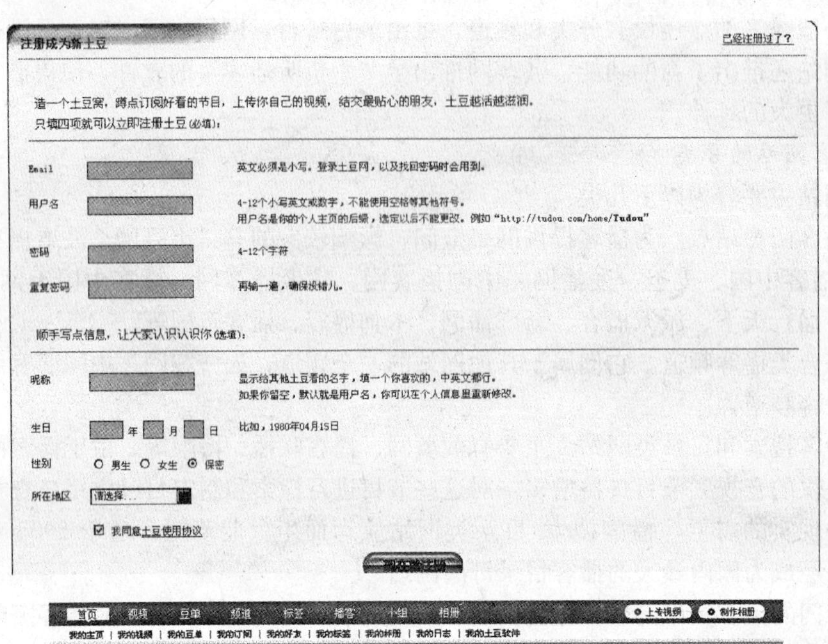

图 9—8　填写注册信息

本章小结

博客作为新的媒体形式，是传统媒体的延伸和发展。一方面它具有传统媒体所不具有的优势，另外一方面它又与传统的媒体有着千丝万缕的联系，比如它依托于传统媒体的影响力，需要借助传统的媒体力量来发展自己。传统的媒体同样也需要博客来扩大自己信息的来源和群众基础。目前许多网站开始把博客融入自己的运作模式中，有的网站甚至把知名的博客网站收购到自己的麾下，把它作为自身媒体的补充和延伸，借以吸引更多的读者。随着博客的不断发展和成熟，它将会和传统媒体形成一定的互补，双方在很多方面还会有进一步的融合。

播客是网络传播的新宠，它丰富了网络传播的内容和形式，也将对当前的大众传播产生

一定影响。播客带有鲜明的个性色彩，在“草根”和平民化传播模式下，传统大众传播中的受众不再单单是媒体内容的被动接受者和消费者，他们会积极参与到媒体内容的创造和生产中来，成为媒体内容的生产者和消费者。随着播客的发展，播客的深层次影响也会慢慢体现出来。

复习题

1. 什么是博客？
2. 博客对新闻传播的影响有哪些？
3. 怎样理解播客的概念？
4. 播客的特点有哪些？
5. 播客网站的功能有哪些？
6. 播客的发展趋势是怎样的？

课外实践与练习

1. 建立自己的个性化新闻博客。
2. 申请开通自己的播客，并上传自己的视频或者音频作品。

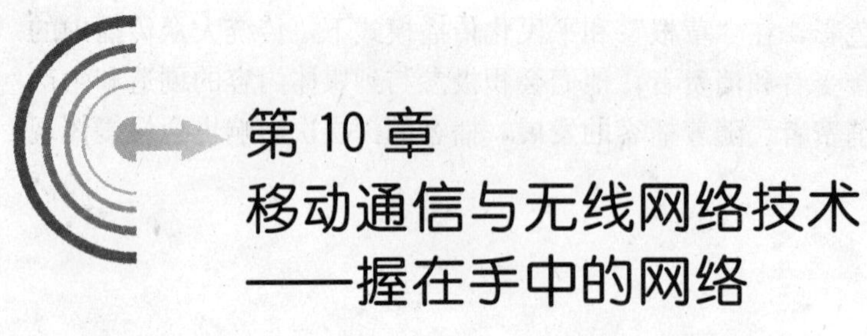

第10章 移动通信与无线网络技术——握在手中的网络

移动通信和无线网络技术涵盖的范围很广，既包括允许用户建立远距离无线连接的全球语音和数据网络，也包括近距离无线连接射频技术等。通常用于无线网络的终端设备包括便携式计算机、台式计算机、个人数字助理（PDA）和移动电话。无线技术用于多种实际用途。例如，手机用户可以使用移动电话查看电子邮件。使用便携式计算机的旅客可以通过安装在机场、火车站和其他公共场所的基站连接到 Internet。在家中，用户可以连接桌面设备来同步数据和发送文件。

学习目标

通过本章的学习，应该能够：

- 简述移动通信技术的发展；
- 简述什么是第三代移动通信技术；
- 说出 3G 标准有哪些，中国提出的标准是什么；
- 简述无线局域网的技术标准；
- 认识无线局域网连接设备以及知道怎样根据网络要求选择合适的设备；
- 说出常见的无线局域网应用有哪些。

第1节　无线通信技术的发展

自从 1897 年马可尼的实验证明了运动中的无线通信的可应用性后，人们就开始了对移动通信孜孜不倦地探索。现代移动通信技术的发展大体可以分为三个阶段。

一、第一阶段，早期发展阶段：20 世纪 20 年代至 40 年代

现代移动通信发展是从 20 世纪 20 年代开始的。最初的移动通信的应用主要集中在军队和政府部门。早期成功应用的移动通信系统可以追溯到 20 世纪 30 年代美国的警用车载系统，到 30 年代中期全美警察部门安装了大约 5 000 个无线电接收装置。这个阶段的特点是工作频率低，工作在短波频段上。

二、第二阶段，公用网起步阶段：20 世纪 40 年代至 70 年代中期

第二次世界大战期间，战争的要求使得通信技术及其制造业有了长足的发展。战争结束

后，很快就推出了第一种大区制的公众移动电话服务。1946 年，贝尔实验室在圣路易斯城建立了世界上第一个公用汽车电话网，被称为“城市系统”。在欧洲，法国等国家随后也陆续发展了公用移动电话系统。从 20 世纪 40 年代中期至 60 年代初期，完成了从专用网向公用移动网的过渡，采用人工接续的方式解决了移动电话系统与公用市话网之间的接续问题，这时的通信网的容量较小。

在 20 世纪 60 年代后期至 70 年代中期，主要是改进和完善移动通信系统的性能，包括直接拨号、自动选择无线信道等，同时解决了自动接入公用电话网的问题。这时的系统都采用了大区制，选择的频段以及容量都较以往有了很大的提高。在此期间美国推出了改进的移动电话系统，使用 150MHz 和 450MHz 频段。但由于相关设备以及无线资源的制约，当时整个移动通信市场的发展速度不是很快。

三、第三阶段，移动通信发展成熟阶段：20 世纪 70 年代中期至今

这个阶段从技术上又可以分为第一代移动通信系统、第二代通信系统和第三代通信系统。

1. 第一代移动通信系统

大规模集成电路技术和计算机技术的迅猛发展，解决了困扰移动通信的终端小型化和系统设计等关键问题，使移动通信系统进入了蓬勃发展阶段。随着用户数量的急剧增加，传统的大区制移动通信系统很快就达到饱和状态，无法满足服务要求。针对这一情况，美国的贝尔实验室提出了小区制的蜂窝式移动通信系统的解决方案。在 1978 年开发了 AMPS（Advance Mobile Phone Service）系统。这是第一种真正意义上的能够随时随地通信的大容量蜂窝移动通信系统。蜂窝化的移动设计方案解决了公用移动通信系统的大容量要求和频谱资源受限的矛盾。到 20 世纪 80 年代中期，欧洲和日本也纷纷建立了自己的蜂窝移动通信网，这些系统被称为第一代蜂窝移动通信系统。

与此同时存在的还有一些早期的无线数据通信系统，如寻呼系统和无线调制解调器系统。寻呼系统是一种单向无线通信系统，它由寻呼控制中心和由用户携带的便携式接收机组成。寻呼控制中心可向用户传送简短的数字和字符信息，由于便携式接收机小巧、价格低廉，在无线通信的发展初期受到了广大用户的普遍欢迎，寻呼业务可以算是第一代移动数据业务。无线调制解调器系统开发于 20 世纪 80 年代初期，当时，美国和加拿大的一些小公司利用话带调制解调器芯片组和商用对讲机开发了一些无线数据传送系统，这些无线数据传送系统的传输速率较低，使用无线局域网中的媒体接入控制协议。这些产品可看作是后来出现的无线局域网产品（WLAN）的早期雏形。

2. 第二代移动通信系统

尽管模拟蜂窝系统取得了巨大的成功，但是在实际的使用过程中也暴露出一些问题：频谱效率较低，有限的频谱资源和无限的用户容量的矛盾十分突出；业务种类比较单一，只有话音业务；模拟系统存在同频干扰和互调干扰；模拟系统保密性较差。当然最主要的因素恐怕仍然是容量与日益增长的市场之间的矛盾。

随着超大规模集成电路技术、低速话音编码技术和计算机技术等的发展，现代数字技术得到了广泛的应用，通信已经由模拟方式转向数字处理方式。人们很快就开始着手第二代的数字蜂窝移动通信系统的开发。

1982 年欧洲移动通信特别小组 GSM（Group Special Mobile）开始推动新一代数字蜂窝

移动通信技术的研发，1988 年提出了主要的建议和标准。1991 年 7 月以 TDMA 为基础的数字蜂窝移动通信系统 GSM 投入商用。由于拥有更大的容量和良好的服务质量，GSM 很快就遍布欧洲，取代了模拟制式的网络。

1989 年，美国 Qualcomm（高通）公司提出了码分多址（CDMA）技术，经过理论分析和相关技术的研究与试验，证实 CDMA 具有独特的性能，从而受到世界电信业的关注，被认为是未来无线技术发展最具潜力的一项技术。经过后来的一系列试验后，在 1993 年 7 月，美国蜂窝移动通信协会（CTIA）把 CDMA 的公共空中接口标准 IS-95 定为北美数字移动通信系统标准。

数字蜂窝移动通信系统相对于第一代蜂窝移动通信系统有许多优势：频谱效率高、系统容量大、保密性能好、语音质量好等。

随着计算机网络技术的发展，在 20 世纪 90 年代，面向数据业务的无线网络技术也得到了快速发展。根据覆盖范围和传输速率，无线数据网络可分为移动数据网、无线局域网（WLAN）和无线个域（个人）网（WPAN）。

移动数据网，其中最有代表性的是 GPRS（通用无线分组业务）系统。它提供的数据传输速率高，能超过 100Kbit/s，适合为移动用户提供 Internet 接入服务。而且使用现有的提供语音业务的蜂窝网络的频段和部分网络设施，可以减少开通费用，降低运营成本。可以看做是第二代移动通信向第三代移动通信（3G）的过渡，因此 GPRS 也被称为 2.5G 移动通信。

3. 第三代移动通信系统（3G）

第二代移动通信系统虽然比第一代系统有了很大的优势，但还是存在着业务单一、通话和低速数据通信以及无法全球漫游等缺憾。于是结合 Internet 和高度移动性的第三代移动通信（3rd Generation，简称为 3G）应运而生。

1985 年末，国际电联（ITU）在讨论移动通信的 CCIR SG-8 会议上提出了未来公共陆地移动通信系统（FPLMTS）的概念，从而拉开了第三代移动通信技术发展的序幕。为了统一标准，1994 年国际电联将 FPLMTS 正式改名为国际移动通信系统 2000（简称 IMT2000)。IMT2000 的目标是全球统一频段、统一标准、全球无缝覆盖、实现高服务质量、高保密性能、高频谱效率。

然而各国和各大厂家根据各自利益，纷纷提出不同的技术标准。欧洲为保持 GSM 的市场领先地位，保持欧洲工业界标准对下一代技术发展的影响，率先提出了 UMTS（Universal Mobile Telecommunications System）标准。我国也提出了拥有自主知识产权的 TD/SCDMA 的方案，TD/SCDMA 使用了同步 CDMA 和智能天线、软件无线电等技术，并积极主张采用 GSM MAP 为核心网的基础，与第二代移动通信网实现平滑过渡。作为我国自主知识产权的 TD/SCDMA 是亚洲地区唯一一个入选国际电联的第三代移动通信标准，成为国际 3G 的重要标准之一，也是百年移动通信史上中国提出的第一个完整标准，标志着中国迈出了从跟踪向创新转变的历史性的第一步。

有了第三代移动通信，人们除通话以外，可以方便地进行 WWW 浏览，收发 E-mail，使用可视电话、视频点播等多媒体业务，进行电子商务如购物、交易、金融业务等。

3G 投入运营的前两年为市场导入期，在这一阶段，用户及系统继续发展，但速度放缓，系统开始引入并逐步完善。同时，由于系统覆盖不够完善，将主要在城市市区等用户集中地区提供业务。随着网络的建成，移动运营市场竞争格局开始形成。未来新增运营商所发展的移动用户将全部为 3G 用户。总的说来，全球的市场已经在局部地区开始启动，其带动效应是明显的，但是，技术的不成熟以及终端的匮乏依然是目前全球遇到的最主要问题。

就在 3G 通信技术正处于酝酿之中时，更高的技术应用已经在实验室进行研发。因此在我们期待第三代移动通信系统所带来的优质服务的同时，第四代移动通信系统最新技术的研发也在实验室中悄然进行。

到目前为止人们还无法对 4G 通信进行精确地定义，但不管人们对 4G 通信怎样进行定义，有一点我们能够肯定的是 4G 通信将是一个比 3G 通信更完美的新无线世界，它将创造出许多消费者难以想象的应用。4G 最大的数据传输速率超过 100Mbit/s，这个速率是目前移动电话数据传输速率的 1 万倍，也是 3G 移动电话速率的 50 倍。4G 手机将可以提供高性能的汇流媒体内容，并通过 ID 应用程序成为个人身份鉴定设备。它也可以接受高分辨率的电影和电视节目，从而成为合并广播和通信的新基础设施中的一个纽带。此外，4G 的无线即时连接等服务费用将比 3G 便宜。还有，4G 有望集成不同模式的无线通信——从无线局域网和蓝牙等室内网络、蜂窝信号、广播电视到卫星通信，移动用户可以自由地从一个标准漫游到另一个标准。

第 2 节　第三代移动通信技术——3G

3G，全称为 3rd Generation，中文含义就是指第三代移动通信。第一代模拟制式手机（1G）只能进行语音通话；二代 GSM、TDMA 等数字制式手机（2G）增加了接收数据的功能，如接收电子邮件或网页；第三代移动通信将会在传输声音和数据的速度上有所提升，能够在全球范围内更好地实现无缝漫游，并处理图像、音乐、视频流等多种媒体形式，提供包括网页浏览、电话会议、电子商务等多种信息服务，同时也要考虑与已有第二代系统的良好兼容性。为了提供这种服务，无线网络必须能够支持不同的数据传输速度，也就是说在室内、室外和行车的环境中能够分别支持至少 2Mbit/s、384Kbit/s 以及 144Kbit/s 的传输速度。3G 通信的名称繁多，国际电联规定为“IMT2000”（国际移动电话 2000）标准，欧洲的电信业巨头们则称其为“UMTS”通用移动通信系统。

一、3G 技术标准

国际电信联盟（ITU）目前一共确定了全球四大 3G 标准，它们分别是 WCDMA、CDMA2000、TD-SCDMA 和 WiMAX。下面分别介绍一下 3G 的几种标准。

1. WCDMA

WCDMA 全称为 Wideband CDMA，也称为 CDMA Direct Spread，意为宽频分码多重存取，这是基于 GSM 网发展出来的 3G 技术规范，是欧洲提出的宽带 CDMA 技术，它与日本提出的宽带 CDMA 技术基本相同，目前正在进一步融合。其支持者主要是以 GSM 系统为主的欧洲厂商，日本公司也或多或少参与其中，包括欧美的爱立信、阿尔卡特、诺基亚、朗讯、北电，以及日本的 NTT、富士通、夏普等厂商。这套系统能够架设在现有的 GSM 网络上，对于系统提供商而言可以较轻易地过渡，而 GSM 系统相当普及的亚洲对这套新技术的接受度预料会相当高。因此 W-CDMA 具有先天的市场优势。该标准提出了 GSM（2G）-GPRS-EDGE-WCDMA（3G）的演进策略。GPRS 是 General Packet Radio Service（通用分组无线业务）的简称，EDGE 是 Enhanced DataRate for GSM Evolution（增强数据速率的GSM演进）的简称，这两种技术被称为2.5代移动通信技术。

2. CDMA2000

CDMA2000是由窄带CDMA（CDMA IS95）技术发展而来的宽带CDMA技术，也称为CDMA Multi-Carrier，由美国高通北美公司为主导提出，摩托罗拉、Lucent和后来加入的韩国三星有参与，韩国现在成为该标准的主导者。这套系统是从窄频CDMA One数字标准衍生出来的，可以从原有的CDMA One结构直接升级到3G，建设成本低廉。但目前使用CDMA的地区只有日、韩和北美，所以CDMA2000的支持者不如W-CDMA多。不过CDMA2000的研发技术却是目前各标准中进度最快的，许多3G手机已经率先面世。该标准提出了从CDMA IS95（2G）-CDMA 20001x-CDMA 20003x（3G）的演进策略。CDMA20001x被称为2.5代移动通信技术。CDMA 20003x与CDMA 20001x的主要区别在于应用了多路载波技术，通过采用三载波使带宽提高。目前中国联通正在采用这一方案向3G过渡，并已建成了CDMA IS95网络。

3. TD-SCDMA

TD-SCDMA全称为Time Division-Synchronous CDMA（时分同步CDMA），该标准是由中国独自制定的3G标准，1999年6月29日，由中国邮电部电信科学技术研究院（大唐电信）向ITU提出。该标准将智能无线、同步CDMA和软件无线电等当今国际领先技术融于其中，在频谱利用率、业务支持灵活性、频率灵活性及成本等方面具备独特优势。另外，由于中国的庞大市场，该标准受到各大主要电信设备厂商的重视，全球一半以上的设备厂商都宣布可以支持TD-SCDMA标准。该标准提出不经过2.5代的中间环节，直接向3G过渡，非常适用于GSM系统向3G升级。

4. WiMAX

WiMAX的全名是微波存取全球互通（Worldwide Interoperability for Microwave Access），又称为802.16无线城域网，是又一种为企业和家庭用户提供"最后一英里"的宽带无线连接方案。将此技术与需要授权或免授权的微波设备相结合之后，将扩大宽带无线市场，改善企业与服务供应商的认知度。2007年10月19日，国际电信联盟在日内瓦举行的无线通信全体会议上，经过多数国家投票通过，WiMAX正式被批准成为继WCDMA、CDMA2000和TD-SCDMA之后的第四个全球3G标准。

二、3G时代的热门应用

1. 手机电视——"第五媒介"初现端倪

2006年德国世界杯再一次验证了手机视频是3G时代最值得期待、最有发展前景的应用。代理国际足联赛事电视转播权的盈方公司透露，他们跟100多个国家的运营商签订了手机转播协议。由此，手机电视成为继报纸、广播、电视和互联网之后的"第五媒介"。

早在2004年，运营商就大张旗鼓地推出了基于2.5G网络的手机电视业务，期望能在移动增值业务中开辟一片新大陆。但是2.5G网络的资费、画质和速度等先天性问题，一直困扰着手机电视市场的发展。随着3G商用前景的逐渐明朗化，手机电视业务也凸现出新的发展机遇。

2. 手机游戏——让人欢喜让人忧

无论是在地铁里，还是机场的候机大厅，都可以看到忙于不停捏键盘的手机游戏发烧友。从最初的贪吃蛇、五子棋、推箱子等单机游戏，再到今天日益流行的用手机玩的网络游戏，手机游戏正成为许多人不可缺少的消遣项目。

功能日益丰富的手机，是支持手机游戏这个市场的基础；另一方面，无线网络的发展提供了越来越多的手机游戏让用户下载。而 3G 的出现，将带来高速度的移动带宽，寄托于移动通信网络与移动终端的手机游戏，将由单机版迅速过渡到类似于电脑网络游戏的时代。

3. 手机搜索——IT 业的下一个金矿

目前手机搜索的应用主要体现在两个方面：一是本地搜索应用，如公共信息服务、手机购物、地图搜索、定位搜索和黄页搜索等；二是互联网搜索应用，通过手机随时搜索来自 WAP 网站和互联网网站的信息内容，包括图片、铃声、视频、音乐等。据艾瑞市场咨询研究报告预计，2010 年，我国无线搜索行业将进入成熟期，用户数量将增长到 22 000 万。

无疑，手机搜索将成为 IT 行业的下一个“金矿”，吸引了包括移动运营商和搜索引擎巨头的关注。中国移动董事长兼 CEO 王建宙表示，中国移动已经与 Google 达成共识，寻求一套方案以将手机升级到新型的互联网搜索引擎。早在今年 3 月，百度公司就宣布与诺基亚结盟进军手机搜索市场。百度最受欢迎的 4 款搜索服务，包括百度贴吧、网页、图片以及资讯，预先植入诺基亚指定型号的手机中。

此外，还有在线音乐、移动办公、位置服务、手机高速上网及下载等应用，均满足了相当一部分用户的需求。

三、3G 运营情况

日本移动通信巨人 NTT DoCoMo 已于 2001 年 10 月 1 日开通全球第一个 3G 服务，该服务基于 WCDMA 标准。目前，亚洲成为 3G 发展最快的地区，除动作最快的日本和韩国外，泰国、中国也已经发出 3G 牌照。

2008 年 4 月 1 日中国移动通信集团公司在北京、上海、天津、沈阳、广州、深圳、厦门和秦皇岛 8 个城市，启动第三代移动通信（3G）“中国标准”TD-SCDMA 社会化业务测试和试商用，其号段为 157。标志着我国第三代移动通信（3G）标准 TD 的商业化应用正式起航。据介绍，首批社会化业务测试将邀请 2 万名不同行业和部门的用户，免费提供 2 000 元至 4 000 元的手机和数据卡终端，并给予测试用户每月 800 元的话费补贴。

从中移动公开的资费标准看，普通通话费用 TD 比 2G 还要便宜。TD 月租费为 50 元/月，本地基本通话费主叫 0.40 元/分钟，被叫免费；国内漫游通话费 0.60 元/分钟，被叫 0.40 元/分钟；国内长途通话费 0.07 元/6 秒；短信息费网内 0.1 元/条，网外 0.15 元/条，接收免费。

TD 新业务——可视电话收费则是本地通信主叫 0.6 元/分钟，被叫免费；国内漫游主叫 0.9 元/分钟，被叫 0.6 元/分钟；国内长途 0.1 元/6 秒。此外，中国移动还推出三款 TD 语音套餐和数据卡套餐，语音资费低于当前 G 网水平。

2008 年 6 月 2 日，中国电信、中国联通及中国网通 H 股公司均发公告，公布了电信重组细节，而此时，距离 5 月 23 日上述运营商由于电信重组停牌，刚刚过去 6 个半交易日。随着电信重组方案的确定：中国移动＋铁通＝中国移动，中国联通（CDMA 网）＋中国电信＝中国电信，中国联通（GSM 网）＋中国网通＝中国联通，中国电信运营商形成了三足鼎立之势。在本次电信重组中，中国铁通被并入中国移动集团，变成了中国移动的一家全资子公司。那么此前中国铁通无论是固定电话用户还是宽带用户都被转成中国移动的用户。

“六合三”的改革重组完成后，2009 年 1 月 7 日 3 张 3G 牌照发放给中国三大电信运营商，标志着中国将步入第三代移动通信时代。

第3节　无线局域网技术及其应用

无线局域网是计算机网络与无线通信技术相结合的产物。无线局域网（Wireless Local Area Network，WLAN）就是在不采用传统电缆线连接的同时，提供传统有线局域网的相同功能。

一、无线局域网的优点

与有线网络相比，无线局域网具有以下优点：

（1）安装便捷。

一般在网络建设中，施工周期最长、对周边环境影响最大的，就是网络布线施工工程。在施工过程中，往往需要破墙掘地、穿线架管。而无线局域网最大的优势就是免去或减少了网络布线的工作量，一般只要安装一个或多个接入点AP（Access Point）设备，就可建立覆盖整个建筑或地区的局域网络。

（2）使用灵活。

在有线网络中，网络设备的安放位置受网络信息点位置的限制。而一旦无线局域网建成后，在无线网的信号覆盖区域内任何一个位置都可以接入网络。

（3）经济节约。

由于有线网络缺少灵活性，这就要求网络规划者尽可能地考虑未来发展的需要，这就往往导致预设大量利用率较低的信息点。而一旦网络的发展超出了设计规划，又要花费较多费用进行网络改造，而无线局域网可以避免或减少以上情况的发生。

（4）易于扩展。

无线局域网有多种配置方式，能够根据需要灵活选择。这样，无线局域网就能胜任从只有几个用户的小型局域网到上千用户的大型网络，并且能够提供像“漫游（Roaming）”等有线网络无法提供的服务。由于无线局域网具有多方面的优点，所以发展十分迅速。在最近几年里，无线局域网已经在医院、商店、工厂和学校等不适合网络布线的场合得到了广泛应用。

（5）故障定位容易。

有线网络如果出现物理故障，尤其是由于线路连接不良而造成的网络中断，往往很难查明，而且检修线路需要付出很大的代价。无线网络则很容易定位故障，只需更换故障设备即可恢复网络连接。

二、无线局域网标准

目前，WLAN技术已经日渐成熟，应用日趋广泛。在WLAN迅猛发展的同时，WLAN的标准之争也成为众多厂商和运营实体非常关注的一个话题。

下面主要介绍在众多标准中，较有影响的IEEE（美国电子电气工程师协会）802.11系列。

1990年IEEE802.11无线局域网标准工作组开始研究1Mbit/s和2Mbit/s数据速率、工作在2.4GHz开放频段的无线设备和网络发展的全球标准，并于1997年6月公布了该标准，它是第一代无线局域网标准之一。该标准定义物理层和媒体访问控制（MAC）规范，允许无线局域网及无线设备制造商建立互操作。

802.11是IEEE最初制定的一个WLAN标准，主要用于解决办公室局域网和校园网中用户与用户终端的无线接入，业务主要限于数据访问，速率最高只能达到2Mbit/s。由于它在速率和传输距离上都不能满足人们的需要，所以802.11标准很快被802.11b所取代。

1999年9月，802.11b被正式批准。该标准规定WLAN工作频段为2.4～2.4835 GHz，数据传输速率达到11Mbit/s。该标准是对802.11的一个补充，采用补偿编码键控调制方式，采用点对点模式和基本模式两种运作模式，在数据传输速率方面可以根据实际情况在11Mbit/s、5.5Mbit/s、2Mbit/s、1Mbit/s的不同速率间自动切换，它改变了WLAN的设计状况，扩大了WLAN的应用领域。

802.11b已成为当前主流的WLAN标准，被多数厂商所采用，所推出的产品广泛应用于办公室、家庭、宾馆、车站、机场等众多场合。然而随着网络应用中视频、语音等关键数据传输需求越来越多，速率问题将会成为802.11b进一步发展的主要障碍。此外802.11b使用的是ISM2.4GHz波段，而家用微波炉、蓝牙芯片和无绳电话（在北美）也都使用这个波段，所以相对802.11a而言，802.11b还面临着更多的干扰源。此外802.11b存在的问题也不容忽视，目前主要通过WEP加密来弥补这一缺陷，IEEE也正在开发另外一个标准802.11i来专门解决WLAN中的问题。

1999年802.11a标准制定完成，该标准规定WLAN工作频段为5.15～5.825GHz，数据传输速率达到54Mbit/s或72Mbit/s，传输距离控制在10～100m。该标准也是802.11的一个补充，扩充了标准的物理层，采用正交频分复用的独特扩频技术和QPSK调制方式，可提供25Mbit/s的无线ATM接口和10Mbit/s的以太网无线帧结构接口，支持多种业务如话音、数据和图像等，一个扇区可以接入多个用户，每个用户可带多个用户终端。

虽然802.11a在技术上和出台时间上都占有优势，但由于技术成本过高，缺乏价格竞争力，经济规模始终无法扩大，加上5GHz并非免费频段，在部分地区面临频谱管制的问题，市场销售情况一直不理想。除了成本问题，802.11a最大的缺陷就是无法与802.11b兼容，使它在市场上的扩展大受限制，802.11g的出现也给它带来极大的压力。

2003年6月12日，IEEE正式推出802.11g标准，7月28日，通过Wi-Fi认证的802.11g产品上市。该标准提出拥有802.11a的传输速率，安全性较802.11b好，采用两种调制方式：802.11a中采用的OFDM与802.11b中采用的CCK，做到了与802.11a和802.11b的兼容。802.11g的兼容性和高数据速率弥补了802.11a和802.11b各自的缺陷，一方面使得802.11b产品可以平稳地向高数据速率升级，满足日益增加的带宽需求；另一方面使得802.11a实现与802.11b的互通，克服了802.11a一直难以进入市场主流的尴尬，因此802.11g一出现就得到众多厂商的支持。

然而像高清视频、在线游戏、网络视频和电话等数字娱乐需要更大的吞吐量，远超过现有802.11a/b/g的带宽。802.11n具有为消费者带来享受家庭网络和数字娱乐所需的速度、覆盖范围、多任务处理能力。

802.11n计划将WLAN的传输速率从802.11a和802.11g的54Mbit/s增加至108Mbit/s以上，最高速率可达320Mbit/s，成为802.11b、802.11a、802.11g之后的另一场重头戏。和以往的802.11标准不同，802.11n协议为双频工作模式（包含2.4GHz和5GHz两个工作频段）。这样802.11n保证了与以往的802.11a、b、g标准的兼容。

我国在无线局域网领域也提出了自己的标准——WAPI。WAPI的全名是无线局域网鉴别与保密基础架构（WLAN Authentication and Privacy Infrastructure），由中国宽带无线 IP 标准工作组所制定，主要是规范 802.11b 相关的安全加密标准。WAPI 包含两个部分：WLAN 鉴别基础架构（WLAN Authentication Infrastructure，WAI），WLAN 保密基础架构（WLAN Privacy Infrastructure），分别针对用户的身份鉴别及传输数据加密加以规范。WAPI 的提出更多考虑无线局域网的安全问题。

三、Wi-Fi

Wi-Fi（Wireless Fidelity 无线保真的缩写）实质上是一种商业认证，具有 Wi-Fi 认证的产品符合 IEEE 802.11 系列无线网络规范，包括已经批准的 IEEE802.11a、b 和 g 规范以及等待批准的 802.11n 规范。Wi-Fi 认证确保了无线计算机设备中经过测试和验证的互操作性；这一认证可以使消费者和企业买家相信，标有 Wi-Fi 标志的无线 LAN 产品已通过严格的互操作性认证要求。此类 Wi-Fi 产品包括笔记本电脑用的 PCMCIA 卡、台式机用的 PCI 卡、USB 模块（笔记本和台式机均可使用）以及访问点和网关等无线基站。

四、无线局域网连接设备

1. 无线网卡

与有线网卡相同，无线网卡也提供了丰富的系统接口，主要包括 PCI、USB 和 Card Bus 等（见图 10—1 和图 10—2）。用户可以根据需求选择不同接口类型的无线网卡，其中 USB 接口的无线网卡支持热插拔，可以用于台式机和笔记本电脑，如果使用 USB 延长线，还便于调整天线方向找到最佳接收位置，使用起来最为方便。目前市场上主要有三种速率的无线网卡：11Mbit/s、54Mbit/s 和 108Mbit/s，这里所指的速率均为理论最大值，实际使用中有效传输速率与理论值相差会比较大。

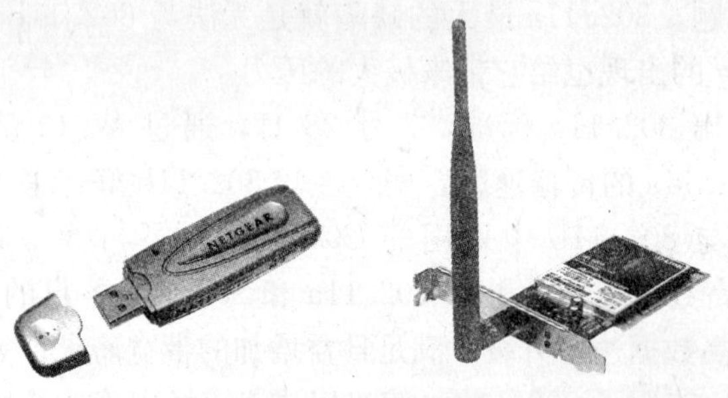

图 10—1　USB 和 PCI

图 10—2　Card Bus

2. 无线 AP

无线 AP(Access Point)（见图 10—3），即无线接入点，它是用于无线网络的无线交换机，也是无线网络的核心。无线 AP 通常有有线网络接口，移动计算机用户可以通过无线 AP 接入有线网络。主要用于宽带家庭、大楼内部以及园区内部，典型距离覆盖几十米至上百米，目前主要技术为 802.11 系列。大多数无线 AP 还带有接入点客户端模式（AP Client），可以和其他 AP 进行无线连接，延展网络的覆盖范围。

3. 无线路由器

无线路由器（Wireless Router）可以看做是将单纯性无线 AP 和宽带路由器合二为一的

扩展型产品（见图 10—4）。它不仅具备单纯性无线 AP 所有功能，如支持 DHCP 客户端，支持 VPN、防火墙，支持 WEP 加密等，而且还包括了网络地址转换（NAT）功能，可支持局域网用户的网络连接共享。可实现家庭无线网络中的 Internet 连接共享，实现 ADSL 和小区宽带的无线共享接入。

无线路由器可以与所有以太网接的 ADSL Modem 或 Cable Modem 直接相连，也可以在使用时通过交换机/集线器、宽带路由器等局域网方式再接入。此外，大多数无线路由器还包括若干个端口的交换机，可以连接使用有线网卡的计算机，实现有线和无线网络的扩展。

图 10—3　无线 AP

图 10—4　无线路由器

五、无线局域网的配置方式

1. Ad-hoc 模式

Ad-hoc 模式也称为对等模式，类似于有线网络的对等网。它由一组无线网卡的计算机组成，这些计算机以相同的工作组名、SSID（服务集标识符）和密码等对等的方式相互通过无线网卡进行直接连接，而无需通过无线 AP。计算机在无线局域网的覆盖范围的之内，进行点对点、点对多点之间的通信。

2. Infrastructure 模式

Infrastructure 模式也称为基础结构模式。在基础结构网络中，至少需要有一台无线 AP 或无线宽带路由器。各无线终端以无线 AP 或无线路由器为中心，所有通信都通过无线 AP 或无线宽带路由器连接，就如同在有线网络下利用集线器或交换机进行连接一样。该模式的无线网可以通过无线 AP 或无线宽带路由器的有线网络接口将无线局域网与有线网连接起来，组建多种复杂的大型局域网接入网络。

六、无线局域网的应用

1. 无线局域网的技术特点决定了无线局域网的应用范围

从工作频段上看，802.11b 工作的 2.4GHz ISM 频段为国际上通用的免许可证频段。在我国，2001 年信息产业部颁布了信产部［2001］653 号通知，明确了在 2 400～2 483.5MHz 这 83.5MHz 频段内，室内 WLAN 可以无需审批地使用。

从覆盖范围来看，无线局域网通常只能覆盖几十米到上百米的距离。因此无线局域网比较适合于小范围的覆盖，如机场、咖啡店、写字楼等“热点”地区，而并不适合进行跨城市的连续的广域覆盖。

从数据速率来看，无线局域网可提供11～54Mbit/s的速率，这远高于GPRS所能提供的数据速率，也将高于3G移动网络支持的数据速率。从这一点来看，无线局域网具有高数据速率的优势，适合于对数据速率要求高的应用，比如多媒体浏览等。

2. 根据WLAN的实际应用场景分类

一类是企业自己建立的面向企业内部用户的WLAN网络，以替代企业有线网或作为有线网的补充。

另一类是无线ISP在诸如写字楼、宾馆、机场等的“热点”地区建设的WLAN网络，向公众移动数据用户提供互联网接入服务，并向用户收取网络接入费。

3. 无线局域网与无线城域网配合的无线城市应用

2008年6月25日，北京无线城市一期网络试运行，之后北京市民和海外游客可以通过无线网络在北京中心城区接入互联网。在北京奥运会举办期间，在一期覆盖范围内，市民与奥运观光客人可以随时随地享受到免费的无线宽带上网服务。首期建设目标也主要是为2008年北京奥运会游客和城市管理服务。

“北京无线城市”项目由中电华通承建，此次信号覆盖开通范围包括二环、三环、CBD商圈、金融街、中关村地区及望京经济技术开发区、宣武椿树、亦庄地区等，覆盖面积共100平方公里，北京的无线宽带网络将成为目前国内最大规模的无线城市网络。

本次开通的无线宽带网络采用WiFi＋WiMAX（802.16d）的方式，市民在一期覆盖区域内可以通过笔记本电脑、PDA等支持WiFi功能的电子产品在覆盖区内无线上网。

项目第二期于2009年年底完成，实现五环以内的城区普及无线高速上网；到2010年年底，第三期覆盖将实现北京市全市城乡的无线宽带网络建设。

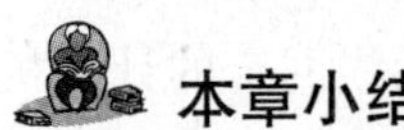

本章小结

移动通信和无线网络技术涵盖的范围很广，从范围上划分包括无线广域网、无线城域网、无线局域网和无线个人网。从提供的服务划分，包括语音业务网和数据网。从总体上看，随着通信技术的发展，各种移动通信技术和无线网络技术，一方面正向着高速和技术标准统一方向发展，另一方面各种无线网络提供越来越丰富的个性化的服务。本章从介绍移动通信和无线网络的发展开始，主要介绍当今热门的第三代移动通信技术和无线局域网技术，以及它们的热门应用，从部分侧面管窥现代移动通信和无线网络技术。

复习题

1. 简述移动通信技术的发展。
2. 什么是第三代移动通信技术？
3. 3G标准有哪些？
4. 3G应用有哪几种？
5. 无线局域网技术标准有哪些？中国提出的标准是什么？
6. 什么是Wi-Fi？
7. 无线局域网连接设备有哪些？怎样选择？

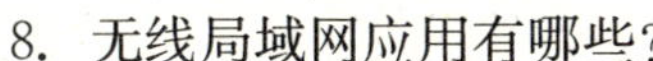

8. 无线局域网应用有哪些？

课外实践与练习

根据家庭或者办公室的需要，选择合适的无线网络设备，组建自己的无线局域网。可以结合以前学习的网络知识画出网络拓扑结构。

参考文献

1. 赵志立. 从大众传播到网络传播. 成都：四川大学出版社，2001
2. 李凌凌. 网络传播理论与实务. 郑州：郑州大学出版社，2004
3. 柳泽花. 网络新闻传播实务. 武汉：华中科技大学出版社，2002
4. 季福坤. 计算机网络基础. 2版. 北京：人民邮电出版社，2008
5. 杨云，张亦辉. 计算机网络技术与实训. 北京：中国铁道出版社，2006
6. 倪维桢. 数据通信原理. 北京：海洋出版社，2002
7. 李小平，曲大成. 多媒体网络通信. 北京：北京理工大学出版社，2001
8. 李斯伟，雷新生. 数据通信技术. 2版. 北京：人民邮电出版社，2007
9. 高传善等. 数据通信与网络教程. 北京：机械工业出版社，2005
10. 逯昭义. 计算机网络体系结构. 北京：清华大学出版社，2003
11. [美] 麦凯布. 网络分析、体系结构与设计——国外计算机科学教材系列. 2版. 北京：电子工业出版社，2005
12. 徐恪等. 高等计算机网络——体系结构、协议机制、算法设计与路由器技术. 北京：机械工业出版社，2003
13. 华师傅资讯. 计算机网络硬件与安装技术基础. 北京：中国铁道工业出版社，2006
14. 潘宏宇. 计算机硬件故障急救手册. 北京：国防工业出版社，2005
15. 满文庆. 计算机网络技术与设备. 北京：清华大学出版社，2004
16. 甘刚. 网络设备配置与管理. 北京：清华大学出版社，2007
17. [美] 科默. Internet技术基础. 4版. 北京：机械工业出版社，2008
18. 姚永翘. 网络基础及Internet实用技术. 北京：清华大学出版社，2003
19. 侯冬梅等. Internet技术实用教程. 北京：清华大学出版社，2005
20. 鄂大伟. 多媒体技术基础与应用. 北京：高等教育出版社，2006
21. 游泽清. 多媒体技术与应用. 北京：高等教育出版社，2006
22. [美] 拉奥等. 多媒体通信系统——技术、标准与网络. 北京：电子工业出版社，2004
23. 丁海斌，赵淑梅. 电子文件管理基础. 北京：中国档案出版社，2007
24. 李瑞芳，肖登涛. 多媒体电子书开发详解. 北京：科学出版社，2004
25. 沈大林. 多媒体技术与应用教程. 北京：中国铁道出版社，2003
26. 姚怡. 多媒体应用技术. 北京：中国铁道出版社，2008
27. 李金明. Photoshop CS3完全自学教程. 北京：人民邮电出版社，2007

28. 柏松. Photoshop CS2 经典创意设计. 上海：上海科学普及出版社，2006

29. 刘毓敏. 数字音频素材的制作与运用. 北京：国防工业出版社，2004

30. 胡泽，雷伟. 计算机数字音频工作站. 北京：中国广播电视出版社，2005

31. 卢官明，宗昉. 数字音频原理及应用. 北京：机械工业出版社，2005

32. 宫承波. 动画概论. 北京：中国广播电视出版社，2007

33. 汤晓山. 计算机三维动画. 北京：清华大学出版社，2007

34. 贾否，路盛章. 动画概论. 北京：中国传媒大学出版社，2002

35. 杨晓钟等. 网站设计与开发. 北京：机械工业出版社，2005

36. 周耿. 网站设计与开发. 上海：复旦大学出版社，2008

37. 马骏，党兰学，杜莹等. ASP.NET 网页设计与网站开发. 北京：人民邮电出版社，2007

38. 黎洪松. 数字视频处理. 北京：北京邮电大学出版社，2006

39. 庄思聪，许之民. 数字视频（DV）策划制作师. 北京：中国劳动社会保障出版社，2007

40. 詹学军等. 影视非线性编辑. 合肥：合肥工业大学出版社，2007

41. 冯智敏. 数字非线性编辑技术及应用. 成都：西南交通大学出版社，2007

42. 恒盛杰资讯. Premiere Pro 2.0 完全征服手册. 北京：中国青年出版社，2006

43. 李铁，李文杰，张海力. 动画后期非线性编辑——Premiere Pro2. 北京：北京交通大学出版社，2007

44. 杨清学，程远东. 网络视频制作技术. 北京：人民邮电出版社，2007

45. 杨汉云. 网络视频新闻编辑与制作. 长沙：中南大学出版社，2006

46. 吴国勇等. 网络视频流媒体技术与应用. 北京：北京邮电大学出版社，2001

47. 廖勇等. 流媒体技术入门与提高. 北京：国防工业出版社，2006

48. 庄捷. 流媒体原理与应用. 北京：中国广播电视出版社，2007

49. 胡泽，赵新梅. 流媒体技术与应用. 北京：中国广播电视出版社，2006

50. 李海燕，丛培岩. 动态影像与宽带流媒体应用. 北京：中国轻工业出版社，2007

51. 余胜泉，朱凌云，曹晓明. 教育资源管理的新发展. 中国电化教育，2003（9）

52. 杜云. 网络资源与网络资源管理. 北京：中国财政经济出版社，2006

53.《图书馆杂志》编辑部上海市图书馆学会编. 网络资源的组织与管理. 北京：北京图书馆出版社，2002

54. 田力平. 论文写作与网络资源. 北京：北京邮电大学出版社，2002

55. 黄志军，曾斌. 多媒体数据库技术. 北京：国防工业出版社，2005

56. 马修军. 多媒体数据库与内容检索. 北京：北京大学出版社，2007

57. 李显军等. 多媒体技术与应用. 北京：人民邮电出版社，2006

58. 薛为民，赵丽鲜，冯伟. 多媒体技术及应用. 北京：清华大学出版社，2006

59. 殷兆麟等. 移动智能代理技术. 北京：中国矿业大学出版社，2006

60. 黄席樾，张著洪，何传江，胡小兵，马笑潇. 现代智能算法理论及应用. 北京：科学出版社，2005

61. 土震国，黄沛. 基于多智能代理系统仿真的网络社区意见交流机制. 系统管理学报，2007（2）

62. 冯益鸣等. 智能代理技术为电子商务插上翅膀. 企业研究，2007（1）

63. 李萍，傅鹏. 网络搜索与智能代理技术. 科技创新导报，2007（35）

64. 梁循. 数据挖掘算法与应用. 北京：北京大学出版社，2006

65. 邵峰晶，于忠清. 数据挖掘原理与算法. 北京：中国水利水电出版社，2003

66. 焦李成. 智能数据挖掘与知识发现. 西安：西安电子科技大学出版社，2006

67. 毛国君，段立娟，王实，石云. 数据挖掘原理与算法. 北京：清华大学出版社，2005

68. 万峰科技. ASP.NET网站开发四“酷”全书：新闻、论坛、电子商城、博客/网站开发专家. 北京：电子工业出版社，2005

69. [美] 休伊特等. 博客：信息革命最前沿的定位. 北京：中国铁道出版社，2006

70. 常青. 把企业搬到博客上. 北京：清华大学出版社，2007

71. 田炳信. 私权媒体——博客：是太阳给你的一个影子. 汕头：汕头大学出版社，2008

72. 刘津. 博客传播. 北京：清华大学出版社，2008

73. 黄勇，骆坚，尉红艳. 上网无忧：新手实战博客、RSS、播客、IPTV. 北京：人民邮电出版社，2007

74. 邓佑标. 播客，舆论传播的新型武器. 军事记者，2008（7）

75. 汤莉萍. 播客，推动媒介变革. 传媒，2008（4）

76. 王长潇. 电视媒体应对播客挑战的策略分析. 中国广播电视学刊，2008（4）

77. 啜钢等. 移动通信原理与系统. 北京：北京邮电大学出版社，2005

78. 丁雄. 移动通信技术. 北京：电子工业出版社，2004

79. [美] 加斯特. 802.11无线网络权威指南. 2版（中文版）. 江苏：东南大学出版社，2007

80. 中兴通讯股份有限公司. TD-SCDMA无线网络设计与规划. 北京：人民邮电出版社，2007

81. 牛伟等. 无线局域网. 北京：人民邮电出版社，2003

82. 汪涛. 无线网络技术导论. 北京：清华大学出版社，2008

教师信息反馈表

为了更好地为您服务，提高教学质量，中国人民大学出版社愿意为您提供全面的教学支持，期望与您建立更广泛的合作关系。请您填好下表后以电子邮件或信件的形式反馈给我们。

您使用过或正在使用的我社教材名称		版次	
你希望获得哪些相关教学资料			
您对本书的建议（可附页）			
您的姓名			
您所在的学校、院系			
您所讲授课程的名称			
学生人数			
您的联系地址			
邮政编码		联系电话	
电子邮件（必填）			
您是否为人大社教研网会员	□ 是，会员卡号：________ □ 不是，现在申请		
您在相关专业是否有主编或参编教材意向	□ 是 □ 否 □ 不一定		
您所希望参编或主编的教材的基本情况（包括内容、框架结构、特色等，可附页）			

我们的联系方式：北京市海淀区中关村大街 31 号
中国人民大学出版社教育分社
邮政编码：100080
电话：010-62515912
网址：http://www.crup.com.cn/jiaoyu/
E-mail:jyfs_2007@126.com

图书在版编目(CIP)数据

网络传播技术与实务/张鹏主编
北京：中国人民大学出版社，2010
21 世纪高职高专规划教材·新闻传播系列
ISBN 978-7-300-11889-5

Ⅰ.①网…
Ⅱ.①张…
Ⅲ.①计算机网络-传播学-高等学校：技术学校-教材
Ⅳ.①G206②TP393

中国版本图书馆 CIP 数据核字（2010）第 046941 号

21 世纪高职高专规划教材·新闻传播系列
网络传播技术与实务
主编　张鹏

出版发行	中国人民大学出版社		
社　　址	北京中关村大街 31 号	**邮政编码**	100080
电　　话	010－62511242（总编室）		010－62511398（质管部）
	010－82501766（邮购部）		010－62514148（门市部）
	010－62515195（发行公司）		010－62515275（盗版举报）
网　　址	http://www.crup.com.cn		
	http://www.ttrnet.com(人大教研网)		
经　　销	新华书店		
印　　刷	北京东方圣雅印刷有限公司		
规　　格	185 mm×260 mm　16 开本	**版　　次**	2010 年 4 月第 1 版
印　　张	14.75	**印　　次**	2010 年 4 月第 1 次印刷
字　　数	367 000	**定　　价**	26.00 元